工业和信息化**精品**系列教材——轨道交通

U0745702

CHENGSHI GUIDAO JIAOTONG
YUNYING ANQUAN

城市轨道交通
运营安全

微课版

孙玥 阴法明 ◎ 主编

邓韦 ◎ 副主编

人民邮电出版社

北京

图书在版编目（ＣＩＰ）数据

城市轨道交通运营安全：微课版 / 孙玥，阴法明主
编. -- 北京：人民邮电出版社，2022.3
工业和信息化精品系列教材. 轨道交通
ISBN 978-7-115-56426-9

Ⅰ．①城… Ⅱ．①孙… ②阴… Ⅲ．①城市铁路—交
通运输安全—高等职业教育—教材 Ⅳ．①U239.5

中国版本图书馆CIP数据核字(2021)第075794号

内 容 提 要

安全是城市轨道交通所有工作的核心。本书立足城市轨道交通运营的各项工作和各个环节，系统地阐述了安全运营的内容，将理论与安全工作实务相结合，以职业能力要求为指导，紧贴岗位需求。全书共 6 个项目，内容包括城市轨道交通安全工作概述、危险识别与管控、事故与应急处理、行车安全管理、系统与设备安全、消防安全与管理。

本书可供职业院校城市轨道交通运营管理、通信信号技术等专业教学使用，可作为轨道交通类相关专业的教材，也可作为轨道交通行业从业人员或爱好者的自学用书。

◆ 主　编　孙　玥　阴法明
　　副 主 编　邓　韦
　　责任编辑　刘晓东
　　责任印制　王　郁　焦志炜
◆ 人民邮电出版社出版发行　　北京市丰台区成寿寺路 11 号
　　邮编　100164　电子邮件　315@ptpress.com.cn
　　网址　https://www.ptpress.com.cn
　　三河市君旺印务有限公司印刷
◆ 开本：787×1092　1/16
　　印张：11.25　　　　　　　　　2022 年 3 月第 1 版
　　字数：283 千字　　　　　　　2022 年 3 月河北第 1 次印刷

定价：39.80 元
读者服务热线：(010)81055256　印装质量热线：(010)81055316
反盗版热线：(010)81055315
广告经营许可证：京东市监广登字 20170147 号

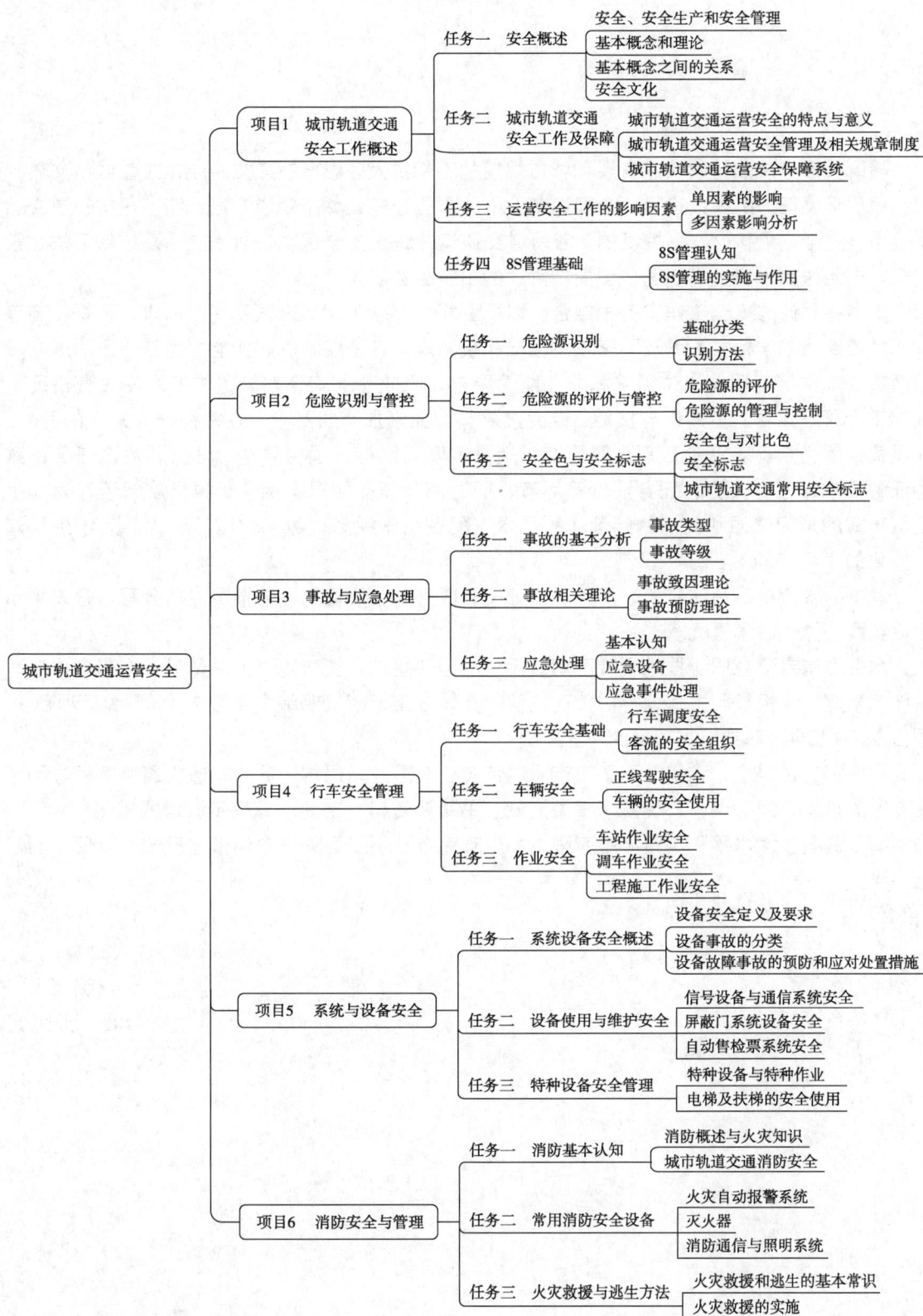

知识导图

城市轨道交通运营安全

- **项目1 城市轨道交通安全工作概述**
  - 任务一 安全概述
    - 安全、安全生产和安全管理
    - 基本概念和理论
    - 基本概念之间的关系
    - 安全文化
  - 任务二 城市轨道交通安全工作及保障
    - 城市轨道交通运营安全的特点与意义
    - 城市轨道交通运营安全管理及相关规章制度
    - 城市轨道交通运营安全保障系统
  - 任务三 运营安全工作的影响因素
    - 单因素的影响
    - 多因素影响分析
  - 任务四 8S管理基础
    - 8S管理认知
    - 8S管理的实施与作用

- **项目2 危险识别与管控**
  - 任务一 危险源识别
    - 基础分类
    - 识别方法
  - 任务二 危险源的评价与管控
    - 危险源的评价
    - 危险源的管理与控制
  - 任务三 安全色与安全标志
    - 安全色与对比色
    - 安全标志
    - 城市轨道交通常用安全标志

- **项目3 事故与应急处理**
  - 任务一 事故的基本分析
    - 事故类型
    - 事故等级
  - 任务二 事故相关理论
    - 事故致因理论
    - 事故预防理论
  - 任务三 应急处理
    - 基本认知
    - 应急设备
    - 应急事件处理

- **项目4 行车安全管理**
  - 任务一 行车安全基础
    - 行车调度安全
    - 客流的安全组织
  - 任务二 车辆安全
    - 正线驾驶安全
    - 车辆的安全使用
  - 任务三 作业安全
    - 车站作业安全
    - 调车作业安全
    - 工程施工作业安全

- **项目5 系统与设备安全**
  - 任务一 系统设备安全概述
    - 设备安全定义及要求
    - 设备事故的分类
    - 设备故障事故的预防和应对处置措施
  - 任务二 设备使用与维护安全
    - 信号设备与通信系统安全
    - 屏蔽门系统设备安全
    - 自动售检票系统安全
  - 任务三 特种设备安全管理
    - 特种设备与特种作业
    - 电梯及扶梯的安全使用

- **项目6 消防安全与管理**
  - 任务一 消防基本认知
    - 消防概述与火灾知识
    - 城市轨道交通消防安全
  - 任务二 常用消防安全设备
    - 火灾自动报警系统
    - 灭火器
    - 消防通信与照明系统
  - 任务三 火灾救援与逃生方法
    - 火灾救援和逃生的基本常识
    - 火灾救援的实施

随着我国经济的持续快速发展和城市规模的不断扩大，城市轨道交通成为改善城市交通状况和缓解环境压力的有效途径，全国许多大中城市已经开通城市轨道交通线路。城市轨道交通系统中，安全是最核心、最关键的。若轨道交通运营缺乏安全保障，轨道交通系统就无法正常运营，更无法为乘客提供快速、便捷、舒适的出行服务。

本书将理论与安全工作实务相结合，以职业能力要求为指导，紧贴岗位需求，根据《高等职业学校专业教学标准》以及国家相关标准和技术规范，围绕"以职业能力为核心"的理念编写而成。本书针对职业岗位需求和职业能力要求，吸收企业安全培训的内容及相关资格证考试的安全管理内容，将知识与技能、专业素质与职业素质有机融合，在重视理论知识的同时，注重实操能力培养。各项目都设置了知识地图、学习目标、项目导学、任务，每个任务设置了任务要求、任务实施、任务评价等环节，同时部分任务配以案例分析或拓展阅读，为学生提供丰富的学习资源和良好的阅读体验。本书配备教学视频等数字化学习资源，为学生构建立体化的学习空间。

本书的参考学时为 64 学时，各学校可按照自身专业设置的具体情况灵活分配，建议采用理论实践一体化教学模式。

本书由南京信息职业技术学院孙玥、阴法明担任主编，负责本书的总体设计；南京信息职业技术学院邓韦担任副主编，孙玥负责统稿。具体分工为阴法明编写项目 2、孙玥编写项目 1、项目 3、项目 4，邓韦编写项目 5、项目 6。

在编写的过程中，我们得到了南京恩瑞特实业有限公司吕煜、苏州轨道交通集团领导和企业专家的帮助，同时参考、借鉴了相关文献、书籍及资料，在此一一表示诚挚的感谢！

鉴于编者技术水平和实践经验有限，书中难免存在不足之处，敬请读者反馈，以便今后修订完善。

编者
2021 年 10 月

目 录

项目 1
城市轨道交通安全工作概述

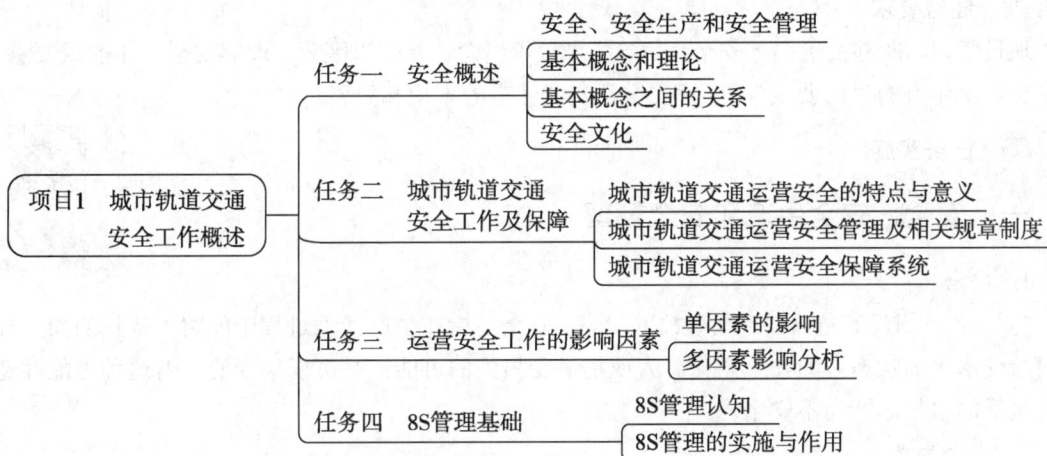
学 习 目 标

📖 **知识目标**

- 能正确说出"安全"的基本概念
- 了解安全工作的理论知识及安全文化
- 知道城市轨道交通运营安全的意义
- 能说出城市轨道交通安全工作的基本内容
- 能复述 8S 管理的内容和作用

📖 **能力目标**

- 能按照安全管理"四要素"分析案例
- 能结合案例分析城市轨道交通运营安全的影响因素
- 能按照 8S 管理的要素规范和要求工作和学习

项 目 导 学

在我国各个大中城市，城市轨道交通作为大运量的公共交通工具得到了广泛应用。北京、上海、广州、天津、深圳、南京、武汉、重庆、长春、杭州、苏州等城市的轨道交通项目极大地缓解了城市交通压力。

作为重要的公共交通运输工具，城市轨道交通的安全运营显得十分重要。城市轨道交通的运营安全直接关系到社会的稳定，事故的发生不仅会造成经济损失，更会引发不同程度的社会问题。城市轨道交通的运营环境特殊，尤其是部分线路处于地下空间，环境封闭、人员密集，使得通风和疏散都受到了极大限制。一旦发生意外事故，极容易造成人员伤亡和财产损失。

近年来，城市轨道交通运营安全工作的特殊性和重要性日益突显。加强安全管理，做好安全工作，关系到人民生命财产安全。

本项目将对"安全"及其相关的知识进行分析和阐述。

任务一　安　全　概　述

📖 **任务要求**

通过学习，能够准确描述安全、危险、事故等概念，并加以区分。理解安全工作的重要意义，能说出安全生产的"四要素"，了解安全及安全生产的本质和要素。

📖 **任务实施**

一、安全、安全生产和安全管理

1. 安全

"安全"泛指没有危险、不出事故的状态。安全是指在生产活动过程中能将人或物的损失控制在可接受水平的状态。即安全意味着人或物遭受损失的可能性是可以接受的，若这种可能性超过了可接受的水平，即为不安全。

2. 安全生产

"安全生产"是指在生产经营活动中，为了避免造成人员伤害和财产损失的事故而采取相应的事故预防和控制措施，使生产过程在符合规定的条件下进行，以保证从业人员的人身安全与健康，设备和设施免受损坏，环境免遭破坏，保证生产经营活动得以顺利进行的相关活动。

安全生产是安全与生产的统一，其宗旨是安全促进生产，生产必须安全。安全生产是国家的一项长期基本国策，是保护劳动者的安全、健康和国家财产，促进社会生产力发展的基本保证。因此，做好安全生产工作具有重要的意义。

对于城市轨道交通运营来说，安全是指在生产过程中保障人身安全和设备安全。消除危害人身安全和健康的一切不良因素，保障员工的安全和健康，让员工舒适地工作，称为人身安全；消除损坏设备和其他财产的一切危险因素，保证生产正常进行，称为设备安全。城市轨道交通安全运营就是在运营过程中保证乘客和员工的人身安全，以及设施、设备的完好无损。

3. 安全管理

在企业管理系统中，有多个具有某种特定功能的子系统，安全管理子系统就是其中的一个。安全管理子系统是由企业中有关部门的相应人员组成的，该子系统的主要目的就是通过管理手段，减少和控制危害、控制事故、消除隐患，尽量避免生产过程中由于事故造成人身伤害、财产损失、环境污染以及其他损失。因此，安全管理（Safety Management）就是企业在生产经营过程中，为实现安全生产而组织和使用人力、物力和财力等各种物质资源的过程。它利用计划、组织、指挥、控制和协调等管理机能，在法律制度、组织管理、技术和教育等方面采取综合措施，控制人、物、环境的不安全因素，避免发生伤亡事故和职业病，保证员工的生命安全和健康，降低财产损失，实现安全生产。

安全管理的基本对象是企业的员工，涉及企业中的所有人员、设备设施、物料、环境、财务、信息等各个方面。

安全管理的核心问题是保护生产经营活动中人的安全与健康，保护国家和集体的财产不受损失，保证生产顺利进行，即通过管理和技术手段的结合，实施事故预防，消除事故隐患，控制不安全行为，保障劳动者的安全，这也是"预防为主"的本质所在。

安全管理是企业生产管理的重要组成部分，是一种动态管理。安全管理大体可归纳为安全组织管理、场地与设施管理、行为控制和安全技术管理4个方面，分别对生产中的人、物、环境的行为与状态进行具体的管理和控制。安全管理是一种动态管理，是保证生产处于最佳安全状态的根本环节。安全管理要处理好安全与质量、速度效益的关系，使其并驾齐驱、平衡发展。

二、基本概念和理论

1. 危险

通常将危险定义为：在生产活动过程中，人员或财产遭受损失的可能性超出了可接受范围的一种状态。

危险的特征在于其危险可能性的大小与安全条件和概率有关。安全与危险是一对此消彼长的矛盾，它们都是与生产过程共存的"过程状态"，是连续的、动态的。危险是人们对事物的具体认识，必须指明具体对象。例如，危险环境、危险条件、危险状态、危险场所、危险因素等。

2. 风险（危险性）

风险一词在不同场合含义有所不同。对于安全而言，风险是描述系统危险程度的客观量，主要有两种考虑：其一，将风险看成系统内有害事件或非正常事件出现可能性的度量；其二，将风险定义为一次事故发生的后果大小与该事故发生的概率的乘积。一般意义上的风险具有概率和后果的二重性，即可用损失程度 c 和发生概率 p 的函数来表示风险 R：

$$R = f(p, c)$$

为简单起见，大多数文献中将此表达式都写为

$$R = pc$$

上述风险定义中，无论损失还是后果均是针对事故来定义的，包括已发生的事故和将会发生的事故。

风险是对系统危险性的度量，但仅仅以事故来衡量系统的风险是很不充分的，除非能够辨识所有可能的事故形式。从整个系统的角度出发，风险是系统危险影响因素的函数，即风险可表达为

$$R = F(R_1, R_2, R_3, R_4, R_5)$$

式中，R_1 为人的因素；R_2 为设备因素；R_3 为环境因素；R_4 为管理因素；R_5 为其他因素。

3. 事故

事故是发生于预期之外的造成人身伤害或财产（或经济）损失的事件。但各界对于"事故"有不同的表述方法，还没有统一的定义。在事故的种种定义中，伯克霍夫（Berckhoff）的定义较

著名，伯克霍夫认为："事故是个人或者集体在为实现某种意图而进行的活动过程中，突然发生的违反人的意志，迫使活动暂时或永久停止的事件。"

综合而言，事故的含义包括以下几方面内容。

（1）事故是一种发生在人类生产、生活活动中的特殊事件，人类的任何生产、生活活动过程中都可能发生事故。

（2）事故是一种突然发生的、出乎人们意料的意外事件。由于导致事故发生的原因非常复杂，往往包括许多偶然因素，因此事故的发生具有随机性质。在一起事故发生之前，人们无法准确地预测什么时候、什么地方发生什么样的事故。

（3）事故是一种迫使进行着的生产、生活活动暂时或永久停止的事件。事故中断、终止人们正常活动的进行，必然给人们的生产、生活带来某种形式的影响。

事故的特征主要有：因果性、偶然性、必然性和规律性，以及潜在性、再现性和预测性等。

在生产过程中，事故是指造成人员死亡、伤害、职业病、财产损失或其他损失的意外事件。《生产安全事故报告和调查处理条例》第三条规定：生产安全事故（简称事故）造成人员伤亡或者直接经济损失，事故一般分为几个等级：一般事故、较大事故、重大事故、特别重大事故。

4. 事故隐患

所谓隐患是指潜藏的祸患，事故隐患即隐藏的、可能导致事故的祸患。一般指生产系统中可能导致事故发生的不安全行为、不安全状态以及管理中的缺陷。从系统安全的角度来看,通常所说的事故隐患包括一切可能对人、机、环境系统安全产生威胁的因素。

隐患是一种潜在的事故条件，是事故发生的必要条件，隐患一旦被识别就必须予以消除。常见的安全隐患有以下几种。

（1）心理隐患，如惰性心理、侥幸心理、麻痹心理、逞能心理。

（2）人为隐患，如违章、违纪、违标。

（3）管理隐患，如官僚主义、形式主义。

5. 系统安全

系统安全是指在系统寿命期内应用系统安全工程和系统安全管理方法，辨识系统中的危险源，并采取控制措施使其危险性降至最小，从而使系统在规定的性能、时间和成本范围内达到最佳的安全程度。

系统安全是指在新系统构思阶段就必须考虑其安全性问题，制定并开始执行安全工作规划，把系统安全工作贯穿于整个系统寿命期间，直到系统报废。

在新系统的构思、可行性论证、设计制造、试运转、运转、维修直到报废的各个阶段都要辨识、评价、控制系统中的危险源。

系统中存在的危险源是事故发生的根本原因，危险源是可能导致事故的潜在不安全因素。系统安全的基本内容就是辨识系统中的危险源，并采取措施消除和控制它们。

三、基本概念之间的关系

1. 安全与危险

安全与危险是相互矛盾的。一方面，双方互相排斥、互相否定；另一方面，安全与危险两者互相依存，共同存在于一个统一体中，存在向对方转化的趋势。安全与危险这对矛盾体的运动、变化和发展推动着安全科学的发展，促进了人类安全意识的提高。

描述安全与危险的指标分别是安全性(S)与危险性(R)，安全性越高则危险性就越低，安全性越低则危险性就越高，二者存在关系 $S=1-R$。

2．安全与事故

事故与安全是对立的，但事故并不是不安全的全部内容，而是在安全与不安全的矛盾过程中某些瞬间突变结果的外在表现。

系统处于安全状态并不一定不发生事故，系统处于不安全状态也可能不发生事故。

3．危险与事故

危险不仅包含了作为潜在事故条件的各种隐患，同时还包含了安全与不安全的矛盾激化后表现出来的事故结果。

事故发生，系统不一定处于危险状态；事故不发生，也不代表系统不处于危险状态。事故不能作为判别系统是否危险的唯一标准。

4．事故与隐患

事故总是发生在操作现场，总是伴随隐患的发展而发生；在生产过程中，事故是隐患发展的结果，而隐患则是事故发生的必要条件。

四、安全文化

1．安全文化定义

广义上的安全文化是指人类在生产生活实践过程中，为保障身心健康安全而创造的一切安全物质财富和安全精神财富的总和。而狭义的安全文化是存在于单位和个人上的种种素质和态度总和。一个单位的安全文化是个人和集体的价值观、态度、能力和行为方式的综合产物，它取决于健康安全管理上的承诺、工作作风和精通程度。

2．安全文化建设

安全文化建设需要具备"安全第一"的哲学观，重视生命的情感观，安全效益的经济观，预防为主的科学观等观点。

（1）建立稳定可靠、规范的安全物质文化，包含作业环境安全、工艺过程安全、设备控制过程安全。

（2）建立符合安全伦理道德、遵章守纪的安全行为文化。多渠道、多手段地让员工在掌握安全知识的基础上，熟练掌握各种安全操作技能，严格执行安全操作规程。

（3）建立健全切实可行的安全制度文化。建立健全切实可行的企业安全管理机制。建立完善的企业安全管理规章制度和奖惩制度，使其规范化、科学化、适用化，并严格执行。

（4）建立"安全第一、预防为主"的安全精神文化。通过多种形式的宣传教育提高员工保护意识，包括应急安全保护意识、间接安全保护意识和超前安全保护意识，并进行生产作业安全知识、生活安全知识等的教育培训。开展安全伦理道德教育，为他人和集体的安全考虑，自觉约束自己的行为，承担起应尽的责任和义务。

📖　**案例分析**

2014年3月4日，有网友在微博上爆料称上午11时00分左右，广州地铁5号线车厢中，车尾两男子喷出有刺激性气味的气体，导致乘客向车头跑，以致发生踩踏事件，多人受伤，行李散落一地。

广州公安官方微博发布消息称，4日上午10时48分，广州地铁5号线滘口往西村方向的列车车尾有两男子把玩一瓶状物，发出刺激性气味。车上乘客在疏散过程中发生挤碰，导致 4 人轻微擦伤。民警随后找到该瓶子，初步查明是防狼喷剂。据了解，事发后有 12 名伤员被送往医院。

在城市轨道交通运营安全中，乘客的安全出行是工作核心。此案例中"防狼喷剂"的随意使用导致了乘客受伤。

（案例来源：新浪微博）

📖 任务评价

任务评价表

学习内容	项目 1　城市轨道交通安全工作概述		姓名	
	任务一　安全概述		学号	
	评价要素		分值	考核得分
（1）能完成各项学习目标			40	
（2）能制定小组学习计划并实施			10	
（3）能与组员良好沟通、协作学习			10	
（4）能高质量完成学习汇报			10	
（5）能专注听取同学的汇报			20	
（6）能虚心接受老师或同学的评价			10	
总体得分			100	

教师评语：

任务二　城市轨道交通安全工作及保障

📖 任务要求

深刻认识城市轨道交通运营安全的特点与意义，能陈述城市轨道交通运营安全的基本内容，了解我国城市轨道交通运营安全管理的基本方针与内容。

📖 任务实施

一、城市轨道交通运营安全的特点与意义

1. 城市轨道交通运营安全的特点

城市轨道交通运营是指在多部门、多工种的共同配合下实现安全、高效的客运工作。城市轨道交通的迅速发展，对改善公共交通出行条件、解决城市交通拥堵问题、节约土地资源、促进节能减排、推进产业升级换代、引导城市布局调整、推动城市经济发展等发挥着重要作用。

城市轨道交通本身的特点决定了城市轨道交通运营安全除具有安全问题的普遍性外，还有其自身的特点，主要表现在以下 4 个方面。

（1）运营安全影响重大，安全工作贯穿运营过程始终

城市轨道交通在城市公共交通中的比重越来越大，城市轨道交通运营过程中一旦发生事故，就会影响整条线路甚至波及整个线网，导致运营中断，必然会对整个城市的地面交通造成巨大压

城轨安全特点与意义

力。安全工作贯穿运营过程的始终，每一道工序、每一个人都必须在工作中严格遵章守纪。

（2）运营安全过程复杂，涉及面广

城市轨道交通系统涉及车辆、供电、机电、通信、信号、线路、员工、乘客和周边环境等众多因素，庞大而复杂的系统中任何一个环节出现问题，都可能危及整体安全。各个工作环节必须紧密联系、协同动作才能确保安全运营。

（3）运营安全受外界环境影响大

城市轨道交通运营站点多、分布广，社会治安状况、公众对城市轨道交通安全知识的了解程度等都会直接影响运营安全。城市轨道交通系统一年四季不停运行，大风、雨雪、雷暴等特殊天气都会对城市轨道交通，特别是地面、高架线路的运营造成影响。

（4）运营过程现代化，技术性强

城市轨道交通是现代化交通工具，设备先进、结构复杂，因此技术性强。各种车辆、车站设备、调度系统、通信系统、信号系统及设备、养路机械设备等结构复杂，技术要求高。相关工作人员需具备对应的技术知识和安全操作技能，且必须经过严格培训，通过考核后才能任职，以确保系统运营安全。

2. 城市轨道交通运营安全的意义

（1）安全是城市轨道交通运营的前提

随着城市轨道交通的快速发展，其已经成为我国各大中城市的主要现代化交通工具，对经济、社会的发展起着重要作用。城市轨道交通运营的安全保障了人民生命财产不受伤害和损失，满足广大人民群众对生活的高质量需求。

在日常运营过程中，一旦发生事故，尤其是特别重大事故、重大事故，会造成交通中断，甚至车毁人亡的严重后果，无疑将会给人们带来不幸，并且造成巨大损失。

（2）安全是城市轨道交通运营最重要的质量属性

城市轨道交通是一个从事社会化运输的部门，运输是生产过程在流通过程中的继续，运输生产的全部意义在于有计划、有目的、有成效地实现旅客和货物在空间位置上的移动。轨道交通运输的质量属性包括安全、准确、迅速、经济、便利和文明服务，其中安全最为重要。

（3）安全是各项工作质量的综合反映

城市轨道交通犹如规模庞大的联动机，不停运转着，自然条件复杂，作业项目繁多，情况千变万化。安全工作贯穿于运输生产全过程，涉及每个作业环节和人员。只要有一段路基、一根钢轨、一台机车、一部车辆的关键零部件，一台信号机发生故障或损坏，有关人员违章作业、操作失误，都会造成行车事故或人身伤亡事故。因此在运营过程中，各部门、工种人员必须遵章守纪，以确保运输安全。

（4）安全是加快城市轨道交通发展的重要保证

加快城市轨道交通发展，必须有一个稳定的运营安全局面。如果不断发生事故，势必会打乱运营秩序，干扰总体部署，分散工作精力，使社会舆论反应强烈，工作就会处于被动状态，城市轨道交通的发展就失去了重要前提与基础。

二、城市轨道交通运营安全管理及相关规章制度

（一）城市轨道交通运营安全的方针

法制化管理是城市轨道交通运营机制良性运行的根本制度保证，无论规划管理、建设管理还

是运营管理都是如此。世界各国城市交通管理都是通过完善的法律法规来约束和规范管理者、生产经营者及交通参与者的行为的。例如，美国的《城市公共交通法案》、法国的《交通法》、瑞典的《运输政策法案》等对城市轨道交通规划、各级政府相关部门的管理权限和职责等都以法律形式做了规定，保证了规章一致性和部门管理协调性。

安全是生产的前提条件，我国城市轨道交通运营管理坚持贯彻"安全第一、预防为主"方针。"安全第一"就是要求轨道交通运营企业在组织生产、指挥生产时，坚持把安全生产作为企业发展的第一要务和保证条件。"预防为主"就是要求城市轨道交通运营企业以主动积极的态度，从思想上高度重视，在组织管理上健全制度，在技术措施上提高科学性、先进性，从而提高安全保障系统的整体性能，把事故消灭在萌芽状态，做到防患于未然。

要坚持安全第一，把安全生产列入重要议事日程，把安全工作放在一切工作的首位，把安全作为交通运输工作的头等大事来抓，做到在任何情况下，安全第一不动摇。

安全生产不仅是一般的生产问题，还直接关系到社会的稳定。我国陆续出台的城市轨道交通相关法律法规，有利于保障城市轨道交通运营的安全。

（二）城市轨道交通管理条例节选

根据有关法律、法规，北京市、上海市、广州市和深圳市等城市先后制定了城市轨道交通管理条例。其一般包括总则、规划与建设、设施保护、运营管理、设施管理，法律责任、附则等内容。这里以《南京市轨道交通条例》为例，选取其中有关运营管理的内容进行介绍。

南京市轨道交通条例（节选）
第四章 运营管理

第二十四条 轨道交通经营单位应当建立健全运营管理制度，做好轨道交通设施的维护、保养和定期检查，使轨道交通设施处于安全运行的状态。

第二十五条 市交通运输行政主管部门应当制定轨道交通服务规范。轨道交通经营单位应当依据服务规范向乘客做出服务承诺，保证客运服务质量，保障轨道交通安全、正点运送乘客。服务承诺应当向社会公布。

轨道交通经营单位使用轨道交通安全监控设施，应当保护乘客隐私。

第二十六条 区人民政府、轨道交通经营单位应当做好各自责任区域的市容和环境卫生管理工作。

轨道交通经营单位应当保持车站主体建筑物内的畅通，并根据国家有关标准，设置和管理安全、消防、疏散等各类指引导向标志，保持客运电（扶）梯、空调等设施正常运转。城市管理相关部门应当维护车站主体建筑物外的畅通及良好秩序。

第二十七条 市、区人民政府（园区）应当根据轨道交通、公共汽车等公共交通的运营情况，在轨道交通车站周边住宅区、办公区、公共机构出入口处等场所，设置公共自行车租赁点，方便市民换乘。

城市管理行政主管部门、公安机关交通管理部门应当在轨道交通站点附近合理设置或者施划非机动车停放场所。

第二十八条 轨道交通经营单位应当为乘客提供良好的乘车环境，履行下列义务：

（一）建立公共卫生管理制度，落实卫生管理措施，保持车站和车厢整洁、卫生，保证空气质量和卫生状况符合国家标准；

（二）按照规定落实污染防治措施，减轻车辆运行时的噪声污染，并符合国家标准；

（三）合理设置自动售票设施和人工售票窗口，安排工作人员引导乘客购票、乘车，及时疏导客流，高峰期增加运营车辆；

（四）保持售票、检票、自动扶梯、车辆、通风、照明等设施完好；

（五）出入口引导标志齐全、易识别，出入口、通道畅通；

（六）无障碍设施完好、畅通，在列车内为老、弱、病、残、孕和携带婴幼儿的乘客设置专座；

（七）维护车站和列车内秩序，安排工作人员巡查，及时制止违法、违规行为；

（八）宣传安全、文明乘车知识，及时播报运营线路、站点；

（九）法律、法规规定的其他义务。

第二十九条 轨道交通经营单位应当按照国家、省、市有关规定设置报警、灭火、逃生、防汛、防爆、防护监视、紧急疏散照明、救援等器材和设备，定期检查、维护，按期更新，并保持完好。

轨道交通经营单位应当在车站设置急救箱等必要的服务设施，并对工作人员进行必要的急救知识和技能的培训。

第三十条 轨道交通经营单位应当根据轨道交通沿线乘客出行规律及变化，以及其他相关公共交通运行情况，合理编制运营计划，制作月度运营情况报表，报市交通运输行政主管部门备案。

轨道交通经营单位应当在车站醒目处公布首末班车行车时刻、列车运行状况和换乘指示。列车因故延误或者需要调整首末班车行车时间，应当通过车站、列车广播系统或者媒体等有效手段及时告知乘客和公众。列车运行中，应当在车厢内通过广播、电子显示屏等播报站名。

第三十一条 轨道交通经营单位应当组织力量及时排除运行中发生的故障，恢复运行；暂时无法恢复运行的，应当及时组织乘客换乘，不能换乘的，应当组织疏散。

第三十二条 轨道交通票价的确定和调整应当广泛听取社会各方面意见，由市价格行政主管部门制定并报市人民政府批准。

轨道交通经营单位应当执行市人民政府批准的票价。市价格行政主管部门应当对轨道交通票价的执行情况进行监督检查。

第三十三条 市交通运输行政主管部门应当广泛征求社会各方面的意见，制定轨道交通乘客守则，并向社会公布。

轨道交通经营单位应当通过网络、电视、报刊、广播、电子显示屏等便于公众知晓的方式宣传轨道交通乘客守则以及行为规范。

乘客应当自觉遵守轨道交通乘客守则和公共秩序。

第三十四条 乘客应当持有效车票或者有效证件乘车，不得无票、持无效车票、冒用他人乘车证件或者持伪造证件乘车，并接受轨道交通经营单位的票务稽查。持单程票的乘客在出站时应当将车票交还。乘客越站乘车的，应当补交超过部分的票款。轨道交通因故障不能正常运行的，轨道交通经营单位应当按照原票价退还票款。

第三十五条 轨道交通经营单位应当建立投诉受理制度，接受乘客对违反运营服务承诺行为的投诉。轨道交通经营单位应当自受理投诉之日起五日内作出答复。乘客对答复有异议的，可以向市交通运输行政主管部门投诉。市交通运输行政主管部门应当自受理乘客投诉之日起十日内作出答复。

第三十六条 市交通运输行政主管部门应当加强对轨道交通运营的监督，定期对轨道交通运营服务情况进行检查。对检查中发现的问题，轨道交通经营单位应当及时改进。

第三十七条 禁止下列损害轨道交通设施和影响运营安全的行为：

（一）擅自操作有警示标志的按钮、开关装置，非紧急情况下动用应急或者安全装置；

（二）损坏列车、隧道、轨道、路基、车站等设施设备；

（三）损坏和干扰机电设备、电缆、通信信号系统；

（四）毁损、遮盖或者移动安全、消防警示标志和疏散导向、站牌等标志以及防护监视等设备；

（五）在轨道上丢弃物品、放置障碍物；

（六）非法拦截列车；

（七）擅自进入轨道、隧道或者其他有禁止进入标志的区域；

（八）攀爬或者翻越围墙、栏杆、闸机、机车等；

（九）阻碍安全门、车门关闭，强行上下车；

（十）其他损害轨道交通设施和影响运营安全的行为。

第三十八条 在车站或者其他轨道交通设施内，禁止下列影响轨道交通公共场所和设施容貌、环境卫生、运营秩序的行为：

（一）未经轨道交通经营单位同意，派发印刷品或者从事销售活动；

（二）随意涂写、刻画、张贴或者悬挂物品；

（三）堆放杂物或者停放车辆；

（四）吸烟，随地吐痰、便溺、吐口香糖，乱扔果皮、纸屑等废弃物；

（五）乞讨、卖艺、躺卧、捡拾废旧物品；

（六）在列车车厢内饮食；

（七）使用燃油、燃气类以及体积或者重量超过乘客守则规定的轮椅车等代步车；

（八）携带充气气球、自行车（含折叠式自行车）进站、乘车；

（九）携带活禽和猫、狗等宠物以及其他可能妨碍轨道交通运营的动物（盲人携带导盲犬除外）进站、乘车；

（十）使用滑轮鞋、滑板等进站、乘车；

（十一）其他影响轨道交通公共场所和设施容貌、环境卫生、运营秩序的行为。

第三十九条 禁止在轨道交通地面线路和高架线路弯道内侧修建妨碍行车瞭望的建（构）筑物或者种植妨碍行车瞭望的树木。特别保护区内的绿化影响轨道交通经营单位检修、维修、行车作业的，轨道交通经营单位有权要求绿化保护管理责任人进行处理，保护管理责任人应当及时处理；给保护管理责任人造成损失的，轨道交通经营单位应当依法予以补偿。

禁止在轨道交通车站站前广场、出入口外侧周围堆放杂物、摆设摊点、乱停车辆、机动车非法营运、揽客拉客，以及从事其他妨碍乘客通行和救援疏散的活动。

禁止在通风口、车站出入口外侧五十米范围内存放有毒、有害、易燃、易爆等物品。

禁止损坏、冒用轨道交通标识、标志。

第四十条 轨道交通车站、车辆的广告设施以及车站内商业网点的设置应当合法、规范、整洁，不得影响轨道交通运营安全，使用的材质应当符合消防法律、法规、规章和技术规范的规定。除紧急情况外，广告设施、商业网点应当在轨道交通非运营期间进行设置或者维护。轨道交通经营单位应当加强对广告设施、商业网点的安全管理。

三、城市轨道交通运营安全保障系统

城市轨道交通运营安全保障系统是指配置在运营系统上起保障运营安全作用的所有方法和手

段。既要保证运营系统内人员和设备的安全，又要保证运营系统不会受到其外部环境的威胁。城市轨道交通运营安全保障系统以"管理"为中枢，以"人"为核心，以"机"为基础，以"环境"为条件，以保障城市轨道交通运营安全为目的。城市轨道交通运营安全保障系统中，管理要素渗透到每个环节，对各个要素结合成为一个整体起着中枢性的作用。

从安全的角度，城市轨道交通运营安全保障系统可以发挥管理要素的中介转换功能，即通过改变可控的内部小环境来适应不可控的外部大环境，以强化其正效应或削弱其负效应，并创造出保障城市轨道交通运营安全的良好条件。

城市轨道交通运营安全保障系统作为一种管理系统，以直接影响运营安全的因素（设备和环境）作为管理对象。从管理的对象和要素出发，可将运营安全保障系统划分为不同层次的两个子系统，即安全总体管理子系统和安全对象管理子系统。

1. 安全总体管理子系统

城市轨道交通运营安全管理的内容包括对人的安全管理、对设备的安全管理和对环境的安全管理。安全总体管理子系统包括安全组织子系统、安全法制子系统、安全信息子系统、安全技术子系统、安全教育子系统、安全资金子系统等部分。

（1）安全组织子系统

安全组织是安全管理的一个职能实体，所有安全保障措施的制定与落实都离不开组织的支持。组织是一切安全管理活动的基础，安全组织管理的功能包括制定安全管理的方针、政策和目标，明确责任和权限，组织实施安全管理规划，提供决策沟通和协调配合，进行安全检查及整改，分析处理事故和其他。

（2）安全法制子系统

建立、健全安全法制的目的就是使人、设备、环境的安全管理活动做到有章可循、有法可依，起到规范人、设备、环境安全管理的作用。安全法制管理的功能包括完善运营安全法规，建立健全规章制度，完善安全标准体系，执行监督与考核规章制度及作业标准。

（3）安全信息子系统

信息传递是组织管理理论的重要内容，信息促使系统动态化，并且将组织目标与参与人员联系起来。安全信息管理的功能包括收集、记录、整理、传输、存储系统安全信息，提供系统安全分析工具、评价方法与决策支持，追踪先进的安全科技与管理信息。

（4）安全技术子系统

安全技术管理的内容包括对运营安全硬技术设备的安全管理和对运营安全软技术的研究、开发与应用。安全技术管理包含安全分析、评价和管理方法的研究与应用，事故管理方法的研究与应用，各种安全作业方法、工艺过程的研究与应用，制定和完善安全技术规范方法的研究与应用。

（5）安全教育子系统

为避免各种危险，防止事故发生，必须通过各种形式和方法对广大城市轨道交通运营企业领导与员工进行经常性的安全教育与培训，从而促进相关安全行为的发生或改进人的行为状态。因此，安全教育管理应具有完善各级安全教育体系和建立、健全促进安全行为奖惩制度的功能。

（6）安全资金子系统

安全资金是做好运营安全管理必要的物质基础。安全资金管理的内容包括对保障运营安全所需资金的筹集、调拨、使用、结算和分配等。

2. 安全对象管理子系统

安全对象管理子系统可进一步细分为人员安全保障子系统、设备安全保障子系统和环境安全保障子系统。

（1）人员安全保障子系统

这个子系统主要保障不因人的差错而出现事故或隐患。在排除设备和环境因素之后，人员安全保障包括提高人员安全素质和加强人员安全管理两部分。

提高人员安全素质的措施又称为人员直接安全保障措施，最为有效的途径即岗位安全教育和培训，包括针对不同岗位员工进行不同内容的安全教育和培训。加强人员安全管理的目的是防止因间接原因而产生人的差错，又称人员间接安全保障，包括加强安全劳动管理、加强员工生活管理和行为管理。

（2）设备安全保障子系统

设备安全保障子系统包括设备的安全设计，设备的保养、检修及更换，设备状态及工作情况的检测和监控管理，设备的故障安全对策4个方面的内容。

① 设备的安全设计：选用具有较高安全性（包括人机工程设计、可靠性、可维修性、先进性等）的设备。

② 设备的保养、检修及更换：保障设备始终处于良好运行状态，对超过服役期的设备及时更换。

③ 设备状态及工作情况的检测和监控管理：有效获得各种设备安全性能的实时动态信息。

④ 设备的故障安全对策：保证故障发生后能够导向安全，使事故造成的影响尽可能小。

（3）环境安全保障子系统

由于影响运营安全的环境条件包括内部小环境（作业环境、内部社会环境）和外部大环境（自然环境、外部社会环境），因此，环境安全保障子系统包含内部环境安全保障子系统和外部环境安全保障子系统两部分。

① 内部环境安全保障子系统。改善影响运营安全的内部环境是运营安全保障系统的重要内容。内部环境安全保障包括两项内容：

a.内部作业环境安全保障：为保障运营安全，必须保持操作者的作业环境处于良好状态，包括作业空间布置，温度、湿度调节，采光、照明设置，噪声与振动的控制，以及有毒有害气体、粉尘、蒸汽的排除等。

b.内部社会环境安全保障：针对影响运营安全的系统内部政治、经济、文化、法律等环境条件采取一系列控制措施。

② 外部环境安全保障子系统。外部环境安全保障是指为淡化外部环境对运营安全的负面影响，强化其正面影响而对运营系统进行调节的所有管理手段，包括自然环境安全保障和外部社会环境安全保障。前者指针对影响运营安全的自然环境条件采取一系列防范措施，将自然环境对运营安全的影响降到最低。

📖 **案例分析**

2004年12月16日00时16分，某地铁公司行车调度人员指示××站将P40302道岔开通右位并加锁。当时该车站车控室有值班员李××、站务员张××、陈××三人，李××指示张××和冯××将P40302道岔开通右位。张××和冯××来到P40302道岔处，误以为已开通右位的道岔开通左位，遂将该道岔摇至开通另一方向并加锁，回到车控室后汇报"P40302 道岔开通右位并加锁"，李××未详细询问即向行车调度人员汇报"P40302 道岔开通右位并加锁"。08 时 02 分，9702 次列车驾驶员在列车距 P40302 道岔 15 m 处发现道岔位置开通错误，立即采取制动，列车在距道岔 10 m 处停车。

事故原因：

① 未执行手摇道岔必须两名胜任人员且其中 1 人必须为值班员以上的规定。

② 未严格执行手摇道岔"六步曲"，摇岔人员未执行现场汇报制度。

③ 现场作业人员对道岔知识模糊，无视手摇道岔确认、现场汇报制度，导致错排接车进路。

（案例来源：百度文库）

📖 任务评价

任务评价表

学习内容	项目 1 城市轨道交通安全工作概述	姓名	
	任务二 城市轨道交通安全工作及保障	学号	
	评价要素	分值	考核得分
（1）能复述城市轨道交通运营安全的特点和意义		20	
（2）能简述城市轨道交通安全管理的相关规章制度		20	
（3）理解城市轨道交通运营安全的保障系统		10	
（4）能与组员协作、高质量完成学习汇报		20	
（5）能专注听取同学的汇报		20	
（6）能虚心接受老师或同学的评价		10	
总体得分		100	

教师评语：

任务三 运营安全工作的影响因素

📖 任务要求

通过学习，能够熟练熟悉城市轨道交通运营安全的影响因素，并可从人、设备、环境、管理 4 个方面对影响城市轨道交通运营安全的因素进行分析。

📖 任务实施

根据系统论创始人美籍奥地利裔理论生物学家贝塔朗菲的观点，系统是相互关联并与环境相互联系的要素的集合。从系统论的观点出发，可将与运营有关的因素划为 4 类，即人、设备、环境和管理。

城市轨道交通系统也是由人、设备、环境和管理四大要素构成的。在系统安全的运作层次，人的安全技术和素质、设备的安全性能、环境的安全质量及它们之间的匹配程度和质量，都单独或综合影响着系统的安全。安全管理监督人、设备、环境的动态变化，调节并控制着三者及其组合状态，以保证系统安全运作的连续、良性和有序。因此，需要运用各种有效的组织管理手段，采取各种必要的安全技术措施，调动一切积极因素，以形成强大有力、稳妥可靠的安全保障壁垒。

一、单因素的影响

（一）人员因素

1. 人在安全管理中的主导作用

在安全问题中，人是矛盾的主要方面，因为即使是高度自动化的系统，也不可能完全不受人的操纵和控制。德国安全专家库尔曼认为，人是一种安全因素和防护对象，机器只是一种安全因素，环境也只是一种安全因素和应予以保护的财富。在人—机—环境系统中，只有人才能向安全问题提出挑战，一个掌握足够技能和装备的人能够发现并纠正系统故障，并使其恢复至正常状态。

令人遗憾的是绝大多数事故的发生均与人的不安全行为有关。据统计，德国 80%以上的交通事故源于人的差错；法国电力公司在 1990 年的安全分析报告中指出 70%~80%的事故中人的因素起着决定性作用；美国机动设备事故中，由人的因素引起的事故占 89%（其中单纯人的因素引起的事故占 57%，人与环境的相关因素引起的事故占 26%，人与设备的相关因素引起的事故占 6%）；日本核电站管理部门分析结果表明，日本 70%的核事故是由人的差错引起的。

人对于安全的主导作用在城市轨道交通运营安全方面也不例外。城市轨道交通运营安全与许多活动有关，各项活动都依赖于高效、安全和可靠的人的行为。

运营工作的每个环节、每项作业都是由人来参与并处主导地位的，人操纵、控制、监督各项设备，完成各项作业，与环境进行信息交流并与其他作业协调一致。

2. 影响运营安全的人员分类

影响城市轨道交通运营安全的人员包括以下两类。

（1）运营系统内人员

运营系统内人员主要指城市轨道交通运营企业各部门的各级领导人员、专职管理人员和基层作业人员，他们是保证运营安全最关键的人员。运营第一线的员工和负有管理责任人员的思想素质，技术业务素质，生理素质，以及群体素质等，往往是影响城市轨道交通运营安全的重要因素。

（2）运营系统外人员

运营系统外人员对运营安全的影响主要表现在旅客携带易燃品、易爆品和危险品上车，不遵守有关安全规定而引起行车事故；偷盗通信器材、拆卸设备等严重威胁城市轨道交通运营安全。

3. 运营安全对人员的素质要求

影响运营安全的人员因素是指人的安全素质，包括思想素质，技术业务素质，心理素质，以及群体素质。对不同人员有不同的素质要求。

（1）对运营系统内人员的安全素质要求

思想素质：思想素质包括职业道德、劳动纪律和安全观念等。

技术业务素质：技术业务素质包括业务知识、文化素养、安全法律知识和安全技术，以及处理各种非正常情况的作业能力等。

心理素质：心理素质是指影响运输安全的人的心理过程及个性心理特征，主要包括个体的气质、能力、性格、情绪、需要、动机、态度、爱好、兴趣和意志等。

群体素质：群体素质是指影响运输安全的群体特征，包括群体目标、群体内聚力、群体信息沟通、群体人际关系等。由于城市轨道交通运营工作要求多工种协同动作，涉及多个环节，因此它对运输系统内的部门之间、部门内人员之间及同一作业的不同操作者之间的协调性要求很高，这就使群体作用变得十分突出。

（2）对运营系统外人员的安全素质要求

运营系统外人员不直接从事运输生产活动，因此，对他们的安全素质要求主要为严格遵守城市轨道交通运营安全法规的有关规定，具备城市轨道交通安全法规常识，具有较强的安全意识和一定的安全技能等。

（二）设备因素

城市轨道交通运营设备是除人之外，影响运营安全的另一个重要因素。性能良好的设备既是运营生产的物质基础，又是运营安全的重要保障。

1. 与运营有关的设备

与运营有关的设备主要包括运营基础设备和运营安全技术设备。运营基础设备包括固定设备（线路、车站、车辆段、环控系统、指挥系统等）和移动设备（机车、车辆、通信设备等）。

运营安全技术设备主要包括安全监控设备、安全监测设备、自然灾害预报与防治设备、事故救援设备及其他安全设备。

此外，城市轨道交通系统为乘客提供出行服务时，与乘客接触的设施包括自动扶梯、休息座椅等，这些设施的配置情况和服务水平也会影响运营安全。

2. 影响运营安全的设备因素

影响运营安全的设备因素主要指运营基础设备和运营安全技术设备的安全性能，包括设计安全性和使用安全性。

（1）设计安全性

设备的设计安全性是指设备的可靠性、可维修性、可操作性及先进性等。可靠性是指设备在规定条件下和规定时间内保证正常工作的能力，它可以用可靠度、故障前平均时间、故障率等来衡量。可维修性是指设备易于维修的特性，即设备发生故障后排除故障的能力。可操作性是指设备设计便于人进行操纵。先进性是指尽量利用最新科技成果，采用先进装备，淘汰落后设备。

（2）使用安全性

设备的使用安全性涉及设备运行时间、维护保养情况等。设备运行时间越短，即设备越新，其使用安全性越好；设备维修保养得越好，其使用安全性也越好。

（三）环境因素

环境因素的影响主要来自外部环境和内部环境两部分。

1. 外部环境

影响运营安全的外部环境包括自然环境和社会环境。自然环境是指自然界提供的、人类暂时难以改变的生产环境。在各种自然灾害中最常见的是地震，严重影响城市轨道交通运营安全，危害极大。此外气候因素（如风、雨、雷、电、雾、雪、冰等）、季节因素（春、夏、秋、冬）、时间因素，以及白天、黑夜都是不容忽视的事故因素。社会环境包括社会的政治环境、经济环境、技术环境、管理环境、法律环境，以及社会风气等，它们对运营安全均有不同程度的影响，较为直接的是城市轨道交通所在城市治安和车站秩序状况。

2. 内部环境

内部环境主要指人为形成的系统环境条件，包括周围的空间和一切运营设施构成的人工环境。城市轨道交通地下区间隧道、地下车站设备用房等场所常年阴暗潮湿，极易造成关键设施设备发生故障，另外，站厅内商业区域的可燃物较多，而且站厅、商业区餐厅内还有燃气、明火等，增加了发生火灾的可能性。

（四）管理因素

1. 管理对运营安全的重要性

管理具有计划、组织、指挥、协调、控制的职能，可使人、设备和环境组成一个能够实现预期目标的系统。安全工作的关键是管理。管理对运营安全的重要性主要体现在以下 3 个方面。

（1）有助于提高运营系统内人、设备和环境的安全性。

（2）具有协调运营系统内人、设备和环境之间关系的功能。

（3）具有优化运营系统人、设备和环境整体安全功能的能力，即管理具有运筹、组合、总体优化的作用。

2. 影响运营安全管理的因素

导致城市轨道交通运营安全管理发生波动的主要因素有两种：一是组织的外部影响因素，二是组织管理的内部因素。

（1）组织的外部影响因素主要是社会环境、自然环境、组织发展战略、信息技术等。

（2）组织管理的内部因素主要有人—人关系的失衡、人—机关系的失衡、人—环境关系的失衡。常见的影响运营安全管理的组织管理的内部因素有：作业组织不合理、责任不明确或责任制未建立、规章制度不健全或规章制度不落实、操作规程不健全或操作程序不明确、无证经营或违法生产经营，未进行必要的安全教育或教育培训不够、机构不健全或人员不符合要求、现场违章指挥或纵容违章作业、缺乏监督检查、事故隐患整改监督不到位、违规审核验收（认证、许可）、安全投入不够等。

二、多因素影响分析

任何事故的发生都有其与单一因素的直接关系。但就城市轨道交通运营特点来看，各个因素之间是相互作用、相互交叉的。每起城市轨道交通运营安全事故的发生基本上都不是某个单一因素造成的，通常都是某两个甚至多个因素综合作用的结果。

（一）人和人之间

从工作人员的角度来看，城市轨道交通运营是由多个部门、多层次人员分工协作来实现的，同事之间、管理者与被管理者之间的合作、影响和制约，对于防范事故发生有关键影响；人与人之间的配合也十分重要，紧急时刻乘客能够配合工作人员的疏导，听从工作人员的指挥，将会使事故带来的损失减少。

（二）人与设备之间

在人与设备的关系中，人是操纵设备的主体，人的态度、注意力、技能等直接影响着设备正常运转。而信息技术迅速发展的今天，部分智能设备也能为人提供决策支持，具有自动报警、纠正误差等功能，可减少因人为疏忽造成的损失。

（三）人与环境之间

人与环境的关系也是相互的。人生活在环境中，受到环境条件的影响和制约。例如，天气炎热可能会引起工作人员和乘客的焦躁情绪，导致公共安全事件（如冲突）的发生而造成安全隐患等。

（四）设备与环境之间

设备与环境之间也是相互作用的。设备的工作效率随着时间推移会不可避免地降低，设备在环境中会因受潮、磨损、生锈等环境因素的影响而产生变化，从而影响设备工作的效率，留下安全隐患。环境，尤其是内部环境也会受到设备的影响，如果设备发生故障，内部环境就会因此而变得非常危险，导致事故发生。

📖 案例分析

2011 年 10 月 20 日上午 11 时 10 分左右，上海地铁 2 号线江苏路站有一乘客落轨，人坠落后提包挂在护栏上，场面一度"恐怖"。地铁方面于 11 时 30 分左右回应称坠轨女子已被安全抬离，相关区段运营正逐步恢复。

有目击者称，当地铁驶近时，司机或许发现情况有异，不停按喇叭并紧急刹车发出警示，紧要关头有一名工作人员"迅速地跳下去"将女子抱起救回站台，那名工作人员果敢的行动令人十分感动。

上午 11 时 30 分左右，上海地铁方面在官方网站上发布的救助信息表示，2 号线江苏路站进入线路的外部人员已被抬离，相关区段的运营逐步恢复。地铁方面确认，事发后站务员及时跳下站台救人，坠轨乘客被抱上站台。

"事后，该名女乘客表示自己系不慎跌落轨道，经检查有些许擦伤，无生命危险。"

试分析，上述案例中人和设备因素对运营安全产生了什么样的影响？

（案例来源：央视网）

📖 任务要求

任务评价表

学习内容	项目 1 城市轨道交通安全工作概述	姓名	
	任务三 运营安全工作的影响因素	学号	
	评价要素	分值	考核得分
（1）能对影响运营安全的各类因素进行分析		50	
（2）能制定并完成小组学习方案		10	
（3）能与组员良好沟通协作		10	
（4）能高质量完成学习汇报		10	
（5）能专注听取同学的汇报		10	
（6）能虚心接受老师或同学的评价		10	
总体得分		100	

教师评语：

任务四 8S 管理基础

📖 任务要求

掌握 8S 管理的内涵，在学习和工作中运用 8S 理念处理各类事项。

📖 任务实施

一、8S 管理认知

1. 背景知识

8S 就是整理（SEIRI）、整顿（SEITON）、清扫（SEISO）、清洁（SEIKETSU）、素养（SHITSUKE）、安全（SAFETY）、节约（SAVE）、学习（STUDY）8 个项目，因其日语罗马发音均以"S"开头，故简称为 8S。

8S 管理法的目的，是使企业在现场管理的基础上，通过创建学习型组织不断提升企业文化素养，消除安全隐患，节约成本和时间，从而使企业在激烈的竞争中立于不败之地。

20 世纪初，企业引以为荣的是公司技术，在乎的是生产产品状况，对于工厂乱不乱，环境好不好，设备的管理情形，并没有花很多的心血。20 世纪末，日本制造的产品遍布世界的每一个角落，世界各地的经济专家和学者甚是疑惑。日本的企业家说，8S 是成功的关键。"整理、整顿、清扫、清洁、素养、安全、节约、学习"简称"8S"，如图 1.1 所示。

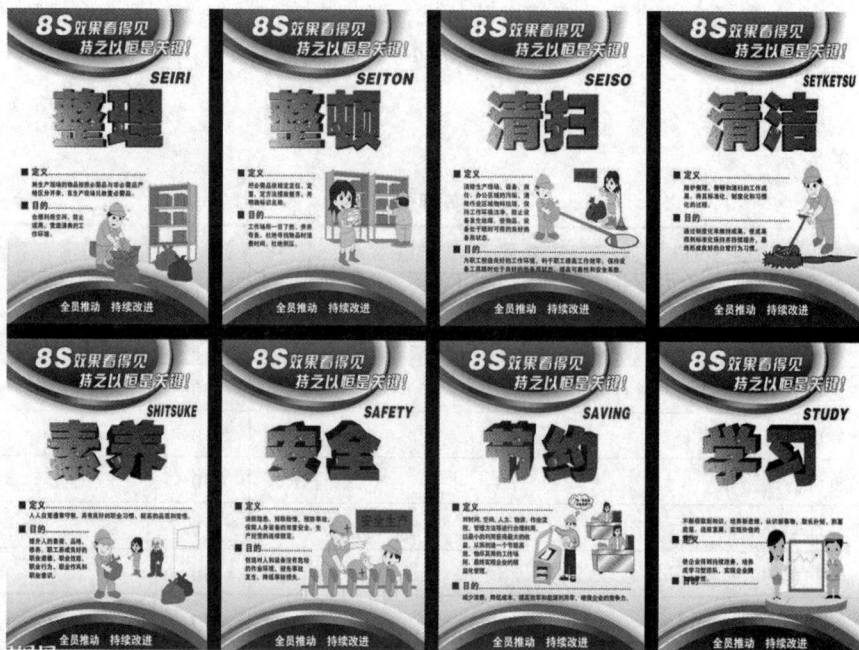

图 1.1　8S 管理内容

企业内员工都希望有良好的工作环境、和谐融洽的管理气氛。8S 管理是精益管理的基础，是开展其他先进管理体系和方法的先决条件和有力支持，有助于建立和保持一个有序、整洁和高效率的工作场所，遏止浪费，使每一个人都参与，降低成本，保证品质管理和提升企业的竞争力。

2. 8S 的定义与目的

（1）1S（SEIRI）整理——要与不要，一留一弃

定义：区分要用和不要用的，不要用的清除掉。将工作场所任何东西区分为有必要的与不必要的；有必要的与不必要的明确、严格地区分开来；不必要的东西尽快处理掉。

目的：留出空间；空间活用；防止误用、误选；营造清爽的工作环境。

实施要领：对工作场所（范围）进行全面检查，包括看得到和看不到的地方。制定"要"和

"不要"的基本准则；按照基本准则清除不要的物品；制定物品的处理方法，并按此方法清理非必需品；每日自我检查，可按照表 1.1 判断基准表来实行。

表 1.1　　　　　　　　　　　　　　判断基准表

使用次数	处理方法
一年都没用过一次	废弃/放入暂存仓库
也许要用的物品	放在职场附近
三个月用一次	放在工程附近
一周用一次	放在使用地
三天用一次	放在不需移动就能取到的地方
每天都用	放在离工作场所最近的显眼处

（2）2S（SEITION）整顿——科学布局，取用快捷

定义：要用的东西依规定定位、定量摆放整齐，明确标示。整理之后的现场必要品分类放置，排列整齐，数量明确，标识有效。

目的：工作场所一目了然；得到整整齐齐的工作环境；省出清除物品的时间；清除过多的积压物品，不浪费时间找东西。

实施要领：彻底地进行整理；确定放置场所；规定摆放方法；进行标识；大量使用"目视管理"。在整顿过程中使用目视化原则可以一目了然，方便查找。根据动作经济的原则缩短距离，以便于工作；两手同时使用，使两只手在左右 25 cm 的范围内能够同时对称使用，减少多余动作，如临时放置、换手拿、因看不清而凝视寻找、危险而需要小心等。

在整顿过程中应利用位置标识划定区域，确定所有必须物品各自合适的放置位置，使用可视控制系统，如工位号、设备编号、工艺卡、仓库区域划分、车间中的料架等；物品不在其位时，一定要一眼便可以看出。

生产现场常用标牌编码规则见表 1.2。

表 1.2　　　　　　　　　　　生产现场常用标牌编码规则

器具名称	编码字母	器具名称	编码字母
设备	S	消防器材	X
模具	M	卫生用具	W
工装器具	T	周转车	C
区域	Q	桌	Z
门窗	G	椅	Y
饮水机	J	橱、柜	I

（3）3S(SEISO)清扫——清除垃圾，美化环境

定义：清除工作场所内的"脏污"，并防止污染的发生。

目的：消除"脏污"，保持工作场所干净、明亮、稳定。

实施要领：建立清扫责任区，每个员工在岗位及责任范围内（包括一切物品与机械设备）进行彻底清扫；对清扫过程中发生的问题及时进行整修，查明污垢的发生源，予以杜绝；明确清扫

对象、方法、重点、周期、使用工具等项目。

（4）4S(SETKETSU)清洁——清净环境，贯彻到底

定义：将上面3S实施的做法制度化、规范化，并维持成果。

目的：通过制度化来维持成果，并显现"异常"所在。

实施要领：维持整理、整顿、清扫工作；制定目视管理及看板管理的标准；制定实施办法及检查考核标准；制定奖惩制度，加强执行；领导小组成员经常巡查，带动全员重视。

最佳的清洁方式是不需要清洁。清洁的现场不但可以使工作环境更舒适、更安全，还可以使现场物品清晰可辨，减少寻找时间，提高工作和产品质量，是全员生产维护（total productive maintenance，TPM）的基础。

首先确定责任制和监督实施，然后按照五步曲进行：确定清扫的目标；分派清扫任务；确定清扫方法；准备清扫工具；实施清扫。

（5）5S(SHITSUKE)素养——形成制度，养成习惯

定义：人人依规定行事，从心态上养成好习惯，提升人的品质。

目的：提高文明礼貌水准，增强团队意识，养成遵守规定、认真讲究的良好工作习惯。

实施要领：持续推行整理、整顿、清扫，直到成为全体员工共有的习惯；制定员工行为准则及礼仪守则，帮助员工达到修养最低限度的要求；推行企业视觉识别系统，教育训练员工严格遵守规章制度，推行各种精神提升活动，培养员工责任感，铸造团队精神。

素养中，个人自律是非常重要的。要坚持遵守规定，把正确的程序变成习惯；制定培训教材，对所有员工进行适当的培训与教育；组织一些前后照片对比活动、评比奖励使员工从内心接受以及养成好的工作习惯；生产现场组织有序、按标准运行。

（6）6S (SAFETY)安全——防微杜渐，警钟长鸣

定义：关爱生命，以人为本。

目的：预防危险，防患于未然，确保工作生产安全。

实施要领：落实安全工作；时查时防、专人负责；清除隐患、安全生产。

①管理上制定正确作业流程，配置适当的工作人员监督指示；②对不合安全规定的因素及时举报消除；③加强作业人员安全意识教育；④签订安全责任书。

安全是现场管理的前提和决定因素，没有安全，一切成果都失去了意义。重视安全不但可以预防事故发生，减少不必要的损失，更是关心员工生命安全，保障员工幸福的人性化管理要求。

采取系统的措施保证人员、场地、物品等安全，消除隐患，排除险情，预防事故的发生，保障员工的人身安全和生产正常进行，减少经济损失。同时，建立系统的安全管理体制，重视员工的培训教育，创造明快、有序、安全的作业环境。

（7）7S(SAVING)节约——节约为荣，浪费为耻

定义：减少企业的人力、成本、空间、时间、库存、物料等消耗。

目的：养成降低成本的习惯，加强作业人员减少浪费意识教育。

实施要领：能用的东西尽可能利用；以自己就是主人的心态对待企业资源；切勿随意丢弃，丢弃前要思考其剩余的使用价值。

节约推行要领：落实整理、整顿工作，不断地整理、整顿和检查，清除不需要的物品，重新检讨空间布置的合理性，消除空间上的浪费；遵循时间的科学使用法，提高工作效率；制定合理的能源或资源使用标准，减少浪费；制定合理作业标准和工作标准，严格执行，提高工作效率。

（8）8S(STUDY)学习——学习长处，提升素质

定义：深入学习各项专业技术知识，从实践和书本中获得知识。

目的：使企业得到持续改善、培养学习性组织。

实施要领：深入学习各项专业技术知识，从实践和书本中获取知识；同时不断地向同事及主管学习，从而达到完善自我、提升自身综合素质之目的。

学习各种新的技能技巧，才能不断满足个人及公司发展的需求，使企业得到持续改善；与人共享，能达到互补、互利，制造共赢，互补知识面与技术面的薄弱，互补能力的缺陷，提升整体竞争力与应变能力。

8S 管理是场长期有效的战役，让 8S 理念深入人心，让人人都知道 8S，人力资源管理部门制定可行的 8S 管理制度，各部门管理层对公司颁布的规章制度加强执行力，全公司开始执行，全员参与彻底推进才能真正落到实处。

二、8S 管理的实施与作用

1. 8S 管理的实施

××总公司机修公司××机械修造厂钻修车间现有职工 64 人，其中干部 3 人，党员 10 人，团员 31 人。下设钻修一班、钻修二班、焊工班、试车班、综合班 5 个生产班组，主要承担着总公司各种大、中型钻井设备大修理和现场服务工作。2006 年以来，该车间从强化基础工作入手，学习先进的管理经验，积极推行 8S 管理方法，规范员工行为，优化作业环境，强化现场管理，推进标准化车间建设。

为将这个管理方法很好地推进，该车间成立了 8S 管理领导小组，从组织实施、考核达标等方面制定出切实可行的推行方案，形成《钻修车间 8S 管理实施细则》《8S 管理标准》《8S 提示卡》《8S 管理手册》《8S 考核卡》，涵盖各岗位、场所及所有物品的管理，将一切生产活动都纳入 8S 管理之中。同时，根据工作需要，区分不同重点，在现场管理上侧重整理、整顿、清扫、清洁，使每个岗位的各项工作，各种工具、材料配件、杂物及工作台上的物品等都按 8S 管理规范的标准管理；在现场服务上侧重准时、标准，把每一处服务的内容、态度、质量都用一个 8S 考核卡进行制约，让服务者严把标准，准时、优质完成任务，尽量缩短因设备维修而造成的等停时间；在员工队伍建设上侧重自检、素养，让每一位员工正确利用企业管理制度、岗位操作规程，认真做好岗位修理工作的自检自查，反思当天的工作和表现。

（1）运用 8S 管理，推进标准化车间建设

要使 8S 管理产生良好的管理效应，关键在于落实。该车间在运用 8S 管理、创建标准化车间的过程中，以班组、岗位为重点，严格责任落实，将班组长定为现场管理第一责任人，将岗位长定为每台设备修理现场第一监督人，通过对现场、标准、员工行为的规范，奠定了管理向标准化迈进的基础。

（2）实施 8S 管理，产生良好管理效应

通过实施 8S 管理，推行标准化车间建设，该车间产生"四个提高"的管理效应。

① 员工素质提高。8S 管理提升了员工的素质，有 16 人在机修公司、总公司组织的技术比武中获得一、二、三等奖，许多技术骨干在改善修理环境、改进工艺管理、提升修理质量的过程中，改造、创新 10 多项工艺、工序、工装设施，解决了现场管理、质量检测等诸多问题。

② 员工的安全意识提高。员工普遍熟知安全生产的方针政策、规章制度、岗位应知应会，清

楚并能正确预防、削减岗位作业中的隐患和风险，实现无大小人身、设备事故。

③ 现场管理水平提高。车间推行管理人员"走动式管理"，各位管理人员每日坚持携带《8S管理手册》两次到相应的岗位、场所进行巡视检查，现场解决实际问题；对解体、清洗、修理、装配、试车等工序中易出现的质量问题，建立质量管理点，设立设备修理检验卡片、设备修理质量控制点卡片，实行专人看板管理，推进质量管理的工序化、严格化。

④ 工作效率提高。2006 年，完成设备修理 835.75 标准台，产值 1 477.07 万元，创利润 763.62 万元，同比分别提高 39%、41% 和 80.1%。

表 1.3 为某公司的整理和整顿活动检查表，表 1.4 为某公司清扫和清洁活动检查表，表 1.5 为某公司素养及微笑效果检查表，表 1.6 为某公司节约与安全效果检查表。

表 1.3　　　　　　　　　某公司整理和整顿活动检查表

编号：HHDZ－JC-01

部门：_____　班组：_____　检查日期：_____　检查组长：_____

项　目	内容及标准	评分结果	备　注
物品分类及存弃规则	未建立物品分类及存弃规则（1 分）		
	物品分类及存弃规则不太完善（2 分）		
	物品分类及存弃规则基本完善（3 分）		
	物品分类及存弃规则较完善（4 分）		
	物品分类及存弃规则完善（5 分）		
整理	尚未对身边物品进行整理（1 分）		
	已整理，但不太彻底（2 分）		
	整理基本彻底（3 分）		
	整理较彻底（4 分）		
	整理彻底（5 分）		
整顿	物品尚未分类放置和标识（1 分）		
	部分物品尚未分类放置和标识（2 分）		
	物品已分类放置并标识，但取用不便（3 分）		
	物品已分类放置和标识，取用较方便（4 分）		
	物品已分类放置和标识，取用方便（5 分）		

最后评定：	整改方案（被整改方填写）：
□　优（13～15 分） □　良好（10～12 分） □　一般（7～9 分） □　差（4～6 分） □　超差（3 分） 签名：　　　　日期：	 主任：　　　　班组长： 日期：

表 1.4　　　　　　　　　　　　某公司清扫和清洁活动检查表

编号：HHDZ－JC-02

部门：＿＿＿＿＿　　班组：＿＿＿＿＿　　检查日期：＿＿＿＿＿　　检查组长：＿＿＿＿＿

项　目	内容及标准	评分结果	备　注
计划 和职责	无计划，也未落实职责（1 分）		
	计划和职责规定不明确、不完善（2 分）		
	计划和职责规定基本完善（3 分）		
	计划和职责规定较完善（4 分）		
	计划和职责规定完善（5 分）		
清扫	未按计划和职责规定实施清扫（1 分）		
	未严格按计划和职责规定实施清扫（2 分）		
	基本按计划和职责规定实施清扫（3 分）		
	偶尔未按计划和职责规定实施清扫（4 分）		
	已按计划和职责规定实施清扫（5 分）		
清洁	未养成清洁习惯，环境脏乱（1 分）		
	清洁习惯坚持不好，效果差（2 分）		
	基本养成清洁习惯，环境尚整洁（3 分）		
	已养成清洁习惯，环境比较整洁（4 分）		
	已养成清洁习惯，环境整洁（5 分）		

最后评定：
□　优（13～15 分）
□　良好（10～12 分）
□　一般（7～9 分）
□　差（4～6 分）
□　超差（3 分）

整改方案（被整改方填写）：

主任：　　班组长：

签名：　　日期：　　　　　　　日期：

表 1.5　　　　　　　　　　某公司素养及微笑效果检查表

编号 HHDZ－JC-06-8-2

部门：＿＿＿＿＿　　班组：＿＿＿＿＿　　检查日期：＿＿＿＿＿　　检查组长：＿＿＿＿＿

项　目	内容及标准	评分结果	备　注
仪容精神	不修边幅（1分）		
	部分员工不修边幅，但无纠正（2分）		
	基本整洁、精神（3分）		
	比较注重仪容，观念较好（4分）		
	重视仪容，观念良好（5分）		

最后评定：
□　优（5分）
□　良好（4分）
□　一般（3分）
□　差（2分）
□　超差（1分）

整改方案（被整改方填写）：

签名：　　　　日期：

主任：　　　班组长：
日期：

表 1.6　　　　　　　　　　某公司节约与安全效果检查表

编号：HHDZ－JC-07

部门：＿＿＿＿＿　　班组：＿＿＿＿＿　　检查日期：＿＿＿＿＿　　检查组长：＿＿＿＿＿

项　目	内容及标准	评分结果	备　注
工作现场	机器闲置或运作不稳定，有故障发生（1分）		
	机器虽都已启动，但无保养计划（2分）		
	机器都有启动，且定期对其进行保养（3分）		
工作人员	人员工作随意，无工作计划（1分）		
	有计划，但未按其执行（2分）		
	有按计划执行，但无法达到预期效果（3分）		
	计划合理，且能按计划达成目标（4分）		
物料	物料随意摆放，零乱且易造成安全事故（1分）		
	物料按规定摆放，但有明显浪费（2分）		
	物料按规定摆放，但有部分物料已浪费（3分）		
	物料按规定摆放，且不浪费（4分）		

最后评定：
□　优（10～11分）
□　良好（8～9分）
□　一般（6～7分）
□　差（4～5分）
□　超差（3分）

整改方案（被整改方填写）：

签名：　　　　日期：

主任：　　　班组长：
日期：

（资料来源：百度文库）

2. 8S 管理的作用

总体来讲，8S 管理有以下几方面的作用。

① 8S 管理是最佳推销员（Sales）：企业会得到客户的认同，对产品无后顾之忧。规范的管理使企业综合效益得以快速提高，清洁明朗的环境会吸引更多员工来工作。

② 8S 管理是节约家（Saving）：通过管理有效降低很多不必要的材料以及工具浪费，同时缩短订购时间，节约更多宝贵时间，提高生产效率，从而保证产品交货期不被延误，维护公司良好信誉。

③ 8S 管理对安全有保障（Safty）：宽广明亮、视野开阔的工作场所能使物流一目了然。遵守堆积限制（严禁乱码乱放、超高堆积产品），工作场所走道明确，不会造成杂乱情形而影响工作顺畅。

④ 8S 管理是标准化的推动者（Standardization）：严格按照标准，员工都正常地按照规定执行任务，确保工作效率和质量。建立全能的工作机会，使任何员工进入现场即可开展作业，从而保证程序稳定，品质可靠，成本下降。

⑤ 8S 管理可形成令人满意的工作场所（Satisfaction）：明亮、清洁的工作场所中可激发员工潜力，能促进现场全体人员改善工作气氛。

📖 **任务评价**

任务评价表

学习内容	项目 1　城市轨道交通安全工作概述		姓名	
	任务四　8S 管理基础		学号	
	评价要素		分值	考核得分
（1）能复述 8S 管理的定义和内容			30	
（2）能结合学习生活阐述 8S 管理的作用			30	
（3）能制定并完成小组学习方案			10	
（4）能与组员沟通协作、高质量完成任务			10	
（5）能专注听取同学汇报			10	
（6）能虚心接受老师或同学的评价			10	
总体得分			100	

教师评语：

复 习 思 考

1. 安全、安全管理、事故、隐患、危险的概念各是什么？它们之间有什么联系？
2. 安全生产管理的含义是什么？企业安全生产管理的"四要素"是指什么？
3. 城市轨道交通运营安全有什么重要意义？
4. 单因素有哪几种？

5．城市轨道交通安全管理的方针是什么？有哪些手段？

6．城市轨道交通运营安全的影响因素有哪些？

7．城市轨道交通运营安全保障系统有哪些特征？其由哪些子系统构成？

8．8S 管理包含哪些方面的内容？

9．区分工作场所内的物品为"要的"和"不要的"是属于 8S 管理中的（　　　）范围。

10．物品乱摆放属于 8S 管理中（　　　）要处理的范围。

11．对设备及时进行清扫、点检、保养、（　　　），可以延长设备寿命。

12．8S 管理有哪些作用？结合你的学习、生活谈一谈。

项目 2
危险识别与管控

知 识 地 图

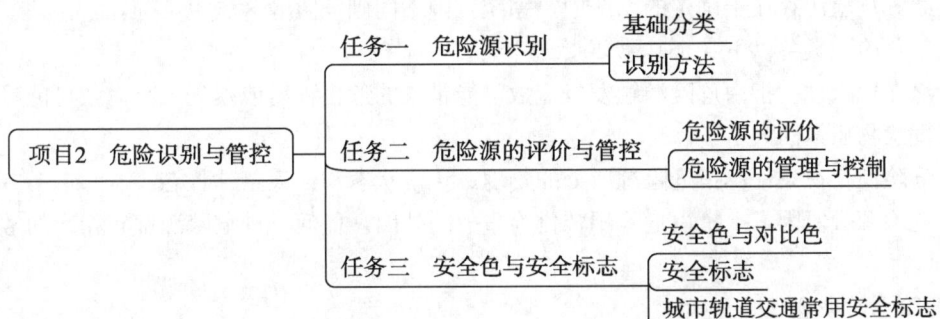

项目2 危险识别与管控
- 任务一 危险源识别
  - 基础分类
  - 识别方法
- 任务二 危险源的评价与管控
  - 危险源的评价
  - 危险源的管理与控制
- 任务三 安全色与安全标志
  - 安全色与对比色
  - 安全标志
  - 城市轨道交通常用安全标志

学 习 目 标

📖 知识目标

- 能正确说出"危险源"的定义和分类
- 能够识别不同类型的轨道交通危险源
- 能够陈述城市轨道交通安全控制的基本方法
- 能正确区分安全色和安全标志
- 了解城市轨道交通运营中存在的职业危害

📖 能力目标

- 能对城市轨道交通危险源进行识别、分析及评价
- 能识别城市轨道交通的常见安全标志

项 目 导 学

　　城市轨道交通系统在工程建设、设备维护、系统运营过程中都会存在不同程度的事故隐患或危险，一般由多种危险源导致，如物理性危险源、化学性危险源、生物性危险源、心理或生理性危险源、行为性危险源，以及其他危险源。正确识别城市轨道交通危险源并进行安全管理和控制，对预防和减少事故的发生、保障城市轨道交通安全至关重要。

<h1 style="text-align:center">任务一　危险源识别</h1>

📖 **任务要求**

通过学习，能够正确认识轨道交通危险源并进行管理和控制。

📖 **任务实施**

一、基础分类

1. 危险源

从字面上不难理解，危险源（Hazard）就是危险的根源，本来指能产生和释放能量的物质。

一般而言，危险源指可能造成人员伤害、职业病、财产损失、作业环境破坏或这些情况组合的根源或状态，是危险因素和有害因素的总称。危险源是爆发事故的源头，也是能量和危险物质集中的核心。危险源存在于确定的系统中，系统范围不同则危险源区域也不同。

通常，危险源具备以下 3 个基本要素。

（1）潜在危险性：指由危险源触发成事故可能带来的危害程度或损失大小，或可能释放的能量强度或危险物质量的大小。

（2）危险源存在条件：指危险源所处的物理、化学状态和约束条件状态。

（3）危险源触发因素：指由危险源转化为事故的外因，任何一种危险源都有相应的敏感触发因素。

2. 危险源的类别

实际生产和生活中危险源很多，存在形式也较复杂，这增加了对其进行分辨的难度。

如果根据危险源在事故发生、发展过程中所起的作用来对其进行划分，则会给危险源辨识工作带来方便。安全科学理论根据危险源在事故发生、发展过程中的作用，把危险源分为以下两大类。

（1）第一类危险源

根据能量意外释放理论，能量或危险物质的意外释放是伤亡事故发生的物理本质。将生产过程中存在的，可能发生意外释放的能量（能源或能量载体）或危险物质称作第一类危险源。

为防止第一类危险源导致事故，必须采取约束措施限制能量或危险物质，控制危险源。例如，某轨道交通工程项目在隧道施工中需要进行爆破，其中所用炸药和雷管等就是第一类危险源。

（2）第二类危险源

正常情况下，生产过程中的能量或危险物质受到约束或限制，不会发生意外释放，即不会发生事故。

一旦这些约束、限制能量及危险物质的措施受到破坏或失效（故障），则引发事故。导致能量、危险物质约束及限制措施破坏或失效的各种因素称作第二类危险源。

第二类危险源主要包括如图 2.1 所示的几个方面。

设备故障、人员操作不当、管理缺失或环境杂乱都属于第二类危险源。

① 物的因素（设备设施故障）

物的不安全状态是指生产设备、安全装置、辅助设施及其元器件由于性能低下或失灵不能实现预定功能，如电气绝缘损坏造成漏电伤害。这些情况可能是固有的，由于设计、制造缺陷而造成，也可能是使用不当、维护不及时等原因造成的。

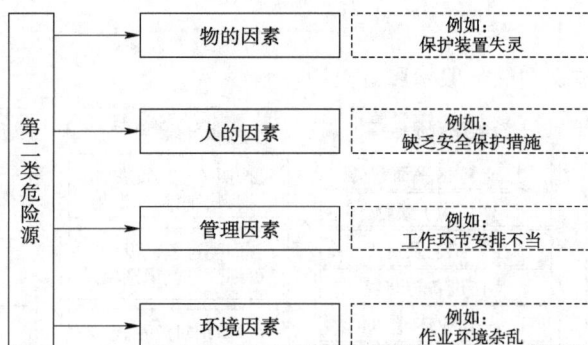

图 2.1 第二类危险源

② 人的因素

其主要指不安全行为，包括不按规定方法操作，不采取安全措施，健康状况异常，指挥错误，进入危险区域等。

③ 管理因素

其主要指职业安全卫生组织机构不健全、责任制不落实、规章制度不完善、事故应急预案及响应措施缺陷等。

④ 环境因素

对城市轨道交通环境因素的分析主要包括对设施设备系统环境、自然环境和社会环境的分析。城市轨道交通安全运营功能的实现需要各个系统协调配合，其中设施设备环境系统主要包括以下系统：车辆系统、供电系统、通信系统、信号系统、轨道系统、通风排烟系统以及其他辅助设备系统。这些系统设备在运营过程中都有可能发生突发事件，任何一次突发事件都有可能直接或间接影响运营安全。

二、识别方法

1. 危险源辨识

危险源辨识是识别危险源的存在并确定其特性的过程。实质上就是找出组织中存在的人的不安全行为、物的不安全状态、作业环境中存在的危害因素以及管理缺陷。

危险源辨识可以理解为从企业的施工生产活动中识别出可能造成人员伤害、财产损失和环境破坏的因素，并判定其可能导致的事故类别和导致事故发生的直接原因的过程。

2. 危险源识别方法

（1）关注危险源的 3 种形态

首先要关注危险源的 3 种形态，具体如下。

① 常规状态。正常生产过程中危险源的存在方式。

② 非常规状态。非常规状态可以分成 3 种情况：异于常规、周期性或临时性的作业活动；偶尔出现、频率不固定，但可预计出现的状态；外部的原因（如天气）所导致的非常规状态，如启动、关闭、试车、停车、清洗、维修、保养等。

③ 潜在紧急情况。指不可预见其后果的情况，其后果往往是灾难性的、不可控制的，如火灾、爆炸、严重的泄漏、碰撞和事故。

（2）识别步骤

图 2.2 所示为危险源识别的一般步骤。

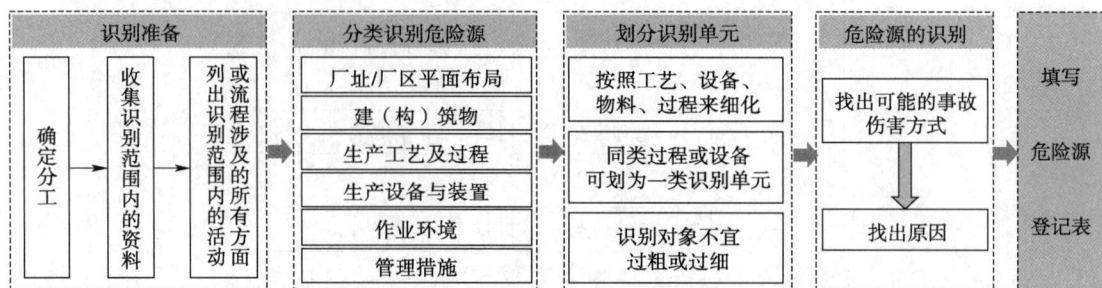

图 2.2 危险源识别的一般步骤

3. 城市轨道交通危险源的识别

城市轨道交通危险源的识别就是确认城市轨道交通运营过程中危险源的存在并确认其特性的过程，主要涉及员工的健康与安全、设备安全、行车安全、消防安全、乘客安全等众多方面。

（1）识别范围

城市轨道交通危险源识别范围包括城市轨道交通覆盖的工作区域及其他相关范围内生产经营活动、人员、设施等，可分为以下几种情况。

① 按地点划分：城市轨道交通沿线各车站、车辆段、运行控制中心（operation control center，OCC）、办公楼等。

② 按活动划分：常规活动、非常规活动和潜在的紧急情况，各类活动的内容见表 2.1。

表 2.1　　　　　　　　　　　　　　　　各类活动的内容

活 动	主 要 内 容
常规活动	运营服务活动，组织列车运营、客运服务等
	设备设施的安装、调试、验收、接管、使用等
	公共活动：相关部门均有的活动，如办公、电梯、空调等的使用等
	间接活动：为运营服务提供的支持和保障
非常规活动	设备设施的维护保养，消防及疏散演习等
潜在的紧急情况	如火灾、爆炸、台风、碰撞等突发事故事件

（2）确定事故类型

识别城市轨道交通危险源前必须按危险源事故类型对其进行分类，以便能正确识别危险源，防止危险源识别不清晰、不全面。城市轨道交通危险源事故类型，见表 2.2。

表 2.2　　　　　　　　　　　　　　城市轨道交通危险源事故类型

编号	事故类型	备 注	编号	事故类型	备 注
01	物理打击	伤害事故	07	灼烫	伤害事故
02	车辆伤害（指公共车辆）		08	火灾	
03	机械伤害		09	高处坠落	
04	起重伤害		10	坍塌	
05	触电		11	容器爆炸	
06	淹溺		12	其他爆炸	

编号	事故类型	备 注	编号	事故类型	备 注
13	中毒和窒息	伤害事故	19	健康受损	健康危害
14	其他伤害		20	财产损失（2 000 元及以上）	无伤害事件/事故
15	噪声聋	职业病	21	列车延误	无伤害的列车延误事件
16	尘肺		22	行车事故/事件	含人员伤亡的行车事故/事件
17	视力受损		23	可能引发行车事故/事件的设备缺陷事件和行为事件	指引发行车事故/事件的危险源
18	其他职业病		24	其他事故/事件	无伤害事件/事故

注 意

在表 2.2 中编号 22 和编号 23 这两个事故类型是一种从属关系，即"可能引发行车事件/事故的设备缺陷事件和行为事件"事故类型的风险属于"行车事件/事故"事故类型风险的危险源。对涉及这种从属关系的事故类型可把运营过程中可能发生的重要风险所涉及的危险源划归到相关部门进行控制。

（3）划分危险源识别对象

在城市轨道交通运营企业各部门列出识别范围内的活动或流程所涉及的所有方面后，选用适当的设备分析法、工艺流程分析法或其他划分方法，根据事故类型划分危害事件，同时根据以下内容对城市轨道交通危险源识别对象进行划分。

① 对城市轨道交通车辆设备大修的活动，可按照工艺流程分析法划分危险源识别对象。

② 对城市轨道交通设备维修及保养的活动，可按照设备分析法划分危险源识别对象，结合活动实施过程进行划分。

③ 使用设备时可根据具体操作过程，如采购、存放、检测设备的过程和行车组织、客运组织过程进行划分。

④ 针对每个危险源辨识对象，参考表 2.2 识别可能存在的事故/事件，并登记在表 2.3 危险源识别与风险评价登记表中。

表 2.3 危险源识别与风险评价登记表

单位：
责任人： 时间： 年 月 日

序号	部门/地点	活动	设备/设施/物料	危害/事故/事件	危险源	危险源类别	风险评价			风险级别	控制措施
							风险发生可能性	事故严重程度	风险值		

📖 **案例分析**

据不完全统计，2003 年至 2008 年我国城市轨道交通工程施工四级以上重大事故共发生 30 多起。根据施工事故发生时间、发生地点、事故过程和后果对其进行统计，部分统计结果见表 2.4。

表 2.4　2003—2008 年我国城市轨道交通工程施工四级以上重大事故统计表（部分）

发生时间	发生地点	事故过程及后果
2003 年 7 月 1 日	上海地铁	联络通道涌入大量泥沙，导致隧道受损，地面沉降，三幢建筑物严重倾斜，防汛墙出现裂缝、沉陷等险情，直接经济损失 1.5 亿元人民币
2003 年 10 月 8 日	北京地铁	地梁钢筋支架连同支架上已架设的钢筋倾覆倒塌，造成现场作业人员 3 人死亡、1 人轻伤，直接经济损失 29.7 万元
2004 年 3 月 17 日	广州地铁	基坑内土体塌方，1 人死亡
2004 年 5 月 10 日	北京地铁	地陷致 1 行人掉入塌陷坑内受轻伤
2004 年 10 月 6 日	北京地铁	风道塌方致正上方地面沉陷
2005 年 7 月 14 日	深圳地铁	施工工地塌方致交通堵塞 2 h
2005 年 8 月 9 日	北京地铁	隧道拱顶坍塌
2006 年 1 月 3 日	北京地铁	污水管线漏水致部分主辅路塌陷
2006 年 6 月 27 日	北京地铁	施工标段塌方，2 人死亡
2006 年 8 月 2 日	广州地铁	基坑塌方，1 人死亡，2 人受伤
2007 年 4 月 3 日	上海地铁	打桩机附近一水泥构件折断坠落，1 人当场死亡
2007 年 9 月 30 日	上海地铁	隧道工程下行线管片坠落，1 人死亡
2007 年 2 月 5 日	南京地铁	渗水塌陷，天然气管道断裂爆炸，近 5 000 居民生活受影响
2007 年 8 月 20 日	北京地铁	隧道塌方
2007 年 10 月 12 日	深圳地铁	路面塌陷约 30 m²，无人员伤亡
2008 年 4 月 1 日	深圳地铁	立柱模板坍塌，3 人当场死亡，2 人受伤
2008 年 11 月 15 日	杭州地铁	路面大面积塌陷事故，导致该路面风情大道 75 m 路面坍塌，并下陷 15 m，21 人死亡

从统计结果来看，坍塌和塌方事故是地铁施工安全事故的主要伤害类型，其发生事故量占城市轨道交通建设安全总发事故量的 65% 左右，其次为机械事故占约 27%，其他事故类型占约 8%。

（文章来源：中国知网《地铁工程施工危险源辨识研究》阳光，华中科技大学）

任务评价

任务评价表

学习内容	项目 2　危险识别与管控		姓名	
	任务一　危险源识别		学号	
	评价要素		分值	考核得分
（1）能复述危险源的定义与类型			20	
（2）能识别不同类型的轨道交通危险源			20	
（3）能陈述城市轨道交通安全控制的基本方法			10	
（4）能与组员协作、高质量完成学习汇报			20	
（5）能专注听取同学的汇报			20	
（6）能虚心接受老师或同学的评价			10	
总体得分			100	

教师评语：

任务二　危险源的评价与管控

任务要求

城市轨道交通运营系统庞大且复杂，系统中存在的风险因素也比较多，城市轨道交通运营事故时有发生，因此构建完善的城市轨道交通运营安全评价体系显得尤为重要。《国家城市轨道交通运营突发事件应急预案》针对城市轨道交通运营确定了评价具体指标、评价内容、评价要点和各个部门的安全管理职责。通过学习，对于危险源、风险的评估要有所了解。

任务实施

一、危险源的评价

危险源的评价属于安全现状的整体评价体系，安全现状评价主要是针对运营单位的设施、设备的使用情况、现状管理情况进行现场调查、分析，查找出危险因素并提出相应改进措施，使整个运营状况被控制在安全范围内。

危险如何评价

实际工作中，风险管理是城市轨道交通运营安全管理工作的核心，而危险源的辨识、分级评估是风险管理的基础。现阶段，我国城市轨道交通运营安全管理程序主要包括危险源辨识分析、危险源登记、风险分级评估、风险控制、持续改进。通常，需要针对城市轨道交通运营作业和运营安全影响因素确定安全评价指标，构建安全评价体系及评价具体内容。如采用 LEC 评价法对主要指标进行评价、对体系进行安全评价，一般可以从"人、机、环、管"四方面进行分析，其中人包括行车组织人员、设备维修保养人员，机（设施、设备）包括车辆、通信、信号、消防、供电、线路，环包括自然环境和社会环境，管为管理。

1. 城市轨道交通的主要危险因素

城市轨道交通的运营事故受两大方面因素影响，即内部因素和外部因素。内部因素主要是指设备设施故障或人为误操作等；外部因素主要是指恐怖袭击、乘客携带违禁物品、自然灾害、突

发事故等，城市轨道交通的常见危险因素见表 2.5。

表 2.5　　　　　　　　　　　城市轨道交通的常见危险因素

序号	危险因素	原因描述
1	火灾危险	内部火灾：车站、隧道以及列车内大量的电气设备等火灾危险因素；车站、列车内的建筑装饰材料、广告牌等为可燃材料；车辆、供电设备、机电设备等若超期服役，一旦发生故障也可能导致火灾事故
		外部火灾：乘客违章携带危险物品；人为因素（如恐怖袭击、纵火等）引起的火灾；车站站厅乘客疏散区、站台和疏散通道内违规设置商业网点存在发生火灾的危险
2	列车脱轨危险	列车脱轨主要是由城市轨道交通系统内部危险因素导致： ①线路设计或铺设不合格，道岔/轨枕/接触轨伤损、钢轨断裂等； ②列车超速运行； ③列车或线路设备老化等
3	站台拥挤踩踏危险	①车站内人员负荷过大、车站疏散通道或疏散梯设置不合理，车站站台、集散厅及疏散通道内有妨碍疏散的设施或堆放物品，车站出入口存在缺陷或有突发事件发生，都可能造成人员拥挤踩踏； ②其他原因，如地铁列车故障或其他紧急情况发生时，也可能发生乘客挤伤、踩踏等危险
4	列车撞车危险	处于高速移动状态的列车，一旦出现瞬间的设备异常或人员违章操作，可能造成撞车事故，如追尾、侧向冲突和迎面冲突等
5	其他危险	地铁中毒和窒息危险：中毒、缺氧窒息、中毒性窒息，如地铁发生火灾后会产生大量烟雾；一些设备设施或违章操作造成的触电伤害危险，如乘客使用电梯时意外的碰撞、卷入；列车紧急制动可能引起的乘客摔倒等

2. 城市轨道交通运营的安全评价方法

常用的风险评价方法有很多，如矩阵法、作业条件危险性评价法（LEC 评价法）、风险概率评价法（PRA）、事故树分析法（ETA）等，下面简单了解 LEC 评价法。

LEC 评价法是对具有潜在危险性作业环境中的危险源进行半定量的安全评价方法。采用与系统风险率相关的 3 个指标值之积来评价系统中人员伤亡风险大小。3 个指标分别是：

L——事故发生的可能性。

E——人体暴露在危险环境中的频繁程度。

C——发生事故会造成的损失后果。

风险分值 $D=L\times E\times C$，D 值越高说明系统的危险性越大。

对 L、E、C 3 个指标进行客观的计算分析，其评价过程常采用半定量计算法。可根据经验和估计，分别对 3 个指标进行赋值，分别见表 2.6～表 2.8。

表 2.6　　　　　　　　　　　事故发生的可能性（L）

分　数　值	事故发生的可能性
10	完全可以预料
6	相当可能
3	可能，但不经常
1	可能性小，完全意外
0.5	很不可能，可以设想
0.2	极不可能
0.1	实际不可能

表 2.7 人体暴露在危险环境中的频繁程度（E）

分 数 值	人体暴露在危险环境中的频繁程度
10	连续暴露
6	每天工作时间内暴露
3	每周一次或偶然暴露
2	每月一次暴露
1	每年几次暴露
0.5	非常罕见暴露

表 2.8 发生事故会造成的损失后果（C）

分 数 值	发生事故会造成的损失后果
100	10 人以上死亡
40	3～9 人死亡
15	1～2 人死亡
7	严重
3	重大，伤残
1	引人注意

利用 D=L×E×C 公式可以判断评价危险性大小，D 值对应的危险程度如表 2.9 所示。

表 2.9 D 值对应的危险程度

D 值	危险程度	采取的措施
>320	极其危险	停止作业，立即整改
160～320	高度危险	制定措施，及时整改
70～160	显著危险	需要整改
20～70	一般危险	需要注意
<20	稍有危险	可以接受

需要注意的是，此方法对危险级别的划分在一定程度上是凭经验进行的，应用时要根据实际情况予以修正。

根据风险评价结果，制定安全措施和管理方案，应优先选择消除风险的措施，其次是降低风险。

📖 **拓展阅读**

我国安全管理模式发展简述

我国对安全管理的研究起步较晚，20 世纪 80 年代初期，我国从多个先进工业国家引进了全面质量管理（Total Quality Management，TQM），由于当时国内大环境下评价机制的缺乏，这种管理模式的弊端显露。后来，这种模式逐渐被 ISO 9000 所取代，再后来逐步被广泛接受的是 PDCA 管理模式。国内很多大型集团也相当重视安全管理工作，为提高生产效率和安全管理水平探索出很多有效且适合我国国情的管理模式，形成多种安全管理方法。宝钢集团的"FPBTC"安全管理模式含义是：F——First Aim（一流目标）；P——Two Pillars（两根支柱）；B——Three Bases（三个基础）；T——Total Control（四全管理）；C——Counter Measure（五项对策）。

6 SIGMA 管理方法应用于建筑施工现场，6 SIGMA 管理实施过程要经历定义、测量、分析、改进和控制等。结合我国现阶段建筑安全管理的要求，学者们将 3A 安全管理模式逐渐发展，提出了 5A 安全管理模式，即"全过程（All process）、全主体（All persons）、全因素（All factors）、全天候（All times）、全手段（All measures）"管理的现代管理模式。

（文章来源：百度文库）

二、危险源的管理与控制

1. 安全预控

城市轨道交通企业应对运营情况进行危险源辨识和安全评估，及时掌握当前安全运营状况和潜在风险，做到安全管理工作心中有数，根据安全评估的结果及时调整安全工作重点，对潜在风险制定风险防范措施。

更好的做法是建立符合运营实际的风险评估体系，并将其作为长效管理手段。

安全运营风险评估工作应确保每年开展一次，新线投入运营前应进行开通前的试运营风险评估，风险评估工作可采用专家组或评估小组的方式进行，做好安全预控工作。

应建立反应灵敏的预警机制，通过对危险源的辨识变事后补救为事先预防。

此外，还可进一步利用信息化管理手段实现设施设备状态实时监控，减少灾害天气和突发事件对城市轨道交通运营的影响。以此提高预警机制功能，排除隐患，将事故消灭在萌芽状态。

2. 安全风险控制

城市轨道交通的安全控制主要是对城市轨道交通运营工作流程的全过程进行控制，从运营计划及运行图的制定、调度指挥、车站客流组织和客运服务、设施设备的保障等各个环节实施控制。通过采取各种有效措施，进行安全预控，真正体现"安全生产、预防为主"的原则。

安全控制工作中行车安全是安全工作的重点，必须强化行车安全控制，消除行车安全中的各种设备和人为隐患，严格执行行车岗位标准化、规范化操作。如根据行车工作的特点和设备、设施的技术条件要求，建立包括安全操作规程手册、事故处理规程、应急处置预案等在内的安全规章体系，以制度来规范安全管理各个环节。确保严格落实安全规章制度才是运营安全的保证。同时，还要确保行车岗位人员操作标准化、规范化，企业员工应遵守并严格执行规章制度，凡事有据可依、按章办事，将人员的风险因素降到最低。

另外，运营设施、设备质量的好坏也直接关系到列车运营安全。应科学地进行设备管理工作，确保设备完好，以保障运营。可采用先进的设备检测技术和工具，快速检测、维修设备；也可采用信息化管理系统，对维修工程中工时、物料、定额、检修规程等进行全面管控，从而保证维修计划的落实。

城市轨道交通行车安全风险因素众多，如人身伤害、行车中断、设备损坏、超速运行、冒进信号等，其中较为常见的为人身伤害和行车中断，分析发生在不同场所的风险因素等级后，有针对性地提前制定出控制各种风险的专项治理措施，对提升城市轨道交通行车安全有较大促进作用。

📖 拓展阅读

国内外风险预控评估体系的情况

世界上许多国家已经形成比较成熟且具有代表性的安全评估体系，比如英国、美国、丹麦、日本等。

英国伦敦地铁风险评估体系（London Underground Limited Quantified Risk Assessment，

LULQRA）：在参考大量原始数据的基础上，以某项风险因素对人造成的伤害为基准，判断该项风险因素和伤亡程度之间的定量关系，进而确定风险等级，以便风险管理者采取合适的规避措施进行控制。

美国纽约地铁安全风险认证体系（Safety and Security Certification, SSC）：安全评估时，首先识别出地铁系统中对人员安全产生影响的因素，查明这些影响因素的影响范围，然后在此基础上制定相关安全评估标准，并通过对制定的安全评估标准进行反复测试和修改，最终获得和影响因素贴合度最高的安全评估标准，便于实际应用。

丹麦哥本哈根地铁安全评估体系：基于原有模型，安全专家创新性地发展了一套贯穿于城市轨道交通设计、建设、运营和维护各个阶段的"系统和风险相结合"的安全评估理论。其中，运营方面安全评估工作主要包括：安全管理机构工作流程以及相关命令发布的及时性和准确性检验、地铁运营相关流程的确定、系统维护相关流程的确定、工作人员安全意识培训、各个运营子系统的安全评定和维护情况、安全等级确定等。

日本地铁运营安全评估：早期日本城市轨道交通的安全评估标准并没有采用 RAMS（Reliability, Availability, Maintainability, Safety，可靠性、可用性、可维护性和安全性）国际标准，随着 RAMS 国际标准在各个国家的渗透以及良好反响，现在日本也开始引入 RAMS 国际标准来进行安全评估管理工作。

2005 年我国《城市轨道交通运营管理办法》出台后，相关单位联合起草编写了《地铁运营安全评价标准》（GB/T 50438—2007）（已作废），并通过了有关部门的批准，自 2008 年 5 月 1 日起实施。其主要内容包括：安全评价的一般要求和程序、基础安全评价（包括安全管理评价、运营组织和管理评价、设备设施评价和外界环境评价）以及事故风险水平评价。2013 年，交通运输部组织编写了《城市轨道交通运营管理规范》（GB/T 30012—2013）和《城市轨道交通试运营基本条件》（GB/T 30013—2013）。

（文章来源：中国知网《城市轨道交通运营安全风险预控的研究》侯晓丽　北京交通大学）

📖 **任务评价**

任务评价表

学习内容	项目 2　危险识别与管控	姓名	
	任务二　危险源的评价与管控	学号	
	评价要素	分值	考核得分
（1）能复述危险源的评价内容及评价方法		20	
（2）能对城市轨道交通危险源的危险程度进行评价		20	
（3）能描述城市轨道交通安全的控制措施		10	
（4）能与组员协作、高质量完成学习汇报		20	
（5）能专注听取同学的汇报		20	
（6）能虚心接受老师或同学的评价		10	
总体得分		100	

教师评语：

任务三　安全色与安全标志

📖 任务要求

为引起人们对周围存在的不安全因素、环境、设备的注意，需要涂以醒目的安全色或使用安全标志，提高人们对不安全因素的警惕，避免发生事故。通过学习，掌握安全色的含义及用途、安全标志的作用及类型，能够正确区分安全色、识别和使用安全标志。

📖 任务实施

一、安全色与对比色

1. 安全色

使用安全色，能使人们在紧急情况下借助所熟悉的安全色含义识别危险部位，尽快采取措施，有助于避免发生事故。《安全色》（GB 2893—2008）规定：安全色有红色、蓝色、黄色、绿色四种。

红色：含义为禁止、停止、危险、消防。用于各种禁止标志、交通禁令标志、消防设备标志、机械的停止按钮、机械设备转动部件的裸露部位、仪表刻度盘上极限位置的刻度、各种危险信号旗等。例如：城市轨道交通列车受电弓的支架带电部分涂红色，表示高压危险、禁止触摸。

黄色：传递注意、警告的信息，是常用警告标志颜色，例如：警戒线、行车道中线、安全帽、城市轨道交通站台安全线等涂黄色。

蓝色：传递必须遵守规定的指令性信息，用于各种指令标志、指示性导向标等，例如：必须佩戴个人防护用具标志、道路上指引车辆和行人行驶方向的指令等。需要注意的是，蓝色只有与几何图形同时使用时才表示指令。

绿色：提示、安全状态、通过、允许、工作，例如：生产车间内的安全通道、城市轨道交通检修车间内的安全检修路显示安全状态、车辆和行人通过标志等。

2. 对比色

对比色是使安全色更加醒目的反衬色。

为提高安全色辨识度，在安全色标志上一般采用对比色，如红色、蓝色和绿色均用白色作为对比色，黑色和白色互作对比色，黄色用黑色作为对比色，也可使用红白相间、蓝白相间、黄黑相间条纹表示强化含义。

对比色一般有黑、白两种颜色。黑色用于安全标志的文字、图形符号和警告标志的几何边框。白色既可以用作安全标志红色、蓝色、绿色的背景色，也可以用于文字和图形符号。

通常使用的相间条纹有红色与白色相间、黄色与黑色相间、蓝色与白色相间、绿色与白色相间4种，其含义与用途举例见表2.10。

表2.10　　　　　　　　　　　颜色相间条纹的含义与用途举例

相间颜色	含义与用途举例
红白相间	含义为禁止越入，如道路上使用的防护栏杆和隔离墩
黄黑相间	含义为警告注意，如当心滑跌标志
蓝白相间	含义为必须遵守，如交通导向标志
绿白相间	使标志牌更醒目，如安全标志杆

二、安全标志

1. 安全标志

安全标志用以表达特定安全信息，由图形符号、安全色、几何图形或文字构成。安全标志主要用于引起人们对不安全因素的注意，达到预防事故发生的目的，但不能代替安全操作规程和安全防护措施。

《安全标志及其使用导则》（GB 2894—2008）规定，安全标志分为禁止标志、警告标志、指令标志和提示标志四类。

① 禁止标志

禁止标志是禁止人们不安全行为的图形标志，其几何图形是带斜杠的圆环，图形符号为黑色，几何图形用红色，背景用白色，共 40 种，图 2.3 所示为部分禁止标志。

图 2.3 部分禁止标志

② 警告标志

警告标志是提醒人们注意周围环境，以避免可能发生的危险的图形标志。警告标志的几何图形是黑色等边正三角形，背景、衬边用黄色，中间图形符号用黑色，共 39 种，图 2.4 所示为部分警告标志。

③ 指令标志

指令标志是告诉人们必须遵守的规定的图形标志。其几何图形是圆形边框，图形符号、衬边为白色，背景色为蓝色，共 16 种。图 2.5 所示为部分指令标志。指令标志包含必须系安全带、必须戴安全帽、必须穿防护服等多种图形标志，用于强制人们必须做出某种动作或采用防范措施。

当心车辆	当心滑跌	当心电离辐射	当心坠落	当心扎脚	当心触电
当心机械伤人	注意安全	当心火灾	当心腐蚀	当心中毒	当心感染
当心烫伤	当心弧光	当心塌方	当心落物	当心伤手	当心吊物
当心爆炸	当心火车	当心裂变物质	当心激光	当心微波	当心冒顶

图 2.4 部分警告标志

| 必须系安全带 | 必须戴安全帽 | 必须戴防护手套 | 必须穿防护鞋 | 必须戴防护眼镜 |
| 必须戴护耳器 | 必须穿救生衣 | 必须穿防护服 | 必须加锁 | 必须戴防护帽 |

图 2.5 部分指令标志

④ 提示标志

提示标志是向人们提示某种信息（如标明安全设施或场所等）的图形标志。提示标志的几何图形是矩形，图形符号、衬边是白色，背景色是绿色。图 2.6 所示为部分提示标志。

图 2.6   部分提示标志

⑤ 其他安全色标

除上述规定的安全色和安全标志外，还有一些色标与安全有关，常见的有气瓶、气体管道和电气设备等的漆色。这些漆色代表一定含义，能帮助人们一眼就能识别出其提供的信息，这对预防事故、保证安全有好处。

气瓶色标：指气瓶外表面涂覆的字样内容、色环数目和颜色按充装气体的特性作规定的组合，是识别充装气体的标志。目的主要是从颜色上迅速辨别出盛装某种气体的气瓶和瓶内气体性质（可燃性、毒性），避免错装或错用，同时也可防止瓶体生锈。

管道色标：蒸汽管道用白色，自来水管道用黑色，压力管道用黄色，消防管道用红色。

电气设备相别色标：变电所设备（母线和进出线）和车间配电装置用色标相别，A 相为黄色，B 相为绿色，C 相为红色，地线为黑色，直流正极为红色，直流负极为蓝色。

2. 安全线

安全线是用于划分安全区域和危险区域的分界线，如地铁站台安全候车线。根据国家有关规定，安全线用白色，宽度不小于 60 mm。生产过程中有了安全线的标示，就可以区分安全区域与危险区域，有利于对危险区域的判断识别。

三、城市轨道交通常用安全标志

城市轨道交通常用安全标志有千米标、百米标、站名标、制动标、圆曲线与缓和曲线始点及终点标、曲线标、竖曲线始点及终点标、水准基点标、警冲标、联锁分界标、预告标、司机鸣笛标、减速地点标、限速标、停车位置标、接触网终点标、降下受电弓标、升起受电弓标等。

隧道内百米标、限速标、停车位置标应设在行车方向的右侧。警冲标应设在两会合线间，其位置应根据设备限界及安全量确定。隧道外的标志可按国家现行规定设置。

为乘客安全，地铁内常设置各种安全标志与设施。例如，遇到紧急情况时可以沿着导流标志进行疏散，并按照紧急出口指示标志箭头所示方向寻找安全出口，这些标志通常分布在站台的墙柱底部、车站台阶、大厅及出入口处。

图 2.7 所示为轨道交通车站及列车内常见的安全标志。

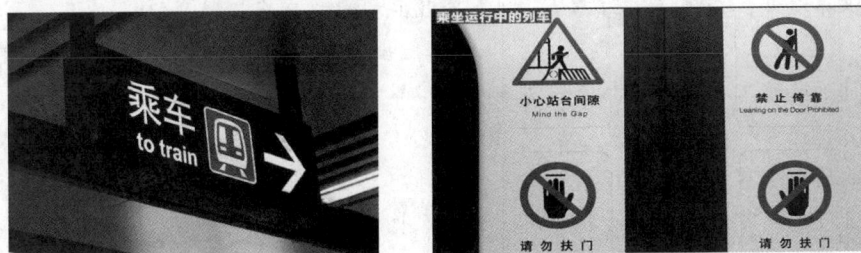

图 2.7   轨道交通车站及列车内常见的安全标志

图 2.7　轨道交通车站及列车内常见的安全标志（续）

📖 **拓展阅读**

轨行区内的作业安全

轨行区的范围为站台下面全部行车线路区域，包括区间内的隧道区域。

1. 防护必备品

（1）红色和黄色信号灯。

（2）对讲机：至少 3 部以上对讲机，用于防护时防护员之间、防护员与被防护的施工人员之间及调度员之间进行联络。

（3）口笛或口哨：防护员用来警示被防护的施工人员注意列车。

（4）具有夜光效果的防护服：用于保护防护员和所有施工人员，在隧道内确保司机和车长能够看见防护员和施工人员。

（5）防护员记录本、计时工具、防护员胸卡等。

2. 防护的具体方法

地下线防护时，防护员按照前日提报的施工计划在施工地点两端各 100 m 处使用红、黄灯设置防护信号标志，遇曲线地段可适当延长防护距离至 200 m；如施工影响邻线行车则必须对邻线也设置防护信号标志。

接到防护任务后，防护员携带必备工具和物品与施工人员一起到达指定施工地点。防护员按照要求选好防护地点，一律使用红、黄灯。必须在防护员面对来车方向的右侧设好防护装置后，施工人员再进行施工，为保证施工人员和设备安全，规定：

① 如果施工区段不允许列车通过，则防护员必须设置红色信号标志，要求所有工程列车接近防护区段前必须一度停车，待施工完毕并清理完施工现场后，由领车员检查确认防护区段满足安全行车条件时，再指挥列车慢速通过。

② 若施工对列车影响较小且允许通过，则防护员设置黄色信号标志。为减少施工干扰，当列车接近施工地点时，防护员可通过对讲机和口笛提前通知前方施工人员，要求施工人员及时撤离到机车车辆限界以外，并将使用的工具、机具等物品撤出机车车辆限界。

③ 防护员在施工人员和施工所带的物品没有撤出机车车辆限界前，不能撤除红色防护信号标志。当防护员确定施工人员和物品撤出机车车辆限界并经现场施工负责人检查确认后，防护员方可撤除红色防护信号标志，改为黄色防护信号标志，示意列车慢速通过。如防护员确定线路上的施工已不影响列车正常运行，则可撤除黄色信号标志，示意列车可以正常通过。防护员确定列车已通过施工区段后，重新设置好防护标志，施工人员才可以继续施工。

④ 若在高架、地面线路上遇有雷电停止作业时，作业人员应尽量远离轨道设备，双脚并拢蹲

下，尽可能使人体高度低于周围设备设施。利用打雷的间隙及时回到室内避雷、避雨。

（文章来源：百度文库）

📖 **任务评价**

任务评价表

学习内容	项目 2　危险识别与管控	姓名	
	任务三　安全色与安全标志	学号	
	评价要素	分值	考核得分
（1）能正确复述安全色、对比色种类及其含义		20	
（2）能区分不同类型的安全标志		20	
（3）能描述城市轨道交通常见的安全色及安全标志		20	
（4）能与组员协作、高质量完成学习汇报		20	
（5）能专注听取同学的汇报		10	
（6）能虚心接受老师或同学的评价		10	
总体得分		100	

教师评语：

复 习 思 考

1. 什么是危险源？举例说明危险源的类别。

2. 危险源有哪几种状态？

3. 识别危险源的基本步骤是什么？

4. 如何进行城市轨道交通危险源的识别？

5. 城市轨道交通的主要危险源有哪些？

6. 什么是 LEC 评价法？请简单说明。

7. 什么是安全标志？举例说明常见的安全标志。

8. 安全色有哪几种，其意义和用途各是什么？

9. 举例说明对比色的作用。

10. 城市轨道交通通用安全标志有哪些？

项目 3
事故与应急处理

知 识 地 图

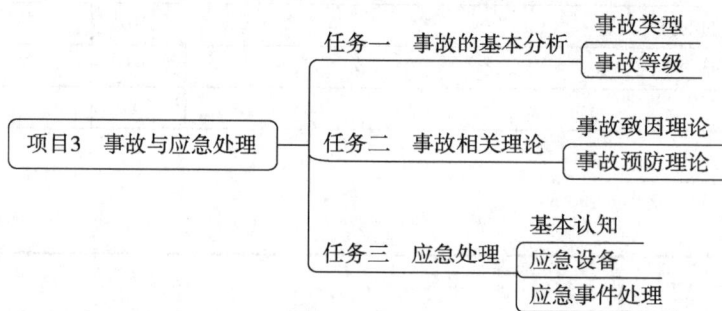

项目3　事故与应急处理

任务一　事故的基本分析　　事故类型 / 事故等级

任务二　事故相关理论　　事故致因理论 / 事故预防理论

任务三　应急处理　　基本认知 / 应急设备 / 应急事件处理

学 习 目 标

📖 知识目标

- 能正确说出事故的类型和等级
- 了解事故的相关理论
- 认识车站、列车上的常用应急设备
- 能简述事故应急处理的原则和流程
- 知道不同紧急情况下的应急事件处理方法

📖 能力目标

- 能分析、判断不同的事故类型和等级
- 能根据应急处理原则分析和处理突发事件
- 能正确识别列车应急设备和车站应急设备

项 目 导 学

城市轨道交通事故是指城市轨道交通车辆在运行过程中与行人及其他障碍物相撞，或者发生脱轨，车辆或车站发生火灾、爆炸，乘客拥挤、踩踏、自高处坠落、掉下站台，车门发生故障等影响正常行车的事故。城市轨道交通事故可分为行车事故、客运事故和自然灾害事故等类型，按照其造成后果的严重性分为不同事故等级。

　　城市轨道交通系统还存在事故种类繁多的风险，面对不同类型突发事件，地方政府、轨道交通运营运营公司、社会相关团体等应该根据突发事件的性质、严重程度、可控性和影响范围等因素，依据我国相关法律制定严格的应急管理措施办法，明确各相关方的应急管理责任。尤其是城市轨道交通运营企业应该制定不同类别、不同等级的应急预案。

任务一　事故的基本分析

　　📖　**任务要求**

　　通过学习，能够准确陈述事故的类型和等级，能够正确辨识不同的事故及其原因。

　　📖　**任务实施**

一、事故类型

　　1. 事故定义

　　事故是指发生于预期之外的造成人身伤害或财产或经济损失的事件。这里所说的事故，更多地指发生在生产、生活活动中的意外事件。

　　在事故的种种定义中，伯克霍夫的定义较著名。伯克霍夫认为，事故是人（个人或集体）在为实现某种意图而进行的活动过程中，突然发生的、违反人的意志的、迫使活动暂时或永久停止、迫使之前存续状态发生暂时或永久性改变的事件。

　　事故的含义包括以下几方面内容。

　　① 事故是一种发生在人类生产、生活活动中的特殊事件，在任何生产、生活活动过程中都可能发生。

　　② 事故是一种突然发生的、出乎人们意料的事件。由于导致事故发生的原因非常复杂，往往包括许多偶然因素，因此事故的发生具有随机性。

　　③ 事故是一种迫使正在进行的生产、生活活动暂时或永久停止的事件。事故中断、终止正常活动的进行，必然给生产、生活带来某种形式的影响。因此，事故是一种违背人们意志的事件。

　　事故是指造成人员伤害、死亡、职业病或设备设施等财产损失和其他损失的意外事件。

　　事故有生产事故和企业职工伤亡事故之分。生产事故是指生产经营活动（包括与生产经营有关的活动）过程中，突然发生的伤害人身安全和健康或者损坏设备、设施或者造成经济损失，导致原活动暂时中止或永远终止的意外事件。《企业职工伤亡事故分类》（GB 6441—1986）将企业职工伤亡事故分为 20 类，分别为物体打击、车辆伤害、机械伤害、起重伤害、触电、淹溺、灼烫、火灾、高处坠落、坍塌、冒顶片帮、漏水、放炮、瓦斯爆炸、火药爆炸、锅炉爆炸、容器爆炸、其他爆炸、中毒和窒息，以及其他伤害。

　　2. 城市轨道交通事故类型

　　城市轨道交通事故可分为行车事故、客运事故和自然灾害事故。

　　（1）行车事故

　　行车事故主要包括：①由于人的行为失误或轨道交通系统设备发生故障导致的危及列车在正线上正常运行的事件；②车站、车辆基地内所有与行车、调车作业有关的危及人身和设备安全的事件；③列车运行过程中（包括运行途中和停车时）危及乘客安全的事件。

发生行车事故时，应及时采取相关措施，救助受伤人员，排除故障，并填写相关文件备案。

（2）客运事故

凡是在车站站厅内、站台上、列车车厢内发生且危及乘客人身安全的事件，均属于客运事故。客运事故主要是由列车车门、屏蔽门、自动扶梯、列车停站时站台边缘与列车间的间隙、列车进出站等造成的乘客伤亡。发生客运事故时，应及时实施救助，并填写相关文件备案。

（3）自然灾害事故

自然灾害事故主要是指水灾害、风灾害、雷击灾害、地震灾害等引起的事故。对此，城市轨道交通在建设时应有良好的预防监测措施。在遭遇此类灾害时，应及时统一指挥，组织乘客疏散转移，及进行现场抢救。

二、事故等级

本书讨论的主要是"生产安全事故"，指职业活动或有关活动过程中发生意外突发性事件的总称，通常会使正常活动中断，造成人员伤亡或财产损失。由于各行业性质、特点不同，具体事故严重程度的划分标准也有区别。

对于城市轨道交通系统，影响系统运营安全和可靠性的因素统称事件，事件根据其发生的原因、特点及造成的后果和影响，分为事故、故障两类。事故是指因故障或工作人员操作不当或管理人员指挥不力而造成人员伤亡、设备损坏，影响可靠性或危及运营安全的事件。故障是系统不能执行规定功能的状态。

事故根据其表现、影响程度与范围分为一般事故、险性事故、大事故、重大事故等。按其性质可分为行车事故、客运组织事故、电力传输事故。事故一旦发生会造成人员伤亡、财产损失并影响公共安全、城市轨道交通非正常运营等后果，这些可能的后果也是城市轨道交通事故的主要判定依据，包括：轨道交通线路中断运营时间、人员死亡和重伤人数、直接经济损失金额、需要紧急疏散乘客或需紧急解困人员、发生在轨道交通路网内、需要相关部门处置和协调、需要政府机关处置或响应。

1. 轨道交通事故等级

轨道交通事故按照人员伤亡、财产损失及对正常运行造成影响的程度，分为重大事故、大事故、险性事故、一般事故。不同的城市轨道交通系统可根据各自运营实践制定不同的事故等级标准，轨道交通事故等级见表 3.1。

表 3.1　　　　　　　　　　　　　　轨道交通事故等级

事故等级	造成后果（满足其中之一）
重大事故	人员死亡 3 人或者死亡、重伤 25 人及以上
	双线中断（某一站或某一区间及以上、下行行车中断）时间在 150 min 以上
	根据列车、车辆破损规定，电动客车中破（直接经济损失为现值的 40%～60%）一辆
大事故	人员死亡 2 人或者重伤 10 人及以上
	双线中断行车 90 min 及以上
	根据机车、车辆破损规定，电动客车小破（直接经济损失为现值的 10%～40%）一辆
险性事故	凡事故性质严重，但未造成损害后果或者损害后果不够认定为大事故的情况，如列车冲突、列车脱轨、列车分离；错开车门、运行途中打开车门、车未停稳开门、列车冒进信号等
一般事故	调车冲突，调车脱轨，调车作业冒进信号，列车运行中因车辆部件脱落或其他原因损坏行车设备，行车有关人员漏乘、漏接、出乘迟延耽搁列车，错误办理行车凭证发车等

2. 事故的相关名词

（1）车辆破损范围界定（电动列车以一节车辆为基数）。

报废：直接经济损失为现值的 90%以上。

大破：直接经济损失为现值的 60%～90%。

中破：直接经济损失为现值的 40%～60%。

小破：直接经济损失为现值的 10%～40%。

（2）列车：按规定辆数编组的电动客车的列车，须有规定的列车标志。

（3）列车事故。

轨道单车机或挂有平板车（有车次号）进入运营线路发生事故时。

列车与其他调车作业机车和车辆相互冲撞而发生事故时。

列车在车场内以调车方式进行摘挂和转线而发生事故时。

列车载客运行发生事故时。

（4）其他列车：空驶列车、救援列车、调试列车、轨道单车机等。

（5）冲突：列车、车辆、轨道车互相间或与设备（如车库、站台、车挡等）以及其他车辆间发生冲撞，造成电动列车、轨道车和其他车辆破损或破坏。

（6）脱轨：电动列车、轨道车、平板车的车轮落下钢轨轨面（包括脱轨后自行复轨）。

（7）列车分离：包括车钩破损分离和车钩自动分离（含车钩缓冲装置的破损）。

（8）挤岔：车辆在通过道岔区段时挤坏道岔设备。

（9）列车冒进信号：列车前端任何一部分越过固定信号显示位置即为冒进信号，包括临时变更信号（不论原因）而使列车冒进。

（10）双线中断行车：在上下行运行线路中，一条线发生某一站或某一区间及以上中断行车的同时，另一条线也发生某一站或某一区间及以上中断行车。

（11）单线中断行车：上、下行线中任何一条线上有一个车站或区间发生行车中断。

（12）行车中断时间：指从事故发生时间起至调度发出线路开通命令的时间。

📖 **案例分析**

依据北京地铁运营有限公司对于发生故障原因的统计，同时针对资料上我国 1 723 次事故，得出以下分类：贻误运营时间超过 5min 的被称为运营事故，在以上一千多起事故中，运营事故占 510 次。总的来说，这 510 次中还可分为 9 个大方面，53 个小方面。从大方向来看，靠前的事故原因有车辆故障、通号故障、乘客等，分别有 142 次、97 次、145 次，这些事故原因导致的事故在总事故中占将近 70%。

事故：南京地铁列车连挂车钩发生碰撞。

时间：2005 年 12 月 1 日 6 时 55 分。

地点：小行—安德门上行区间，距安德门站约 300 m 处。

7 时 40 分，行车调度人员指令基地内 1314 车出库连挂故障车 2526 车；8 时 05 分，1314 车出库，采用洗车模式与 2526 车连挂时，因列车处于小半径曲线位置，车钩对位不正，连挂失败，车钩发生碰撞。

此次事故造成 2526 车 A 端的防爬器轻微擦伤，2526 车 A 端车头右侧的导流罩损坏。

本案例事故的主要原因是编制技术文本时，考虑不够充分，没有将"小曲率半径连挂作业要求"进行明确。当时车辆连挂线路半径为 150 m，根据《南京地铁南北线一期工程车辆合同文件附件 1》中对车钩连挂的规定，是不允许进行自动连挂的，合同中明确要求列车自动连挂时最小半径不得小于 300 m。此事故的发生同时也反映出调度人员和作业人员安全意识不强，经验不足，缺乏处理特殊情况的应变能力。

经过此事故后，南京地铁在 2007 版《小行基地运作规则》中规定：小行基地内道岔区段及其他 300 m 以下曲线半径线路原则上不得进行电客车连挂作业。特殊情况下须进行连挂作业时，须确认车钩位置，如果车钩自动对中不能达到对中范围要求，须进行手动调整。在 150 m 曲线半径的线路上进行连挂作业时，由车辆系统派专业人员进行现场技术指导。

（案例来源：百度文库）

📖 **任务评价**

任务评价表

学习内容	项目 3　事故与应急处理		姓名	
	任务一　事故的基本分析		学号	
	评价要素		分值	考核得分
（1）能复述事故的定义与类型			20	
（2）能根据标准辨析不同的事故等级			20	
（3）能与组员协作完成学习任务			20	
（4）能高质量完成学习汇报			20	
（5）能专注听取同学的汇报			10	
（6）能虚心接受老师或同学的评价			10	
总体得分			100	

教师评语：

任务二　事故相关理论

📖 **任务要求**

事故相关理论是从大量典型事故本质原因分析中提炼出的事故机理和事故模型，这些机理和模型反映了事故发生的规律性，能够为事故原因的定性、定量分析，对事故的预测预防以及改进安全管理工作，从理论上提供科学、完整的依据。

掌握事故相关理论，了解事故理论的发展以及不同理论的基本内容，能将相关理论运用在事故预防、事故处理等过程中。

📖 **任务实施**

一、事故致因理论

事故致因理论（Accident-Causing Theory）是安全原理的主要内容之一，用于揭示事故的成因、过程与结果，因此有时又叫事故机理或事故模型。它抽象概括地考虑构成系统的人、机、物、环境，因此更本质、更具普遍意义。当它和具体危险源、事故结合时，就可以更科学、更实际、更生动地把可能的事故成因、过程、结果展现在人们面前。故它是进行危险性分析、安全性评价、对策制定、监控管理，以及事故调查分析的有力方法。

2018 年，我国在行政管理体系上设立了应急管理业务系统，应急管理成为安全科学更重要的一部分。既然安全科学、安全业务活动的目的是预防事故，那就一定得借助于事故致因理论这一工具找到事故的确切原因，之后才能达到有效预防的目的。因此，事故致因理论的重要性就不言而喻了。

防止事故，必须弄清事故为什么会发生，造成事故发生的因素——事故致因因素有哪些，在此基础上研究如何通过消除、控制事故致因因素来防止事故发生，从而建立了事故致因理论（事故归因）。事故致因理论的科学实质就是事故原因与事故间的逻辑关系表达，其目的如下。

① 认识事故本质。

② 指导事故调查与分析。

③ 提出事故预防措施。

国内外现有的事故致因理论有 10 多种，而适合我国情况的主要有：多米诺骨牌理论（The Dominoes Theory）、系统理论、轨迹交叉理论。事故致因理论的发展大致经历了 3 个阶段：以事故频发倾向理论和海因里希事故因果连锁理论为代表的早期事故致因理论（单一因素归因理论）→以能量意外转移理论为主要代表的第二次世界大战后的事故致因理论（人物合一归因理论）→现代的系统安全理论（系统归因理论）。

在科学技术落后的古代，由于人们对自然界缺乏认识，往往把事故和灾害的发生看作是人类无法违抗的"天意"或"命中注定"，而祈求神灵保佑。天意论是对事故原因的不可知论。

随着社会的发展以及科学技术的进步，特别是工业革命以后世界各地工业生产事故频繁发生，人们在与各种事故斗争的实践中不断总结经验，探索事故发生的规律，相继提出了阐明事故为什么会发生，事故是怎样发生的，以及如何防止事故发生的理论。

（一）事故致因理论的发展

1919 年英国的格林伍德（M. Greenwood）和伍兹（H. H. Woods）对许多工厂里的伤亡事故数据中事故发生的次数按不同统计分布进行了统计检验。结果发现，工人中的某些人较其他人更容易发生事故。从这种现象出发，后来法默（Farmer）等人提出了事故频发倾向的理论。

海因里希法则

1936 年美国的海因里希（W. H. Heinrich）提出了事故因果连锁理论。海因里希认为，伤害事故的发生是一连串事件按一定因果关系依次发生的结果。他用 5 块多米诺骨牌来形象地说明这种因果关系，即第一块牌倒下后会引起后面的牌连锁反应而倒下，最后一块牌即为伤害。因此，该理论也被称为多米诺骨牌理论。多米诺骨牌理论建立了事故致因的事件链这一重要概念，并为后来者研究事故机理提供了一种有价值的方法。海因里希曾经调查 75 000 件工伤事故，发现其中有 98% 是可以预防的。在可预防的工伤事故中，以人的不安全行为为主要原因的占89.8%，而以设备、物质的不安全状态为主要原因的只占 10.2%。按照这种统计结果，绝大部分工伤事故都由工人的不安全行为引起。海因里希还认为，即使有些事故是由物的不安全状态引起的，其不安全状态的产生也是由于工人错误所致。因此，这一理论与事故倾向性格论一样，将事件链中的原因大部分归于操作者的错误，表现出时代局限性。

第二次世界大战爆发后，高速飞机、雷达、自动火炮等新式军事装备出现，带来操作的复杂性和紧张度，使得人们常常发生动作失误。于是，产生了专门研究人类的工作能力及其限制的学问——人机工程学，它对战后工业安全地发展也产生了深刻的影响。这种在人机系统中以人为主、让机器适合人的观念，促使人们对事故原因重新进行认识。越来越多的人认为，不能把事故发生简单说成是操作者的性格缺陷或粗心大意，应该重视机械、物质的危险性在事故中的作用，强调实现生产条件、机械设备的固有安全，才能切实有效地减少事故发生。1949年，葛登（Gorden）利用流行病传染机理来论述事故的发生机理，提出"用于事故的流行病学方法"理论。葛登认为，流行病病因与事故致因之间具有相似性，可以参照分析流行病因的方法分析事故。

由吉布森（Gibson）于1961年提出，并在1966年由哈登（Hadden）引出的"能量意外转移"理论，是事故致因理论发展过程中的重要一步。该理论认为，事故是一种不正常的或不被希望发生的能量转移，各种形式的能量意外转移构成伤害的直接原因。因此，应该通过控制能量或者控制能量的载体来预防伤害事故发生，防止能量意外转移的有效措施是对能量进行屏蔽。能量意外转移理论的出现，为人们认识事故原因提供了新视野。

20世纪70年代后，随着科学技术不断进步，生产设备、工艺及产品越来越复杂，信息论、系统论、控制论相继成熟并在各领域获得广泛应用。对于复杂系统的安全性问题，采用以往的理论和方法已不能很好地解决，因此出现了许多新的安全理论和方法。

动态和变化的观点是近代事故致因理论的又一基础。1972年，本尼尔（Benner）提出，在处于动态平衡的生产系统中，由于"扰动"（Perturbation）导致事故的理论，即P理论。此后，约翰逊（Johnson）于1975年发表了"变化—失误"模型。1980年，诺兰茨（W.E.Talanch）在《安全测定》一书中介绍了"变化论"模型。1981年，佐藤音信提出了"作用—变化与作用连锁"模型。

近十几年来，比较流行的事故致因理论是"轨迹交叉"理论。该理论认为，事故发生不外乎是人的不安全行为（或失误）和物的不安全状态（或故障）两大因素综合作用的结果，即人、物两大因素时空运动轨迹的交叉点就是事故发生的所在，预防事故发生就是设法从时空上避免人、物运动轨迹交叉。与轨迹交叉理论类似的理论是"危险场"理论。"危险场"是指危险源能够对人体造成危害的时间和空间范围。这种理论多用于研究存在诸如辐射、冲击波、毒物、粉尘、声波等危害的事故模式。

（二）典型的事故致因理论

1. 事故因果连锁理论

（1）海因里希事故因果连锁理论

海因里希是最早提出事故因果连锁理论的，该理论阐明了导致伤亡事故的各种因素之间，以及这些因素与伤害之间的关系。该理论的核心思想是：伤亡事故的发生不是一个孤立事件，而是一系列原因事件相继发生的结果，即伤害与各原因相互之间具有连锁关系，如图3.1所示。

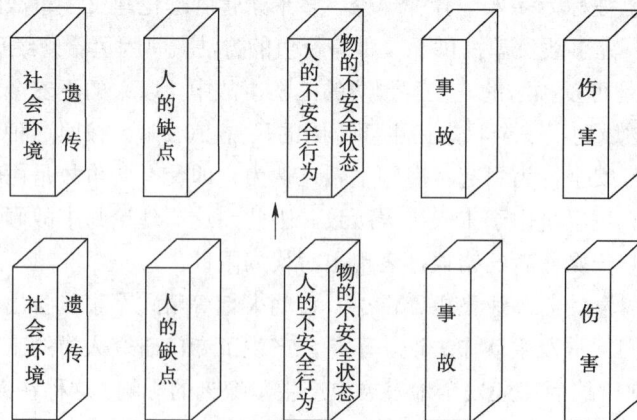

图3.1 海因里希事故因果连锁

海因里希提出的事故因果连锁过程包括 5 种因素。

遗传及社会环境（M）：遗传及社会环境是造成人的缺点的原因。遗传因素可能使人具有鲁莽、固执、粗心等对于安全来说属于不良的性格；社会环境因素可能妨碍人的安全素质培养，助长不良性格发展。这种因素是因果链上最基本的因素。

人的缺点（P）：即由遗传及社会环境因素所造成的人的缺点。人的缺点是使人产生不安全行为或造成物的不安全状态的原因。这些缺点既包括鲁莽、固执、易过激、神经质、轻率等性格上的先天缺陷，也包括缺乏安全生产知识和技能等的后天不足。

人的不安全行为或物的不安全状态（H）：此二者是造成事故的直接原因。海因里希认为，人的不安全行为是由于人的缺点而产生，是造成事故的主要原因。

事故（D）：事故是一种由于物体、物质或放射线等对人体发生作用，使人员受到或可能受到伤害的出乎意料的失去控制的事件。

伤害（A）：即直接由事故产生的人身伤害。

上述事故因果连锁关系，可以用 5 块多米诺骨牌来形象地加以描述。如果第一块骨牌倒下（即第一个原因出现），则发生连锁反应，后面的骨牌相继被碰倒（相继发生）。

该理论的积极意义在于，如果移去事故因果连锁中的任意一块骨牌，则连锁被破坏，事故过程被中止。海因里希认为，企业安全工作的中心就是要移去中间的骨牌——防止人的不安全行为或消除物的不安全状态，从而中断事故因果连锁的进程，避免伤害发生。

海因里希的理论有明显不足，如它对事故因果连锁关系的描述过于绝对化、简单化。事实上，各个骨牌（因素）之间的连锁关系是复杂的、随机的。但海因里希的事故因果连锁理论促进了事故致因理论的发展，成为事故研究科学化的先导，具有重要历史地位。

（2）博德事故因果连锁理论

博德在海因里希事故因果连锁理论的基础上，提出了与现代安全观点更加贴合的事故因果连锁理论。

博德提出的事故因果连锁过程同样包括 5 种因素，如图 3.2 所示，但每种因素的含义与海因里希的理论有所不同，分别是：管理、起源、征兆、接触及伤害。

在此不作详述。

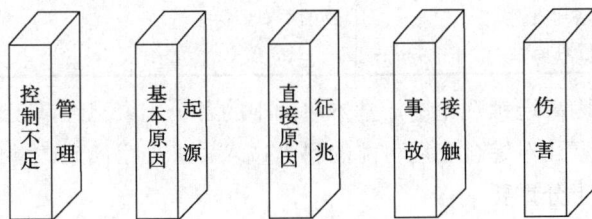

图 3.2　博德事故因果连锁

（3）亚当斯事故因果连锁理论

亚当斯提出了一种与博德事故因果连锁理论类似的事故因果连锁模型，见表 3.2。

表 3.2   亚当斯事故因果连锁模型

管理体系	管理失误		现场失误	事故	伤害或损坏
目标 组织 机能	领导者在以下方面的决策失误或决策缺失： 目标/规范/责任/职级/考核/权限授予	安全技术人员的管理失误或疏忽： 行为/责任/权限范围/规则/指导/主动性/积极性/业务活动	人的不安全行为 物的不安全状态	伤亡事故 损坏事故 无伤害事故	对人 对物

在该理论中，将人的不安全行为和物的不安全状态称作现场失误，其目的在于提醒人们注意人的不安全行为和物的不安全状态的性质。

亚当斯的理论的核心在于对现场失误背后的原因进行了深入研究。人的不安全行为及物的不安全状态等现场失误，是由企业领导和安全技术人员的管理失误造成的。管理人员在管理工作中的差错或疏忽，企业领导人的决策失误，对企业经营管理及安全工作具有决定性影响。管理失误又由企业管理体系中的问题所导致，这些问题包括：如何有组织地进行管理工作，确定怎样的管理目标，如何计划、如何实施等。管理体系反映了作为决策中心的领导人的信念、目标及规范，它决定各级管理人员安排工作的轻重缓急区分标准、工作基准及指导方针等重大问题。

（4）北川彻三事故因果连锁理论

前面几种事故因果连锁理论把考察的范围局限在企业内部。实际上，伤害事故发生的原因是很复杂的，一个国家或地区的政治、经济、文化、教育、科技水平等诸多社会因素，对伤害事故的发生和预防都有重要影响。

日本的北川彻三正是基于这种考虑，对海因里希的理论进行了一定修正，提出了另一种事故因果连锁理论，见表 3.3。

表 3.3   北川彻三事故因果连锁理论

基本原因	间接原因	直接原因		
学校教育原因 社会原因 历史原因	技术原因 教育原因 身体原因 精神原因 管理原因	人的不安全行为 物的不安全状态	事故	伤害

在北川彻三的事故因果连锁理论中，基本原因中的各个因素已经超出企业安全工作范围。充分认识这些基本原因因素，对综合利用可能的科学技术、管理手段来改善间接原因因素，达到预防伤害事故发生的目的十分重要。

2. 能量意外转移理论

吉布森和哈登从能量的观点出发指出：人受到伤害的原因只能是某种能量向人体的转移，而事故则是一种能量的异常或意外转移。根据这一理论，事故最基本的两种形式是：①能量的作用超过人体的承受能力，则将造成人员伤害；②有机体与周围环境的正常能量受到干扰。因此，各种形式的能量是构成伤害的直接原因。

能量的种类有许多，如动能、势能、电能、热能、化学能、原子能、辐射能、声能和生物能，等等。人受到的伤害都可以归结为上述一种或若干种能量的异常或意外转移。

生产、生活活动中经常遇到各种形式的能量，如机械能、热能、电能、化学能、电离及非电离辐射、声能、生物能等，它们的释放都可能造成伤害或损坏。

人们要经常注意生产过程中能量的流动、转换，以及不同形式能量的相互作用，防止能量意外释放或逸出。从能量意外转移论出发，预防伤害事故就是防止能量或危险物质的意外转移，防止人体与过量能量或危险物质接触。

能量意外转移理论与其他事故致因理论相比，具有两个主要优点：①把各种能量对人体的伤害归结为伤亡事故直接原因，从而决定以对能量源及能量传送装置加以控制作为防止或减少伤害发生的最佳手段这一原则；②依照该理论建立的对伤亡事故的统计分类方法，是一种可以全面概括、阐明伤亡事故类型和性质的统计分类方法。

能量意外转移理论的不足之处是：由于意外转移的机械能（动能和势能）是造成工业伤害的主要能量形式，这就使得按能量意外转移观点对伤亡事故进行统计分类的方法尽管具有理论上的优越性，然而在实际应用上却存在困难。它的实际应用尚有待于对机械能的分类进行更加深入细致的研究，以便对机械能造成的伤害进行分类。

3. 基于人体信息处理的人失误事故模型

这类事故致因理论都有一个基本观点，即：人失误会导致事故，而人失误是由于人对外界刺激（信息）的反应失误。

（1）威格里斯沃思模型

威格里斯沃思在 1972 年提出，人失误构成了所有类型事故的基础。他把人失误定义为"（人）错误地或不适当地响应一个外界刺激"。他认为：在生产操作过程中，各种各样的信息不断地作用于操作者感官，给操作者以"刺激"。若操作者能对刺激做出正确响应，事故就不会发生；反之，如果错误或不恰当地响应了一个刺激（人失误），就有可能出现危险。危险是否会带来伤害事故，则取决于一些随机因素。

（2）瑟利模型

瑟利把事故的发生过程分为危险出现和危险释放两个阶段，这两个阶段各自包括一组类似人的信息处理过程，即知觉、认识和行为响应过程。在危险出现阶段，如果人的信息处理每个环节都正确，危险就能被消除或得到控制；反之，只要任何一个环节出现问题，就会使操作者直接面临危险。在危险释放阶段，如果人的信息处理过程各个环节都是正确的，则虽然面临着已经显现出来的危险，但仍然可以避免危险释放，不会带来伤害或损害；反之，只要任何一个环节出错，危险就会转化成伤害或损害。

瑟利模型适用于描述危险局面出现得较慢，如不及时改正则有可能发生事故的情况，对于描述发展迅速的事故也有一定参考价值。

（3）劳伦斯模型

劳伦斯在威格里斯沃思和瑟利等人的人失误事故模型基础上，通过对南非金矿中发生的事故的研究，于 1974 年提出了针对金矿企业以人失误为主因的事故模型，该模型对一般矿山企业和其他企业中比较复杂的事故也普遍适用。

劳伦斯模型适用于类似矿山生产的多人作业生产方式。在这种生产方式下，危险主要来自于自然环境，而人的控制能力相对有限，在许多情况下，人们唯一的对策是迅速撤离危险区域。因此，为避免发生伤害事故，人们必须及时发现、正确评估危险，并采取恰当行动。

4. 动态变化理论

基于客观动态变化的世界，生产过程中的安全工作也要随之改进，以适应变化的情况。如果管理者不能或没有及时适应变化，则将发生管理失误；操作者不能或没有及时适应变化，则将发生操作失误。外界条件变化也会导致机械、设备等的故障，进而导致事故发生。

（1）扰动起源事故理论

本尼尔认为，事故过程包含着一组相继发生的事件。由事件链组成的正常生产活动，是在一种自动调节的动态平衡中进行的，在事件稳定运行中向预期的结果发展。

事件发生必然是某人或某物引起的，如果把引起事件的人或物称为"行为者"，而把其动作或运动称为"行为"，则可以用行为者及其行为来描述一个事件。在生产活动中，如果行为者的行为得当，则可以维持事件过程稳定进行；否则，可能中断生产，甚至造成伤害事故。

生产系统的外界影响经常变化，可能偏离正常的或预期的情况。这里称外界影响的变化为"扰动"（Perturbation），扰动将作用于行为者，产生扰动的事件称为起源事件。

当扰动在行为者的承受范围内时，生产活动可以维持动态平衡而不发生事故。如果其中的一个行为者不能适应这种扰动，则自动平衡过程被破坏，开始一个新的事件过程，即事故过程。该事件过程可能使某一行为者承受不了过量的能量而发生伤害或损害，这些伤害或损害事件可能依次引起其他变化或能量释放，作用于下一个行为者并使其承受过量的能量，发生连续伤害或损害。当然，如果行为者能够承受冲击而不发生伤害或损害，则事件过程将继续进行。

因此，可以将事故看作由事件链中的扰动开始，以伤害或损害为结束的过程。这种事故理论也叫作"P理论"。

（2）变化—失误理论

约翰逊认为：事故是由意外的能量释放引起的，这种能量释放的发生是由于管理者或操作者没有适应生产过程中物的或人的因素变化，产生了计划错误或人为失误，从而导致不安全行为或不安全状态，破坏了对能量的屏蔽或控制，即发生事故，由事故造成生产过程中人员伤亡或财产损失。

需要注意的是，在管理实践中变化是不可避免的，也并不一定都有害，关键在于管理是否能够适应客观情况的变化。要及时发现和预测变化，并采取恰当对策，做到顺应有利变化，克服不利变化。

约翰逊认为，事故的发生一般由多重原因造成，包含着一系列变化——失误连锁。从管理层次上看，有企业领导失误、计划人员失误、监督者失误及操作者失误等。

5. 轨迹交叉理论

轨迹交叉理论的基本思想是：伤害事故是许多相互联系的事件顺序发展的结果，这些事件概括起来不外乎人和物（包括环境）两大发展系列。当人的不安全行为和物的不安全状态在各自发展过程（轨迹）中，在一定时间、空间发生了接触（交叉），能量转移于人体时，伤害事故就会发生；而人的不安全行为和物的不安全状态之所以产生和发展，又是多种因素作用的结果。

轨迹交叉理论示意图如图3.3所示。

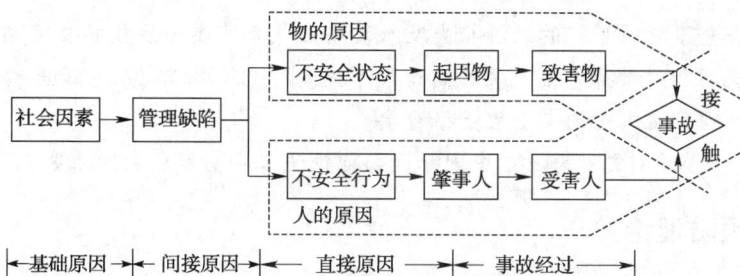

图 3.3 轨迹交叉理论示意图

图 3.3 中，起因物与致害物可能是不同的物体，也可能是同一个物体；同样，肇事者和受害者可能是不同的人，也可能是同一个人。

轨迹交叉理论认为，在事故发展进程中，人的因素运动轨迹与物的因素运动轨迹的交点就是事故发生的时空。人的因素和物的因素互为因果，两条交叉轨迹呈现非常复杂的因果关系。

轨迹交叉理论反映了绝大多数事故情况。在实际生产过程中，只有少量事故仅仅由人的不安全行为或物的不安全状态引起，绝大多数事故是与二者同时相关的。根据轨迹交叉理论，为了有效防止事故发生，必须同时采取措施消除人的不安全行为和物的不安全状态。

📖 拓展阅读

基于致因分析的地铁施工安全事故防范

在项目的建设施工过程中，生产和安全两者之间始终是一个相互依存的关系，建设施工作业中，务必将安全作为生产的最基本条件，甚至可以说：不安全就不能进行施工作业。按照现代安全经济学中的"三角形理论"来看地铁施工安全问题，可以说，地铁建得再快，没有安全就构不成稳定的三角形，高度重视和切实抓好地铁施工安全工作，是保障和促进地铁项目竣工的关键。与此同时，也要加强事前预防工作，采用综合方法进行整治。

《中华人民共和国安全生产法》2014 年第二次修正的第四章整个章节共计十七条都是关于安全生产监督管理的条例，由此可见安全监管在生产过程中的地位。在地铁施工建设过程中，应该严格按照法律以及法规等制定年度监督检查计划，并且按照要求从地铁项目勘察设计到建设施工直至项目竣工，实现对整个生命周期的强化监管，同时也应该有针对性地对施工过程中容易发生事故的突出工序和薄弱环节，组织单位进行严格检查，认真履行监管职责，严格实施和执行年度监管检查计划，同时采取切实有效的防范措施。并且针对建设过程中存在的安全隐患以及风险源等，应建立事故防范长效监管机制，从而更好地督促施工单位落实安全生产中的各项规定，最大限度地扼制施工安全事故发生。

由于受到各种内在、外在以及其他不可控因素干扰和影响，地铁建设是一个高风险施工项目。人的不安全行为，物的不安全状态，安全管理问题以及环境的不可控因素是地铁项目建设施工过程中的主要安全风险来源。因此，在制定和完善一套完备的风险预警系统时，应该充分考虑以上4 个要素中的不确定性风险。完善预警机制是实现"预防为主"安全生产方针的根本途径。

我国经济发展水平不断提高，城市化进程持续推进等都促进了地铁工程的建设，并将其推至一个大规模高速发展阶段。与地铁建设快速发展相伴而来的是施工安全事故，大连地铁 201 标段建设过程中就因涌水、涌泥等导致塌方；昆明地铁 2 号线施工现场也曾因工人操作不当等导致中毒；而天津地铁 2 号线由于盾构机被卡等引发渗水事故。地铁建设过程中，大部分路段都是在地下受限的空间中进行施工作业，由于受到地下复杂的环境以及施工条件等各方面因素的限制和制约，任何突发性安全事故所带来的经济损失及人员伤亡等都比类似规模的公路事故更为严重。

在地铁项目规划和建设都急速发展的高峰期，提高对地铁施工进程中安全隐患的综合防控及治理，对保障地铁项目施工中的安全生产很重要。

（文章来源：中国知网《地铁施工安全事故致因研究》何花 兰州大学）

二、事故预防理论

事故发生有其自身的发展规律和特点，只有掌握事故发生的规律，才能保证安全生产系统处于安全状态。安全管理应以预防工作为主，即通过有效的管理和技术手段防止人的不安全行为和物的不安全状态出现，从而使事故发生概率降到最低，即事故预防理论。

1. 海因里希法则

事故产生的后果（人员伤亡、物质损失等）及后果的大小都是随机、无法预料的，反复发生同类事故并不一定产生相同后果，这就是事故的偶然性。

海因里希法则（Heinrich's Law）又称"海因里希安全法则""海因里希事故法则"或"海因法则"，是美国著名安全工程师赫伯特·威廉·海因里希（Herbert William Heinrich）提出的300：29：1法则（或者1：29：300法则），如图3.4所示。

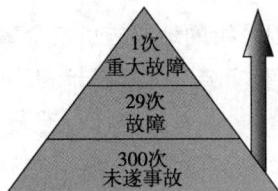

图3.4 海因里希法则

此法则的含义：当一个企业有300起隐患或违章，非常可能要发生29起轻伤或故障，另外还有一起重伤、死亡事故。

这个法则是1941年美国的海因里希统计许多事故后得出的。当时，海因里希统计了55万起机械事故，其中重伤、死亡事故1 666起，轻伤事故48 334起，其余则为无伤害事故。他从而得出一个重要结论，即在机械事故中，死亡或重伤、轻伤或故障以及无伤害事故的比例为1：29：300，国际上把这一法则叫作"事故法则"。这个法则说明，在机械生产过程中，每发生330起意外事件，有300起未产生人员伤害，29起造成人员轻伤，1起导致人员重伤或死亡。

海因里希法则是海因里希通过分析工伤事故的发生概率，为保险公司的经营提出的法则。这一法则完全可以用于企业安全管理，即在一起重大事故背后必有29起轻度事故，还有300起未遂事故。对于不同生产过程、不同类型的事故，上述比例关系不一定完全相同，但这个统计规律说明在同一项活动中，无数次未遂事故必然导致重大事故的发生。要防止重大事故的发生必须减少和消除未遂事故，要重视事故的苗头和未遂事故，否则终会酿成大祸。

2. 3E原则

海因里希把造成人的不安全行为和物的不安全状态的主要原因归结为以下4个方面的问题。

① 不正确的态度。个别职工忽视安全，甚至故意采取不安全行为。

② 技术、知识不足。缺乏安全生产知识，缺乏经验，或技术不熟练。

③ 身体不适。生理状态或健康状况不佳，如听力、视力不良，反应迟钝、疾病、醉酒或其他

生理机能障碍。

④ 不良的工作环境。照明、温度、湿度不适宜，通风不良，强烈的噪声、振动，物料堆放杂乱，作业空间狭小，设备、工具缺陷等不良物理环境，以及操作规程不合适、没有安全规程，其他妨碍贯彻安全规程的事物。

对这 4 个方面的问题，海因里希提出了防止工业事故发生的 3 种有效方法，后来被归纳为著名的 3E 原则，即工程技术（Engineering）、教育（Education）和强制（Enforcement）。

（1）工程技术（Engineering）即利用工程技术手段消除不安全因素，实现生产工艺、机械设备等生产条件的安全。

（2）教育（Education）即利用各种形式的教育和训练，使职工树立"安全第一"的思想，掌握安全生产所必需的知识和技能，包括学校教育和社会教育（通过广播、电视、广告等）。

（3）强制（Enforcement）即借助规章制度、法规等必要的行政乃至法律手段约束人们的行为。

其中，工程技术原则着重解决物的不安全状态问题；教育和强制原则主要着眼于人的不安全行为问题，教育原则使人知道应该怎么做，而强制原则要求人必须怎么做。

3. 预防事故发生的基本原则

（1）事故可以预防。在此原则基础上，分析事故发生的原因和过程，研究防止事故发生的理论及方法。

（2）防患于未然。事故与后果存在着偶然性关系，积极有效的预防办法是防患于未然。只有避免事故，才能避免事故造成的损失。

（3）根除可能的事故原因。事故与其发生的原因是必然性关系，任何事故出现，总是有原因的，事故与原因之间存在着必然性因果关系。

为使预防事故措施有效，首先应当对事故进行全面调查和分析，准确地找出直接原因、间接原因以及基础原因，有效的事故预防措施来源于深入的原因分析。

（4）全面治理原则。对引起事故的各种重要原因，必须全面考虑，缺一不可。

实际工作中，应该针对人的不安全行为和物的不安全状态的产生原因，灵活采取对策。例如，针对职工态度不正确的问题，应该考虑工作安排上心理学和医学方面的要求；对关键岗位上的人员要认真挑选，并且加强教育和训练，如能从工程技术上采取措施，则应优先考虑；对于技术、知识不足的问题，应提高其知识水平和操作技能；尽可能地根据人机学原理进行工程技术方面的改进，降低操作复杂程度。为解决身体不适的问题，在分配工作任务时要考虑心理学和医学方面的要求，并尽可能从工程技术上改进，降低对人员素质的要求。对于不良的物理环境，则应采取恰当的工程技术措施来改进。即使在采取了工程技术措施，减少、控制了不安全因素的情况下，仍然要通过教育、训练和强制手段来规范人的行为，避免不安全行为的发生。

📖 **拓展阅读**

地铁行车安全事故预防

地铁具有封闭性强、运行速度高、搭载乘客众多、应急疏散难度大等固有特点，安全的重要性不言而喻。近年来，全球地铁行车事故（列车冲突、追尾、脱轨等）不断发生。地铁行车安全非常重要。因此，要针对导致行车事故发生的因素，制定预防对策，避免行车事故发生。

地铁产品是乘客的位移，实现位移的必要手段是列车运行，通常把列车运行工作称为行车工作，把在列车运行过程中人员和设备的安全称为行车安全。行车安全是地铁运营最重要、最核心的部分，其质量指标是衡量地铁管理水平的重要内容。

从历年来地铁发生的行车事故分析，导致行车事故发生的主要原因有：信号设计不足、车辆制动失灵、调度违章指挥、接发列车失误、司机臆测行车等。

地铁运营的行车组织指挥工作，贯彻高度集中、统一指挥的原则，行车调度员就是为适应行车组织特点而设置的行车统一指挥者，负责组织协调行车有关各部门、各单位、各工种的工作，指挥和监督行车工作的全过程，保证行车工作均衡协调、安全准确地运行。

行车调度员的正确组织指挥，特别是在非正常情况下的组织指挥，是保证地铁运输生产得以正常有序进行的前提，是整个行车过程实现安全的重要环节。如 2008 年 4 月 28 日，胶济线列车相撞事故的原因就是济南局列车调度员漏发了调度命令，导致列车超速后脱轨。2011 年 9 月 27 日，上海地铁 10 号线追尾事故的一个原因就是地铁行车调度员在未准确定位故障区间内全部列车位置的情况下，违规发布电话闭塞命令。

城市轨道地铁运行中，设备本质安全是确保行车安全的前提，要时刻确保设备功能符合要求和状态良好；人员的业务素质是确保行车安全的根本保证，只有行车人员的安全意识、业务技能达到行车作业的标准，才能从根本上避免行车事故的发生。从轨道交通总体系统的角度来讲，信号保护系统、车辆制动系统、调度行车指挥、车站接发列车、司机驾驶列车 5 个方面都不能松懈，这样才能确保行车安全。

（文章来源：中国知网《地铁行车安全事故预防》曾庆生 广州地铁运营事业总部）

📖 任务评价

任务评价表

学习内容	项目 3　事故与应急处理		姓名	
	任务二　事故相关理论		学号	
	评价要素		分值	考核得分
（1）了解事故预防的含义			20	
（2）能简述事故预防原则			20	
（3）能复述事故预防基本原则			20	
（4）能与组员写作、高质量完成学习汇报			20	
（5）能专注听取同学的汇报			10	
（6）能虚心接受老师或同学的评价			10	
总体得分			100	

教师评语：

任务三　应 急 处 理

📖 任务要求

城市轨道交通车站、列车是人流密集的公共场所，一旦发生突发事件，若不能高效妥善地处置，不仅会造成正常运营中断，还可能造成人员伤亡的严重后果，严重影响社会秩序。因此，当发生突发事件时，各岗位工作人员应遵循突发事件

应急处理

的处理原则，高效完成应急事件处理，最大限度降低事故造成的危害和损失。

根据《中华人民共和国安全生产法》和《城市轨道交通运营管理规定》等安全生产有关法律、法规的要求，企业和各级政府都应针对重大危险源制定有效的应急预案，生产经营单位还应当对从业人员进行岗位应急措施培训。

掌握城市轨道交通的应急体系和机制，理解应急预案和突发事件的应急处理原则，掌握城市轨道交通中的常用应急设备的使用方法。

📖 **任务实施**

一、基本认知

1. 应急管理

应急管理是对于特重大事故灾害的危险问题提出的。应急管理是指政府及其他公共机构在突发事件的事前预防、事发应对、事中处置和善后恢复过程中，通过建立必要的应对机制，采取一系列必要措施，应用科学、技术、规划与管理等手段，保障公众生命、健康和财产安全，促进社会和谐健康发展的有关活动。

2006 年 1 月 8 日国务院发布了《国家突发公共事件总体应急预案》（以下简称"总体预案"），明确了各类突发公共事件的分级分类和预案框架体系，是指导预防和处置各类突发公共事件的规范性文件。随后，国务院又相继发布了《国家安全生产事故灾难应急预案》《国家处置城市地铁事故灾难应急预案》等共 9 个事故灾难类突发公共事件专项应急预案。其中，发布《国家处置城市地铁事故灾难应急预案》的目的是：做好城市地铁事故灾难的防范与处置工作，保证及时、有序、高效、妥善地处置城市地铁事故灾难，最大限度地减少人员伤亡和财产损失，维护社会稳定，支持和保障经济发展。

当前，我国应急预案框架体系初步形成，是否具备制定应急预案的能力及防灾减灾应急预案，标志着社会、企业、社区、家庭安全文化基本素质的高低。

"居安思危，预防为主"是应急管理的指导方针，做到平时重预防，事发少损失，坚持和贯彻好这个方针是十分重要的。事故应急管理的内涵，包括预防、准备、响应和恢复 4 个阶段。尽管在实际情况中，这些阶段往往是重叠的，但每一部分都有自己单独的目标，且成为下个阶段内容的一部分。

2. 城市轨道交通应急体系

城市轨道交通系统中，可能发生或存在多种潜在的事故类型，如供电中断、火灾、突发重大客流等紧急情况。因此必须合理规划和建设城市轨道交通应急救援体系。日本、德国、法国等国家都已建立了较为完善的应急救援体系，并向标准化应急管理体系（SEMS）方向发展。

（1）应急机制

应急救援活动一般分为应急准备、初级反应、扩大反应和应急恢复 4 个阶段。应急机制与这些应急活动密切相关。应急机制主要由统一指挥、分级响应、属地为主和公众动员 4 项基本机制组成。

统一指挥是应急活动最基本的原则。应急指挥一般可分为集中指挥与现场指挥，或场外指挥与场内指挥几种形式。无论采用哪一种都必须实行统一指挥模式，在救援指挥中心的统一组织协调下开展相关工作，使各参与单位既能充分发挥自己的作用，又能相互配合，提高整体效能。

分级响应是指在初级响应到扩大应急的过程中实行分级响应的机制。扩大或提高应急响应级别的主要依据有：事故灾难的危险程度、事故灾难的影响范围、事故灾难的控制事态能力。其中，事故灾难的控制事态能力是"升级"的最基本条件。

属地为主是强调"第一反应"的思想和现场指挥的原则，即强化属地部门在应急救援体制管理工作中的主导作用，以提高应急救援工作的时效。

公众动员是应急机制的基础，也是最薄弱、最难以控制的环节，即现场应急机构组织调动所能动用的资源进行应急救援工作，当事故超出本单位处置能力时，向本单位外寻求其他社会力量支援的一种方式。

（2）应急预案

应急预案指面对突发事件如自然灾害、重特大事故、环境公害及人为破坏的应急管理、指挥、救援计划等，一般应建立在综合防灾规划上。其5大重要子系统为：完善的应急组织管理指挥系统；强有力的应急工程救援保障体系；综合协调、应对自如的相互支持系统；充分备灾的保障供应体系；体现综合救援的应急队伍等。

应急救援预案是应急救援准备工作的核心内容，应急救援预案是针对可能的重大事故（件）或灾害，为保证迅速、有序有效地开展应急救援行动而预先制订的有关计划或方案。它明确了在突发事件发生之前、发生过程中以及刚结束之后，谁负责做什么、何时做以及相应的策略和资源准备等。

应急救援预案在应急管理中的重要作用和地位主要体现在以下5方面。

① 明确了应急救援的范围和体系，使应急准备和应急管理，尤其是培训和演习工作的开展有据可依、有章可循。

② 有利于及时做出应急响应，降低事故危害程度。

③ 成为各类突发事故的应急基础。通过编制基本应急预案，可保证应急预案具有足够的灵活性，对突发事件或事故可以起到基本应急指导作用。

④ 当发生超过应急救援能力的重大事故时，便于与上级应急部门协调。

⑤ 有利于提高各级人员的风险防范意识。

城市轨道交通系统应急救援体系的总目标是控制事态发展、保障生命财产安全、恢复正常运营，可以针对不同事故特点制定具有较强针对性的专项应急预案。一般城市轨道交通系统应急预案有特殊气象及自然灾害应急预案、防淹门故障应急处理程序、控制中心应急处理程序、应急信息报告程序、处置大面积停电事故事件应急预案、地铁消防应急预案、供电专业抢修应急预案、车务安全应急处理程序等，都属于专项预案和现场预案的范畴。

此外，应急预案的演练是检验、评价和保持应急能力的一种重要手段。通过演练可在事故真正发生前发现预案存在的问题和缺陷，发现应急资源的不足，从而改善应急部门、机构和人员之间的协调，增强相关人员应对突发事故救援的信心和应急意识，提高应急人员熟练程度和处置能力，增强各级预案之间协调性和整体的应急反应能力。

📖 **案例分析**

北京地铁7号线突发事故应急演练

2014年11月4日，即将开通的地铁7号线内，举行了一次重大运营突发事件应急演练，18 min内，接驳公交车、999急救队、消防车全部到位。此次演练模拟了高峰时段运营列车在隧道内脱轨后，开展客流疏散、伤员救助、乘客转运、设备抢险等10个项目的应急处置，旨在检验城市轨道运营突发事件的应急处置综合能力，尤其是提高应急响应的实用性和可操作性。

15 时 10 分，地铁 7 号线 1219 次列车从焦化厂向双合站正常运营时，突然脱轨并失去动力供电，司机紧急制动，列车剧烈颠簸后灯光全部熄灭。15 时 11 分，列车司机向行车调度员发出请求支援报告，行车调度员立即通知双合站综合控制员请求 119、999 急救支援，并通知地铁列车电力调度管理员，马上安排焦化厂至双合区间接触轨停电。随后的 10 min 内，接驳公交车、999 急救队、消防车全部到位，15 min 内完成了乘客疏散。

"预防为主"是地铁安全正常运营的原则。凡事预则立，不预则废，不同事故的应急处理方法不同，只有事先制定多套突发事故应急预案，增强对突发事故的应急处理能力，才能把事故与灾害造成的人员伤亡和财产损失降到最低程度，迅速反应和正确措施是处理紧急事故和灾害的关键。

（案例来源：人民网）

二、应急设备

城市轨道交通系统的地铁列车是在封闭状态下运营的大型载客交通工具，因设备故障、技术行为、人为破坏、不可抗力等原因，可能会发生突发事故。为能保证紧急情况下乘客的人身安全，在列车和车站都安装有相应的应急设备，以便出现紧急情况时乘客可以报警或自救。

1. 列车应急设备

通常地铁列车上配备的应急设备有：紧急报警按钮或紧急对讲器、紧急开门装置、灭火器、逃生装置。

列车的每节车厢至少要安装两个紧急报警按钮或紧急对讲器，如图 3.5 所示。当车厢内发生意外事件、火警等紧急情况时，乘客可以立即使用该装置通知列车司机，以便列车司机及时采取相应措施。

列车的每个车门上都安装有紧急开门装置，其作用是在列车故障或紧急情况下，人工开门，如图 3.6 所示。

图 3.5 紧急对讲器

图 3.6 紧急开门装置

灭火器是为预防列车发生火灾配备的应急设备，如图 3.7 所示。每节车厢一般配两个 6 kg 灭火器，放置于车厢两端座位下。如遇列车发生火灾，在初期乘客除可以通过车厢内的紧急报警按钮或紧急对讲器通知列车司机外，还可以用列车上配备的灭火器灭火自救，尽量将火势控制、扑灭。

逃生装置一般安装在列车两端的驾驶室。如果轨道交通系统采取疏散平台方式进行疏散，列车的逃生装置则为客室门。列车逃生装置一般在发生紧急情况必须通过人工疏散时才使用，如图 3.8 所示。

图 3.7　灭火器

（a）应急疏散门　　　　　　　　　　　（b）疏散平台

图 3.8　逃生装置

2. 车站应急设备

车站应急设备包括：事故救援设备、火灾报警器、自动扶梯紧急停止装置、站台紧急停车按钮和屏蔽门紧急开关。其安装位置和数量根据不同城市的轨道交通系统建设要求而不同，但都必须在发生危及列车行车安全或危及人身安全的紧急情况下使用。

事故救援设备有呼吸器、逃生面具、应急灯等。呼吸器包括工作人员适用和乘客适用两类。逃生面具的安全使用时间为 15 min，车站所有员工必须掌握逃生面具的使用方法，车站每岗一具，随岗配发，随岗交接，各岗主岗人员负责保管并定期检查逃生面具真空包装的完好情况；应急灯存放于各岗位，车站要定期检查应急灯性能，由专人管理，及时充电并建立充电登记制度，确保随取随用，如图 3.9、图 3.10 所示。

图 3.9　逃生面具　　　　　　　　　　　　3.10　应急灯

火灾报警器如图 3.11 所示，供发生火情时报警用，通常安装在车站站厅、站台消防栓等对应的墙壁上。

自动扶梯紧急停止装置（自动扶梯紧急停止按钮）如图 3.12 所示，当扶梯上发生紧急情况需扶梯停止运行时使用，手动操作停止扶梯运行，避免发生更大伤害。

图 3.11　火灾报警器

图 3.12　自动扶梯紧急停止装置

　　站台紧急停车按钮如图 3.13 所示，当车门、屏蔽门夹人夹物、乘客或物品掉落轨道时使用。通常安装在站台墙壁上，靠近列车车头、车尾两侧。使用时，击碎中间玻璃按压按钮即可，该设备涉及行车安全，非紧急情况下严禁使用，否则按章处罚。

　　屏蔽门解锁装置（屏蔽门紧急开关）如图 3.14 所示，一般在每组屏蔽门内侧中部，在紧急情况下当列车已停在车站，并且车门已对应站台位置，需要乘客自行疏散时使用。该装置为机械解锁，断电时仍可使用。

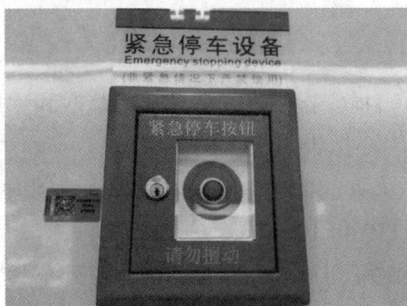

图 3.13　站台紧急停车按钮

图 3.14　屏蔽门解锁装置

三、应急事件处理

　　城市轨道交通系统作为一种大型载客交通工具，因设备故障或人为行为等因素，可能会发生突发事故。在发生突发事故后，有效的应急处理可以避免事态进一步扩大并减少事件带来的损失。下面简单介绍常见突发事故后应急处理的要点。

　　（一）各类突发事故信息的报告原则

　　（1）迅速、准确、客观的原则。

　　（2）逐级报告原则。事故发生在区间时，列车驾驶员应立即报告行车调度。事故发生在车站内或车场内时，车站值班站长或车场调度员应立即报告行车调度。

　　发生人员伤亡、火灾、爆炸、毒气袭击、聚众闹事及其他恐怖活动等事故，需要报告 119、120 或 110 时，由现场负责人或目击者在第一时间直接报告；若无法直接报告，则应按尽快报告的原则，向就近的车站或控制中心（车场控制中心）或上级报告，再报告 119、120 或 110。

　　一般发生应急事件时应报驻车站公安人员，若车站无公安人员再报 110。

　　（二）大面积停电的应急处理

　　城市轨道交通线路发生停电时，应沉着镇静、稳定乘客情绪、维持秩序，尽量保证乘客安全。控制中心根据停电影响情况，组织抢修、抢险，发布列车停运、急救和车站关闭命令，并及时将情况向上级报告。

车站工作人员应加强检查紧急照明的启动情况，巡查各部位（如升降电梯中是否有人员被困等），根据控制中心的命令清站和关闭车站。

列车驾驶员负责列车进站停车后，组织车上乘客向车站疏散。若列车在区间停车，则利用列车广播安抚乘客，要求乘客不擅自操作车上设备，立即报告行车调度员，并按行车调度员的指令操作。

（三）火灾的应急处理

1. **车站发生火灾时的应急处理**

① 车站立即向乘客广播发生火灾的情况，暂停客运服务，并指引车站乘客有序疏散，撤离车站。同时，向控制中心报告，视火灾情况拨打119和120。

② 组织人员进行灭火，关闭车站各类电梯，救助受伤乘客。

③ 列车驾驶员接到车站火灾通知后，按照行车调度员的指挥，并通过列车进行广播，做好乘客安抚工作。

④ 控制中心接报后，立即执行相关应急预案，扣住列车，禁止其进入火灾车站，保持与驾驶员和车站的联系，并视情况拨打119和120。

2. **列车在站台发生火灾的应急处理**

① 列车驾驶员开启客室门和屏蔽门，并通过列车广播安抚乘客，引导乘客疏散和使用列车灭火器进行灭火自救，并确认火灾位置后向车站和控制中心报告。

② 车站接报后，立即通过广播通知乘客列车发生火灾的情况，暂停客运服务。同时，组织人员进行灭火和引导乘客有序疏散，并视火灾情况拨打119和120。

③ 控制中心接报后，立即执行相关应急预案，控制好列车间的距离，保持与列车驾驶员和车站的联系，并视火灾情况拨打119和120。

3. **列车在区间（隧道）发生火灾的应急处理**

① 列车驾驶员尽可能保持列车运行至前方车站后开门疏散乘客。在运行途中通过列车广播安抚乘客，指导乘客使用车厢内的灭火器自救，并确认火灾位置后向前方车站和控制中心报告。

② 若列车在区间（隧道）不能运行，则应打开列车的逃生装置，引导乘客有序地往就近车站方向疏散。

③ 车站接报后，立即通过广播通知乘客，引导乘客进行紧急疏散，并安排人员前往事故列车接应列车驾驶员，组织乘客进行疏散。

④ 控制中心接报后，立即执行相关应急预案，控制好列车间的距离，保持与列车驾驶员和车站的联系，并视火灾情况拨打119和120。

（四）特殊气象的应急处理

根据特殊气象条件对城市轨道交通运营的影响，应急预案分为以下6个类别：台风、雷雨大风（含龙卷风）应急预案，暴雨应急预案，高温应急预案，大雾、灰霾应急预案，冰雹、道路结冰应急预案，寒冷应急预案。

1. **特殊气象应急预案的启动原则**

特殊气象以当地气象台发布的上述6种气象预警信号为准。当某地区气象台发布相应的特殊气象预警信号后，由城市轨道交通控制中心下达命令，在受影响的线路范围内启动相应的特殊气象应急预案。

2. 特殊气象应急预案解除原则

只有在满足以下两个条件后，城市轨道交通控制中心才可以解除相应的特殊气象应急预案，并向有关领导汇报。

① 当地气象台解除相应的台风、雷雨大风，暴雨，高温，大雾、灰霾，冰雹、道路结冰及寒冷气象预警信号后。

② 控制中心确认受相应特殊气象条件影响的设备已全部恢复正常。

3. 特殊气象应急预案启动及解除程序

① 启动程序：当需要停止某段线路运营时，控制中心向城市轨道交通运营单位负责人汇报，由负责人下令启动。因特殊情况联系不上时，分别依次由分管安全、行车组织的副职下令启动。

② 解除程序：当达到恢复某段线路运营条件时，控制中心向城市轨道交通运营单位负责人汇报，由负责人下令恢复。因特殊情况联系不上时，分别依次由分管安全、行车组织的副职下令。

③ 恢复因台风、雷雨大风停运高架或地面路段的行车条件：确认恢复行车的条件。接到气象台取消橙色信号及在过去 1 h 监测到的最高风速低于 74 km/h(8 级)；组织检查线路设备。恢复高架路段行车前，首先组织空客车或工程车限速 25 km/h 进行线路检查；其次，安排专业维修人员跟车检查相关设备设施；恢复运营。确认具备开通条件后，恢复正常运营服务。

（五）正线车辆脱轨的应急处理

① 确定脱轨后，控制中心立即扣停开往受影响区域的列车；对已进入该区间的列车，组织其退回上一始发车站。

② 控制中心通知电力调度员做好关闭脱轨区段的牵引电流和挂接地线准备。

③ 行车调度员通知相关线路的车辆段检修调度员派救援队起复车辆，启动轨道交通——公交接驳应急预案。

④ 控制中心、列车驾驶员和车站组织乘客疏散。确认具备停电条件后，控制中心组织停电。

⑤ 若在隧道内脱轨，则控制中心环控调度员组织隧道送风，风向与疏散方向相反。

⑥ 组织好抢修期间的降级运营工作，如小交路运营。

⑦ 维修调度在接到车辆脱轨事故的明确报告后，应立即组织车辆、线路、供电等相关专业人员前往事故现场抢险。

⑧ 在专业应急抢修队人员到达事故现场前，应由车站当班人员自动成立现场抢险指挥小组，待专业抢险队人员到达后，将指挥权移交。现场抢险指挥负责人应观察现场情况并及时向控制中心汇报，做出有利于抢险工作的人员和设备安排。

⑨ 车辆起复后，控制中心应组织工程车前往救援，连挂脱轨列车限速运行进入就近存车线，待运营结束后再安排事故列车回段检修。

⑩ 必须确认接地线拆除、线路出清，再通知电力调度员送电，做好恢复正常运营的准备工作。

⑪ 控制中心组织备用电客车上线服务。

（六）区间疏散的应急处理

1. 列车驾驶员的应急处理

① 列车在区间停车后，应立即播放广播安抚乘客，提醒乘客保持镇定，切勿打开车门跳下，并将列车具体位置（区间、百米标、上下行正线）及现场情况报告控制中心或就近车站。

② 接到行车调度员的疏散通知后，确认疏散方向，并做好疏散准备。

③ 待车站工作人员到达后，打开驾驶室与车厢间的门，组织乘客从驾驶室内的紧急疏散门下

车，向就近车站疏散。

④ 广播引导乘客疏散，并协助车站工作人员维持疏散秩序。

2. 控制中心的应急处理

① 控制中心接报并确认需进行乘客疏散后，按就近车站疏散的原则组织乘客疏散。

② 通知就近车站安排人员进入区间组织乘客疏散。

③ 通知邻线列车在疏散的区间限速运行，并注意加强区间瞭望。

④ 按规定开启区间照明和隧道通风系统。

3. 车站的应急处理

① 接到行车调度员组织区间乘客疏散的命令后，确认疏散方向。

② 按规定穿戴防护用品，得到行车调度员同意后，值班站长带领人员进入区间。

③ 车站工作人员到达现场后，安排人员在列车头部或尾部引导，在正线与入段线连接处、联络通道等关键地点安排人员引导乘客。

（七）列车故障救援

（1）出现列车故障时，控制中心应及时组织备用车上线调整运行。

（2）若故障车在车站内，则在清客后再与救援列车连挂；若故障车在区间，则与救援列车连挂后运行到前方车站清客。担任救援任务的客车，应严格按照应急预案和相关行车组织的规定组织行车。

（3）列车发生故障时，行车调度人员视情况及时扣停后续第二列或第三列客车，做好小交路运行准备。

（4）故障救援时，运营遵循有限度列车服务原则，列车运行间隔由行车调度人员组织调整。

（5）在故障明确、可以进行准确判断后，行车调度人员应严格按行车组织方案组织行车；在故障不明确或判断存在偏误的情况下，应采取机动灵活的措施进行行车组织。

（6）列车救援时，应按规定速度行进。

（7）若在区间发生列车故障，无人引导时原则上要求列车驾驶员到另一端列车驾驶员室尝试动车，达到时限后立即组织救援。

📖 **拓展阅读**

南京市轨道交通运营突发事件公交接驳应急预案（2016 完善版）（部分）

1 总 则

1.1 编制目的

为全面提升我市应对轨道交通突发事件的综合指挥水平和应急处置能力，明确政府相关部门、轨道交通运营企业、公交企业在应急处置公交接驳过程中的职责分工和运作流程，最大限度地减轻轨道交通因突发事件停运后对市民出行的影响，提供城市客运保供服务，结合我市轨道交通与公交的实际运作情况，特制定本预案。

1.2 编制依据

《国家城市轨道交通运营突发事件应急预案》

《南京市突发公共事件总体应急预案》

《南京市城市公共交通突发事件应急预案》

《南京市城市轨道交通事故应急预案》

《南京市公共客运管理条例》

《南京市轨道交通管理条例》

《南京地铁运营突发性事件（事故）信息报送规定》

其他相关的法律、法规和规范性文件

1.3　工作原则

1.3.1　以人为本，安全第一；预防为主，注重实效。

1.3.2　统一指挥，多方协作；指令畅通，职责分明。

1.4　适用范围

本预案适用于南京市轨道交通运营过程中因突发事件造成线路中断，需要启动地面公交进行接驳分流疏运的应急处置。

有轨电车等其他方式的城市轨道交通运营突发事件公交接驳应急处置参照本预案实施。

2　组织机构与职责

在南京市城市公共交通应急指挥部领导体系下，本预案组织机构由南京市公共交通运行协调指挥中心（以下简称协调指挥中心）和南京市轨道交通突发事件公交接驳指挥部（以下简称接驳指挥部）两部分构成。

2.1　协调指挥中心

2.1.1　协调指挥中心的组成：协调指挥中心由市交通运输局成立，市交通运输局分管领导挂帅，领导协调指挥中心各项工作的开展。常设机构设置于市客运交通管理处（以下简称市客管处）。

2.1.2　协调指挥中心的主要职责

（1）组建接驳指挥部，并督导、协调其有关工作；

（2）针对轨道交通突发事件公交应急接驳的需求，根据《南京市城市公共交通突发事件应急预案》的相关规定，协调市公安交管、市城管、各区政府等相关单位参与应急接驳工作，组织或配合公交接驳停靠点、停靠区域的秩序维护，以及采取临时交通管控等相关措施。

2.2　接驳指挥部

2.2.1　接驳指挥部的组成：接驳指挥部主要负责人由市客管处主要领导担任，成员由市客管处、市公路运输管理处（以下简称市运管处）、轨道交通运营企业、各公交企业、机场线路客运企业的分管领导组成。

2.2.2　接驳指挥部的主要职责

（1）决定启动本预案并按程序终止公交应急接驳响应；

（2）负责指挥各成员单位开展公交应急接驳行动；

（3）指导各成员单位成立相应的应急接驳组织领导机构，落实相互配合的工作机制，明确工作职责，制定接驳方案；

（4）明确需要市公安交管、市城管、各区政府等相关单位配合的事项，并及时上报协调指挥中心；

（5）定期组织召开与公交应急接驳相关的工作会议，及时调整、完善接驳预案，并定期开展培训和演练；

（6）完成协调指挥中心交办的其他任务。

2.3　相关单位职责

2.3.1　市客管处

负责指导轨道交通运营企业、公交企业建立健全应急接驳机制，制定公交应急接驳实施方案。指挥公交企业开展应急接驳响应。地面公交需要跨区域、跨企业调度运力时，按照《南京市城市公共交通突发事件应急预案》的要求，进行统一调度，加强支援。及时上报需协调指挥中心进行协调的事项，根据授权与相关方进行协作。

2.3.2 市运管处

负责指导机场大巴运营企业建立健全应急接驳机制，制定相应接驳方案，并指挥其开展应急接驳响应。及时上报需协调指挥中心进行协调的事项，根据授权与相关方进行协作。

2.3.3 轨道交通运营企业

建立健全企业内部应急接驳机制。做好运营监测、预防、预警和信息上报工作。利用广播、电子屏、网络新媒体等平台及时发布信息，向乘客做好解释和引导工作。通过设置公交应急接驳标识牌等措施，按要求向相应公交站点或等候区疏散乘客，并维护站（区）内秩序。

2.3.4 相关公交企业

建立健全企业内部应急接驳机制。细化公交应急接驳现场调度方案，落实应急接驳车辆及现场调度人员，确保能够顺利执行本预案，并按要求实施应急接驳。江南公司负责主城区公交应急接驳，扬子公司负责江北地区及江北衔接主城区的公交应急接驳，东山公司负责江宁区及江宁衔接主城区的公交应急接驳。

2.3.5 机场线路客运企业

建立健全企业内部应急接驳机制。细化机场大巴应急接驳现场调度方案。轨道交通机场线突发事件需要机场大巴予以接驳时，按要求将接驳车辆、现场调度人员调派到位。

2.3.6 其他相关部门和单位

依据职责做好公交应急接驳配合工作。

3 监测、预防和预警

（略）

4 应急处置

4.1 响应启动

4.1.1 启动条件

在城市轨道交通运营发生下列情况之一时，启动本预案：

（1）在轨道交通同一区段双向行车可能中断30分钟及其以上；

（2）在轨道交通某一区段单向行车可能中断40分钟，部分区间采用单线双向行车，且单向行车间隔20分钟以上。

4.1.2 启动程序

根据轨道交通运营企业上报信息，达到本预案启动条件时，接驳指挥部下达启动公交应急接驳响应指令，相关成员单位按职责开展应急接驳。

4.2 信息报告

轨道交通运营企业负责向接驳指挥部报送信息。信息内容主要包括：事件（事故）时间、地点、概况、客流情况、影响范围、发展趋势、处置情况、现场联系人等。接驳指挥部下达指令，通知相关成员单位启动本预案，并上报协调指挥中心请求协调相关单位配合预案实施。

信息报送和发布参照《南京市城市公共交通突发事件应急预案》及《南京地铁运营突发性事件（事故）信息报送规定》执行。

4.3 响应措施

4.3.1 轨道交通运营企业向接驳指挥部报送信息的同时，应立即采取措施，减轻影响程度，启动企业内部客流应急疏散方案，将乘客安全、有序地引导至地面公交接驳停靠点。

4.3.2 接驳指挥部接报后，第一时间向相关公交企业发出应急接驳行动指令，明确接驳时间、起讫点、投放运力等要求。同时，向协调指挥中心上报相关情况及需要协调解决的问题。

4.3.3 协调指挥中心根据公交应急接驳需求，协调市公安交管、市城管、相关区政府等单位参与公交应急接驳。

4.3.4 公交企业接收到接驳指挥部指令后，10分钟内按要求增加保障线路的运力；需要开通临时接驳线路的，30分钟内按照指令要求将运力组织到位。需要机场大巴运营企业进行应急接驳的，10分钟内按要求调派车辆。

4.4 响应终止

4.4.1 终止条件

轨道交通中断区段恢复运营30分钟后，无明显滞留乘客。

4.4.2 终止程序

轨道交通运营企业向接驳指挥部报告，申请结束公交应急接驳。接驳指挥部视情况下达终止公交应急接驳响应的指令，并上报协调指挥中心，恢复正常客运秩序。

（文本来源：百度文库）

📖 任务评价

任务评价表

学习内容	项目 3 事故与应急处理		姓名	
	任务三 应急处理		学号	
评价要素			分值	考核得分
（1）能正确复述应急管理的含义			20	
（2）能简述城市轨道交通应急体系的内涵			20	
（3）熟悉各类应急设施设备，并能正确使用			20	
（4）能简述各类应急事件的处置程序或处理措施			20	
（5）能与组员协作，并专注听取同学的汇报			10	
（6）能虚心接受老师或同学的评价			10	
总体得分			100	

教师评语：

复 习 思 考

1. 轨道交通运营线上发生突发事件时，列车乘务员应将认真确认的现场情况，及时、准确地向（   ）报告。

2. 因突发事件列车迫停于区间时，先期抢险救援工作由（   ）负责；列车迫停于车站时，抢险救援工作由（　　）负责。

3．突发事件应急处置程序是（　　）、（　　）、广播（稳定乘客情绪），以及（　　）。

4．行车安全是城市轨道交通运营安全的（　　）部分。

  A．核心   B．重要   C．主要   D．次要

5．（　　）是应急活动的最基本原则。

  A．分级响应   B．属地为主   C．统一指挥   D．公众动员

6．（　　）危险是指在生产活动过程中，人或物遭受损失的可能性超出了可能接受范围的一种状态。

7．（　　）区间疏导乘客应以行车调度员的命令为准。

8．（　　）地下线路运行中发生火灾时，应立即停车。

9．（　　）遇车站照明全部熄灭时，在站列车应立即打开车门疏散乘客。

10．（　　）区间发生伤亡事故时，列车驾驶员应立即停车，报告行车调度员。

11．（　　）车站发生伤亡事故时，由车站行车值班员担当现场指挥工作；区间发生伤亡事故时，由列车驾驶员担当现场指挥工作。

12．（　　）因车辆原因造成接触轨无电，将列车全部受流器挂起后，列车驾驶员应向行车调度员申请救援。

13．（　　）发生突发事件时的报告可先报告现场情况，而后继续确认，随时报告，如发现报告内容有误时，应立即给予改正。

14．城市轨道交通事故可分为哪些类型？

15．简述海因里希法则。

16．简述应急救援体系的内容。

17．发生大面积停电时如何进行应急处理？

18．运行过程中遇火灾时，列车驾驶员如何进行应急处理？

19．列车在站台发生火灾时的应急处理如何实施？

20．简述列车发生故障时的应急处理方法。

项目4
行车安全管理

知 识 地 图

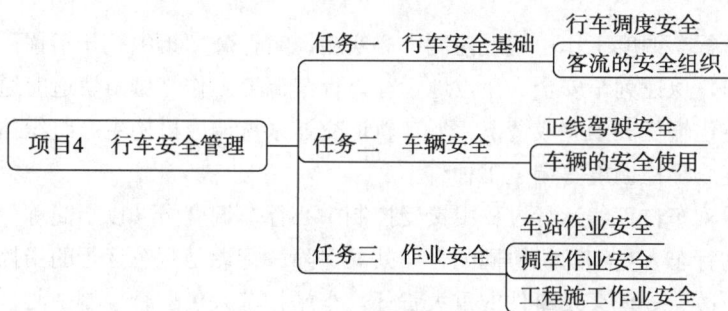

学 习 目 标

📖 **知识目标**

- 熟练掌握行车基础知识
- 能复述行车组织的基本原则
- 了解城市轨道交通客流组织原则
- 掌握调车作业的基本要求及流程
- 理解运营期间工程施工的组织及控制方法

📖 **能力目标**

- 能正确进行日常客流组织工作
- 能够安全组织轨道交通换乘站客流
- 能按照相关规章制度安全使用车辆
- 能正确进行接发列车作业
- 能进行运营期间工程施工现场和作业人员的管理

项 目 导 学

城市轨道交通行车安全是城市轨道交通运营的基本要求，是衡量城市轨道交通运营企业管理水平和工作质量的重要标准。城市轨道交通列车的一次全面运行过程主要包括：出段、正线运行、站台作业、折返、入段回库等。在此过程中，每个环节都可能存在安全隐患，因此必须对列车运行的整个过程进行全程性安全规范，以确保行车安全。

随着城市轨道交通运输效率和列车速度不断提高，列车的危险系数不断加大。尽管列车运行控制系统自动化程度、行车保障系统要求也在不断提高，但全球城市轨道交通行车事故依然时有发生。

我国城市轨道交通系统持续国产化，启用先进的列车自动控制系统（Automatic Train Control，ATC）等来保证行车安全，但并不能忽视列车驾驶员、调度人员、维护人员等相关人员的作用，应从设备设施的维护、排查隐患、安全管理等方面着手，预防事故发生。一旦设备发生故障不能正常运行，要确保列车驾驶员、调度人员、站务人员等能够及时处理，避免重大行车事故发生。

任务一　行车安全基础

📖　任务要求

城市轨道交通行车调度工作由调度控制中心实施，实行高度集中统一指挥，以使各个环节紧密配合，协调工作，保证列车安全、正点地运行。行车调度工作是城市轨道交通系统的核心，其好坏直接影响乘客运输任务的完成情况。城市轨道交通系统调度机构生产组织体系中通常设有行车调度、电力调度、环控调度等调度工种。

城市轨道交通列车在正线运行过程中接受控制中心行车调度员（以下简称行调）指挥，行车安全由行调、车站行车人员和司机协同配合、共同保障。行调是列车运行的指挥者，肩负着保证行车安全、防止事故、处理突发事件的重大责任。车站行车人员配合控制中心，协助行调保证列车运行安全。

掌握行车调度工作的基本任务和组织机构，理解客流安全组织的原则和管理办法，熟悉车站客流组织流程和具体工作。

📖　任务实施

一、行车调度安全

（一）行车调度工作的基本任务

（1）组织指挥各部门、各工种严格按照列车运行图工作。

（2）监控列车到达、出发及途中运行情况，确保列车运行秩序的正常。

（3）当列车运行秩序不正常时，及时采取措施，尽快恢复正常运行秩序。

（4）及时、准确地处理行车异常情况，防止行车事故的发生。

（5）随时掌握客流情况，及时调整列车运行方案。

（6）检查监督各行车部门执行运行图的情况，发布调度命令。

（7）当发生行车事故时，按规定程序及时向上级主管部门汇报，并采取措施防止事故扩大，积极参与组织救援工作。

（二）行车调度的组织机构

城市轨道交通行车指挥、组织机构如图 4.1 所示。

城市轨道交通运营指挥分为一级、二级两个指挥层级，二级指挥服从一级指挥。

一级指挥：行车调度员、电力调度员、环控调度员和维修调度员。

二级指挥：值班站长、车辆段调度员、检修调度员。

各级指挥要根据各自职责任务独立开展工作，并服从运营控制中心值班主任总体协调和指挥。

运营控制中心（Opening Control Center，OCC）是城市轨道交通日常运营、设备维护、行车组织的指挥中心，也是城市轨道交通运营信息收发中心。OCC 代表运营公司总经理指挥运营工作，紧急情况下代表运营公司与外界协调，联络城市轨道交通运营支援工作。OCC 各调度员由控制中心值班主任协调统一指挥，在处理突发事件、事故时，各调度员有责任向值班主任提供本岗位的协助处理方案，并及时报告相关信息。

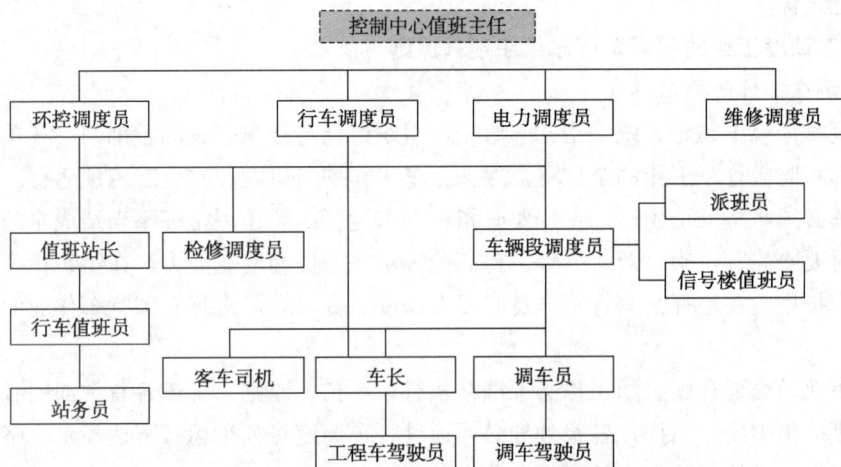

图 4.1　城市轨道交通行车指挥、组织机构

一般而言，OCC 应有以下设施及设备：调度监督设施、调度集中设施、行车指挥自动化设施、列车运行图自动铺画设施、传真设备、通信记录设备、无线列调系统及调度命令无线传输设备。同时 OCC 应备有行车调度的相关规章制度汇编，如《铁路行车组织规则》等，配备调度指挥使用的有关调度命令格式、电报、列车运行图等，管辖线路各站平面示意图、接触网供电系统及信号、联锁、闭塞设备的有关资料。

OCC 各模拟屏能够显示现场（车站、车辆段）设备的使用和占用情况，包括列车运行状态、供电系统情况和车站环控设备工作情况，如图 4.2 所示。

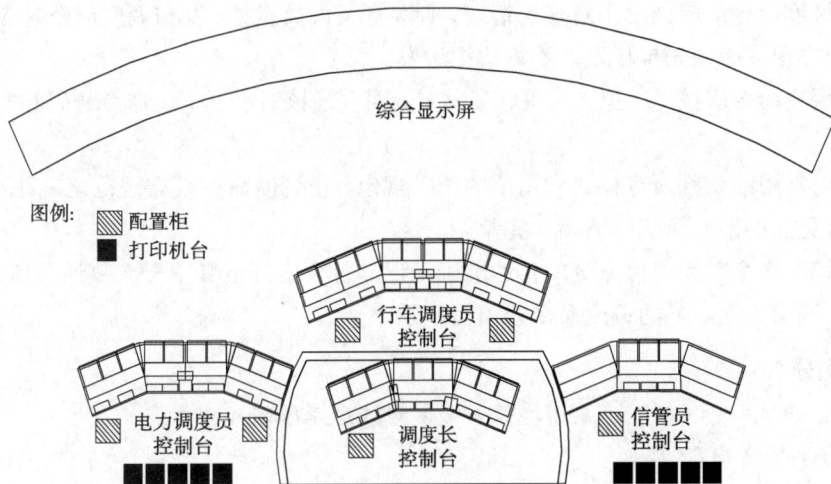

图 4.2　OCC 布置示意图

综合显示屏供所有人员监察，主要显示有关行车信息，包括轨道电路、线路、信号平面布置、各站及区间线路布置，列车车次及其运行状态。而各类工作台的设备按各种专业功能而不同，控制中心的工作台分别设置了列车自动控制系统、自动售检票终端监控系统、通信系统、电力监控系统、防灾报警系统等操作设备，供有关人员操控及监察日常客运作业及处理故障和事故。

行调配备若干监视终端和一个操作盘，通过监视器可以监视各车站的情况，可对各车站的站台、站厅进行图像监视，并可对监视图像进行切换，同时也可使用移动摄像机进行监控，并对监视的对象进行录像。

（三）行车调度工作的要求与行车组织指挥原则

1. 行车调度工作的要求

行车调度贯彻集中领导、统一指挥的原则，组织协调与行车有关的各部门、各单位、各工种的工作，指挥和监督行车工作的全过程，保证行车工作均衡协调、安全准确地运行。

调度指挥必须坚持安全生产，正确及时指挥列车运行，防止因指挥不当造成事故隐患。遇突发紧急事件时要冷静、正确、及时处理，提高业务水平，提高应变能力。在组织指挥列车运行过程中，行调应按规定在进行某些行车作业时发布调度命令，表示进行有关行车作业的严肃性和强制性。

（1）城市轨道交通行车组织工作必须严格执行单一指挥原则。行车各有关部门必须服从所在区段行车调度的集中统一指挥，各级领导必须通过行车调度对列车运行下达指示，坚决禁止令出多口或多头指挥，维护调度命令的严肃性和权威性。

（2）行调应具备较高的业务水平和紧急处理能力。熟练掌握调度工作技术是做好安全指挥工作的基础。行调必须熟悉主要行车人员的情况，掌握车辆、线路、设备等方面的知识，熟知各项规章制度和行车作业程序，做好与其他调度的工作衔接，掌握处理各种行车意外情况和事故的方法，做到调度指挥沉着冷静。

（3）发布调度命令要正确、完整、清晰。调度命令是城市轨道交通运输工作实行集中领导、统一指挥的具体体现和保证。具体要求如下。

① 凡是指挥列车运行的命令和口头指示，只能由行调发布，有关行车人员必须坚决执行，不得违反。

② 发布调度命令前应详细了解现场情况，听取有关人员意见。发布调度命令时应严格按与行车相关的规章办理，必须先拟后发，不得边拟边发。

③ 发布调度命令应按"一拟、二签、三发布、四复诵核对、五下达命令号码和时间"的程序办理。

④ 制定对常用的调度命令格式和用语的统一规定，使调度命令发布规范化、用语标准化，使调度命令内容更加准确、简练、清晰、完整。

⑤ 发布调度命令时为确保命令的传达准确无误，行调应指定其中一人复诵其口头命令内容，其他人核对，确保无误。书面调度命令须填写记录。

📖 案例分析

某市地铁×××号线追尾事故

时间：2011 年 9 月 27 日

地点：某市地铁×××号线×××站（×××站）

1. 事故概况

14 时左右，由于×××站（×××站）信号故障，某地铁×××号线采用人工调度，导致×××到×××下行区间 1005 号列车与 1016 号列车相撞。

2. 事故分析

经事故调查组查明，在未进行风险识别、未采取有针对性防范措施的情况下，×××供电公司签发了不停电作业的工作票，并经某市地铁第一运营有限公司同意，9 月 27 日 13 时 58 分，×××自动化仪表股份有限公司电工在进行地铁×××号线×××站（×××站）电缆孔洞封堵作业时，造成供电缺失，导致×××号线×××集中站信号失电，造成中央调度列车自动监控红光带、区间线路区域内车站列车自动监控面板黑屏。地铁运营由自动系统向人工控制系统转换。此时，1016 号列车在×××站下行出站后显示无速度码，司机即向 10 号线调度控制中心报告，行车调度员命令 1016 号列车以手动限速（RMF）方式向×××站（×××站）运行。

14 时，1016 号列车在×××站至×××站（×××站）区间遇红灯停车，行车调度员命令停车待命。14 时 01 分，行车调度员开始进行列车定位。14 时 08 分，行车调度员未严格执行调度规定，违规发布调度命令，×××站至×××站上下行区段实行电话闭塞行车法。

14 时 35 分，1005 号列车从×××站发车。14 时 37 分，1005 号列车以 54 km/h 的速度行进到×××站至×××站（×××站）区间弯道时，发现前方有列车（1016 号）停留，随即采取制动措施，但由于惯性仍以 35 km/h 的速度与 1016 号列车发生追尾碰撞。

3. 事故后果

列车损毁，乘客受伤，线路瘫痪。

4. 事故原因分析

经事故调查组认定，事故的直接原因是城市轨道交通行车调度员在未准确定位故障区间内全部列车位置的情况下，违规发布电话闭塞命令；接车站值班员在未严格确认区间线路是否空闲的情况下，违规同意发车站的电话闭塞要求，导致城市轨道交通 10 号线 1005 号列车与 1016 号列车发生追尾碰撞。其次，经事故调查组查明，在未进行风险识别、未采取有针对性防范措施的情况下，×××供电公司签发了不停电作业的工作票，并经某市城市轨道交通第一运营有限公司同意。

5. 事故启示

本次事故中涉及信号系统故障，以及人工调度工作疏漏。事故带来的启示有：强化安全思想意识，加强重点行车岗位与重点设备安全管控；细化行车作业有关规定，严格列车切除 ATP 条件下的行车管理，加强对列车进出站的记点制度；确保对列车运营状态的全程跟踪控制；进一步完善维修施工审批程序，严禁与行车安全相关的设备在正常运营过程中的维修作业，杜绝施工检修可能给线路正常运营造成的影响。经此事件后，某市排查出涉及运营安全与可靠性的 98 项问题和隐患，整改完成 64 项。

（案例来源：百度文库）

2. 行车组织指挥原则

城市轨道交通行车安全建立在认真贯彻和执行城市轨道交通行车组织指挥的原则上。

（1）城市轨道交通列车正线运行指挥命令只能由行调发布，列车驾驶员必须严格遵照列车运行图规定的时刻行车，严格按信号显示要求行车，服从行调的指挥和命令。

（2）城市轨道交通列车的行车时间以运营控制中心的授时形态发布的北京时间为准，从零时起计算，实行 24 小时制。行车日期划分以零时为界，对零时以前办妥的行车手续，零时以后仍视为有效。

（3）城市轨道交通正线、辅助线及转换轨属行调管理，车辆段线属车辆段调度员管理。城市轨道交通行调发布命令时，在车辆段由派班员、车辆段调度员（信号楼值班员）负责传达，在正线（辅助线）由车站值班站长（行车值班员）负责传达，传达给司机或其他有关人员的书面命令须加盖行车专用章。

（4）车辆段内不影响正线运行及接发列车的命令可由车辆段调度员发布。车辆段调度员发布命令前须详细了解现场情况，听取有关人员意见。城市轨道交通电客车、工程车、救援列车、调试列车出入车辆段均按列车办理。

（5）在移动闭塞列车控制系统正常的情况下，电客车采取自动模式、列车自动防护（ATP）的人工驾驶模式驾驶。司机需在电客车出库时或交接班时输入司机代号，在列车自动监控（ATS）系统有计划运行图时，电客车出车辆段到转换轨时自动接收行车信息，但若没有列车自动监控系统计划运行图，则电客车出车辆段到转换轨时及正线车次变更时，需行调输入或通知司机人工输入服务号和目的地号。

（6）CBTC 系统正常情况下，正线上司机凭车载信号或行调命令行车，按运营时刻表和 PPDI（站台发车指示器）显示时分掌握运行及停站时间。非 CBTC 系统情况下，在 IATPM（点式 ATP 监督下的人工驾驶模式）下正线司机凭车载及地面信号或行调命令行车，司机应严格掌握进出站、过岔、线路限制等特殊运行速度。

（7）电客车在运行中，司机应在前端驾驶，如推进运行，应有引导员在前端驾驶室引导和监控电客车运行。

（8）调度电话、无线电话用于行车工作联系，须使用标准用语。

（四）行车调度工作的作用

日常运输工作中，行车调度负责编制日常运输工作计划，发布各种有关行车的调度命令，组织行车各部门协同动作，保证列车按列车运行图运行，实现日（班）计划规定的各项任务；负责监督和检查行车各部门执行运输工作日常计划和规章制度的情况以及列车运行情况，及时组织处理和排除各种危及行车安全的意外情况；遇发生行车事故或灾害而中断行车时，采取积极有效的措施，组织事故救援，迅速恢复行车，保证运输畅通。

行车调度在安全工作中的作用有以下几个方面。

（1）指挥行车人员完成各项行车作业，保证列车安全、正点运行。

（2）组织、协调、监督、检查行车各有关部门的安全生产，纠正各种违章现象，及时处理行车中发生的问题，消除事故隐患，防止发生行车事故。

（3）在发生事故后，积极组织救援，减少事故损失。

📖 **拓展阅读**

地铁人的一天——你所不知道的地铁行车调度员

截至 2018 年 1 月 25 日，成都地铁已实现安全运营 2677 天。安全运营的背后离不开地铁各岗位工作人员的辛勤付出。他们是向您道早安的站务人员；他们是驾驶列车与您一路相伴的电客车司机；他们是在您身边护您安全的安保人员……除了他们，保障您安全出行的背后，还有一个特殊的群体，他们被誉为成都地铁"最强大脑"，他们为线网的行车秩序与运营安全而日夜忙碌着，他们就是成都地铁行车调度员。

凌晨 00 时 10 分。成都地铁最后一列车完成了一整天的工作，准备回停车场"休息"，此时此刻大多数蓉城市民已经在温暖的家中，享受着夜晚的休闲与放松，而成都地铁行车调度员们却开始了新一轮的忙碌。

非运营时间，成都地铁行车调度员需抓紧时间组织专业人员对全线设备设施、运行线路进行安全检查与维修，以保障每日的安全运营。2017 年，成都地铁相继开通 4 号线二期、10 号线及 7 号线，线网运营里程达 179 km，拥有 123 座车站，每一台设备、每一段距离、每一座车站都不能忽视，这是对安全的敬畏、对生命的责任。

凌晨 04 时 30 分。行车调度员们正在忙着确认线路施工结束、线路出清，确保安全后，中环控制中心行车调度员们开始对 7 号线 31 座车站发布运营检查命令，同时监控、配合车站工作人员进行运营前的最后一步检查。

凌晨 05 时 10 分。行车调度员王××即刻组织首列轨道车开出，确保首班车的正点与安全运营。"在行车组织中，有时候往往几秒的时间，就会造成全线列车延误，这是对乘客的极不负责任。"为保障地铁的安全正点运营，必须严格把控每一分每一秒，而在行车组织工作中更加需要"争分夺秒"！

早上 07 时 00 分。成都地铁线网客流"早高峰"来临，巨大的挑战再一次摆在大家面前。此刻，是一天中行车间隔时间最小的时段之一，每个行车调度员都必须精力高度集中。成都地铁线网最大客运量已突破 300 万乘次大关，日均客运量达 270 万乘次。早高峰客流量十分大，行车组织工作稍有差池都会给乘客带来极大不便，同时还会造成很大的安全隐患。行车调度员们紧盯监控大屏，确认线上每一列车的位置与时刻，控制行车间隔与安全，确保准点运行。

晚上 7 时 00 分。到了行车调度员白班与夜班交接的时间点，完成了一天的工作，行车调度员们要开交班会总结一天本岗位的工作情况，同时要再次确认下个夜班施工作业内容与重点工作。利用交班会，中环控制中心调度 2 班的调度员们准备对列车区间故障救援进行演练。调度员们不仅抓紧工作中的每一分每一秒，做好行车组织工作，在工作之余也争分夺秒对业务知识进行巩固加强，"这样才能不愧乘客称我们为成都地铁的最强大脑"，他们说。

行车调度员们的梦想很小，保障每一列车的准点安全运行；行车调度员们的梦想很大，为中国城市轨道交通的安全运营做出贡献。

（案例来源：搜狐新闻）

二、客流的安全组织

随着城市轨道交通网络结构的逐渐形成，城市轨道交通换乘枢纽站就成为必然产物。如何合理、有序地组织站内客流，怎样安全、合理地疏散客流，以实现运营安全已成为新的重要课题。城市轨道交通客流组织安全是指通过合理布置与客运有关的设备、设施，对客流采取有效的安全分流或引导措施来组织客流运送的过程。

车站客流组织是轨道交通运营的重要一环，是城市轨道交通运营产出的直接体现。合理地进行城市轨道交通车站客流组织，对于发挥城市轨道交通运输潜力、提高城市轨道交通运营管理效益、维持城市轨道交通运输良好的社会形象有重要作用。

（一）城市轨道交通客流组织的原则

（1）合理安排车站售检票、出入口及楼梯的位置，行人流动路线简单明确，尽量减少客流交叉、对流。

（2）完善车站内外乘客导向系统设置，使乘客快速分流，减少客流聚集和过分拥挤的现象。

（3）乘客能够顺利换乘其他交通工具。换乘过程中人流与车流的行驶路线要严格分开，以保证行人的安全和车辆的行驶不受干扰。

（4）满足换乘客流方便、安全、舒适的基本要求。如适宜的换乘步行距离、恶劣天气下的保护、全天候的连廊系统，对残疾人专门设计无障碍通道；适宜的照明、开阔的视野以及突发事件应急系统等。

（二）车站客流组织的内容

城市轨道交通车站客流组织、客流疏导工作应以"流量服从安全""客流有序、秩序可控、疏散有力""路网限流、区域联动、节点控制"为原则，以车站的实际客流状况为出发点，采取适当疏导措施，合理组织客流，保障客流安全、有序。城市轨道交通乘客进出站线路示意图如图 4.3 所示。

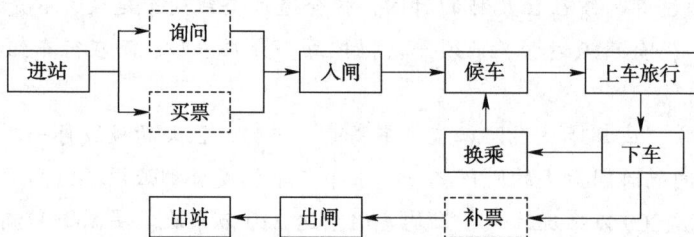

注：若乘客使用IC卡就省略了买票环节。

图 4.3　城市轨道交通乘客进出站线路示意图

城市轨道交通车站客流组织的主要内容包括：车站售检票位置设置，车站引导标志设置，车站自动扶梯、隔离栏杆、车站广播导向等设备设施的设置，各种设备数量及工作人员的配备，应急措施的制定与实施等。

（三）车站日常客流组织

城市轨道交通客流组织的核心是保证客流运送安全、保持客流运送过程的通畅，减少乘客出行时间，避免拥挤，保证大客流发生时能够及时疏散。

1. 客流的定义与类型

客流是规划城市轨道交通线网及线路走向、选择轨道交通制式及车辆类型、安排轨道项目建设顺序、设计车站规模和确定车站设备容量、进行项目经济评价的依据，也是轨道安排运力、编制开行计划、组织日常行车和分析运营效果的基础。

客流是指在单位时间内轨道交通线路上乘客流动人数和流动方向的总和。客流的概念既表明乘客在空间上的位移及其数量，又强调了这种位移带有方向性和具有起讫位置。客流可以是预测客流，也可以是实际客流。

根据当地客流的时间分布特征，城市轨道交通客流可分为全日客流、全日分时客流和高峰小时客流。全日客流是指每日轨道交通线路输送的客流量，高峰小时客流一般是指轨道交通线路早、晚高峰及节假日高峰小时内输送的客流量。

根据客流的空间分布特征，轨道交通客流可分为断面客流和车站客流，断面客流是指通过轨道交通线路各区间的客流。车站客流是指在轨道交通车站上、下车和换乘的客流。

车站客流量是指在轨道交通车站上下车和换乘的客流量，可细分为全日车站客流量、高峰小时车站客流量和超高峰期车站客流量。

城市轨道交通车站的运能、线路走向、所处交通走廊特点及车站所处区位的用地性质，使轨道交通车站客流在一天内随时间变化而不断起伏，可简要归纳为 5 种车站客流日分布曲线类型。

① 单向峰型

城市轨道交通线路所处的交通走廊具有明显的潮汐特征，或车站周边地区用地功能性质单一，车站客流分布集中，具有早晚错开的一个上车高峰、一个下车高峰，如图 4.4 所示。

② 双向峰型

车站位于综合功能用地区，客流分布与其他交通方式的客流分布一致，有两个配对的早晚上下车高峰，如图 4.5 所示。

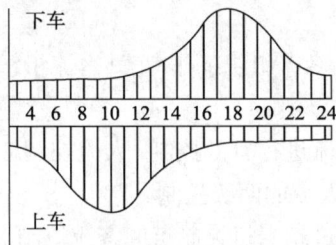
图 4.4 单向峰型

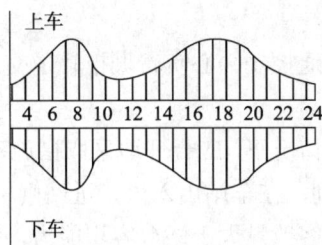
图 4.5 双向峰型

③ 全峰型

城市轨道交通线路位于用地已高度开发的交通走廊，或车站位于公共建筑和公用设施高度集中的 CBD 地区，客流分布无明显低谷，双向上下客流全天都很大，如图 4.6 所示。

④ 突峰型

车站位于一些大型公共设施附近，遇有节目表演或比赛结束时，有一个持续时间较短的突变上车高峰，一段时间后其他部分车站可能有一个突变的下车高峰，如图 4.7 所示。

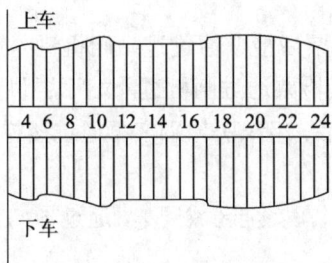
图 4.6 全峰型

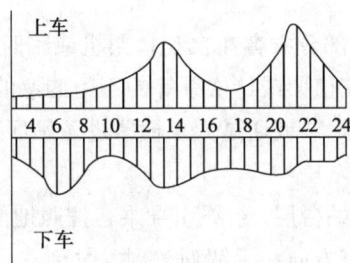
图 4.7 突峰型

⑤ 无峰型

城市轨道交通本身运能较小，或车站位于用地未完全开发地区，客流无明显上下车高峰，双向上下车客流全天较小。

客流分布基本特点为：客运量的持续增长性、客流地区网分布的不均衡性、平均运距变化的不同性、客运比重结构呈不同变化趋势、时间上强烈的季节性和方向上的平衡性。

2. 车站日常客流安全组织

城市轨道交通作为一个大容量的快速运输系统，主要通过合理、科学的客流组织来完成其大容量的客运任务。客流组织是通过合理布置与客运相关的设备、设施，以及对客流采取有效的分流或引导措施，来组织客流运送的过程。

城市轨道交通车站客流组织主要是指经过对车站设备、设施和空间的分析，根据车站某个时间段的进出车站乘客数量预测，制定符合车站实际情况的乘客进站、乘车（或换乘）、下车、出站疏导和指引方案，以及根据方案进行的车站行车、票务和人员组织。其主要包括：车站售检票位置的设置、车站导向标志的设置、车站自动扶梯、隔离栏杆等设施的设置，以及车站广播的导向、售检票数量的配置、工作人员的配备、应急措施的制定与实施等。

（1）车站客流组织基本原则

① 实现乘客安全运输为根本原则，保持客流运送过程通畅，尽量减少乘客出行时间成本，避免拥挤，便于大客流发生时能及时疏散。

② 既要考虑如何吸引乘客乘坐，使客流量最大，又要使客运服务成本最低，并取得最佳经济效益。

③ 城市轨道交通控制中心负责城市轨道交通线路的客流组织工作，车站客流组织由客运值班员负责。

④ 在大客流的情况下，应合理地采取措施对车站人流进行有效控制。人流控制应采取由内至外、由下至上的原则，在车站出入口、进站闸机处进行人流的两级控制。

⑤ 如果站台乘客数量大于站台容积能力，必须进行进站闸机控制点的客流控制，控制下站台的乘客数量。

⑥ 如果站台乘客数量大于站台容积能力，站厅乘客大于站厅容积能力，就必须对出入口控制点进行控制，临时限制或者不允许乘客进站。

（2）车站客流组织方案

为科学组织好城市轨道交通车站的客流，必须预先做好客流组织方案，以指导车站的客流组织工作。

① 组织引导客流经出入口、楼梯、自动扶梯（或垂直电梯），通过通道进入车站站厅层非付费区。

② 组织引导部分乘客在自动售票机或临时售票亭购票后检票通过进站闸机进入站厅层付费区，引导部分持储值票或计次票等的不用购票的乘客直接检票通过闸机进入站厅层付费区。

③ 乘客入闸检票或通过人工检票进入站厅层付费区后，组织引导乘客再通过楼梯、自动扶梯进入站台层候车。

④ 乘客到达站台层，组织引导乘客按照地面箭头指引在安全区域候车，通过导向标识和乘客咨询系统选择乘车方向和了解列车到发时刻。

⑤ 列车到站停稳开门后，引导乘客按先下后上的顺序乘车，站台工作人员要注意做好组织工作，阻止乘客抢上抢下发生安全事件。

（3）车站出入口客流组织

车站出入口的客流组织应结合实际客流状况，当车站设施能够满足客流需求时，采用正常组织方法，即各出入口全部开放，乘客可进出站双向使用，必要时可在出入口处或楼梯上设置分流设施，保证进出站客流不相互干扰，不发生客流冲突。对于经过通道与站厅连接的出入口，当客流较大时，可在通道内进行排队组织，当客流过大时，需在出入口外进行限流。与商场、单位连接的出入口，应考虑客流组成和出行特征，当客流较大时应按照与相关单位共同制定的措施进行客流组织。

（4）售票组织

自动售检票系统（AFC）启用后，乘客购票时可选用半自动售票机或自动售票机购票，在半自动售票机前应组织乘客有序排队购票、充值。车站可利用导流带等设施进行排队组织，排队方向应以不影响其他乘客通行为宜。当排队乘客较多时，可宣传疏导乘客到自动售票机处购票。必要时，可使用空闲的半自动售票机预制车票，提高售票速度，缩短排队长度。

在自动售票机前组织乘客购票时，要尽可能充分利用自动售票机，分散购票，避免乘客大量集中于少量售票机处。当需要排队时，可利用站厅内客流较少的空间进行组织。单程票售票量较大的车站，可在低峰时段预处理车票，高峰时可直接售票，减少发售车票的时间。

（5）出站客流组织关键点

① 乘客下车后到达车站站台，应引导他们经过楼梯、自动扶梯进入站厅层付费区。

② 乘客通过出站闸机或人工检票后，进入站厅层非付费区，应引导他们通过导向标识找到相应的出入口，经出入口出站。

③ 应引导车票车资不足或无票乘车的乘客到票亭办理相关事务后，方可出站。

3. 换乘站客流安全组织

（1）换乘的概念

轨道交通换乘是指出行者为到达目的地，进行轨道交通线路之间的换乘或轨道交通与其他交通方式换乘的一种行为活动。轨道交通换乘主要包括：轨道交通线路之间的换乘，轨道交通与地面公交的换乘，轨道交通与私人小汽车、自行车等交通方式的换乘。下文所指的轨道交通换乘特指轨道交通线路之间的换乘。

换乘站是轨道交通路网中不同线路之间的交叉点，是供乘客在不同线路之间进行换乘的场所。除供乘客进行换乘外，还需实现不同线路站台乘客之间的人流沟通，在轨道交通路网设计中有特殊的地位和作用。从日常路网运营现状来看，线路之间交叉的个数、位置，决定路网形态，影响路网中各换乘站客流量的大小，乘客的换乘地点、出行时间及方便程度，从而影响整个网络的运输效率。

（2）换乘站客流组织的特点

换乘站客流流线复杂，容易产生进站客流、出站客流和换乘客流交叉、对流的状况，甚至各流线间严重干扰，导致客流组织效率不高，服务水平难以提升。换乘站对客流导向及服务设施的要求高，若自动售票机、闸机、限流栏杆等设备设施布局不合理，突发大客流情况下易引发拥堵。大型换乘站的通道有时会与地下商场连通并兼做社会通道，非乘客客流（如过街、参观或购物）的组织和引导，易被忽视，且在紧急情况下客流疏散困难。

（3）换乘站客流组织的影响因素

① 列车运送能力

列车运送能力是车站乘客疏散效果的重要影响因素，其本身主要受车辆行车间隔及列车负荷（载客量）大小的影响和制约。

② 售票、检票自动设备能力

售票、检票自动设备主要包括自动售票机和自动检票机这两大类，它们的数量、服务能力及分布位置对客流的组织效率产生直接影响，车站应保持售票、检票自动设备的正常运行，避免因为机器故障而导致乘客滞留。

③ 车站出入口通行通道的通过能力

这一因素对车站客流的影响比较大，出入口的位置、数量和规模通常根据车站周边环境及客流进出的方向和数量确定，但基于运输安全及消防安全、人流疏散等角度考虑，车站至少应保持两个以上的出入口通道开通。

④ 乘降设备的通过能力

其是指自动扶梯、楼梯的通过能力，乘降设备的数量与分布位置是根据对车站客流量的预测于车站建设时就提前确定的，对站内客流的疏导与组织也发挥着一定影响。

⑤ 特殊条件下应急处理能力

当遇到大型活动、恶劣天气时，由于客流骤然增加，导致上下车困难。乘客在站台内长时间停留，此时应该有应急的处理措施进行处理，及时疏散乘客，保证地铁正常运行。

轨道交通换乘的几个重要指标有：便利性、安全性和通过能力，对乘客换乘而言提高服务水平的关键是缩短换乘时间，即便利性，在换乘车站，换乘时间长短与站台组合形式及换乘方式有着直接的关系。

📖 **拓展阅读**

轨道交通的换乘方式

根据轨道交通线路的连接形式与站台的组合形式不同，轨道交通的换乘有如下 5 种方式。

1. 同台换乘

此换乘方式指乘客由下车站台直接到上车站台进行换乘，有同站台换乘和上下层站台换乘两种方式，一般适用于两条线路平行交织且采用岛式站台的车站形式。广州轨道交通体育西站机场线就是以这种方式换乘的，香港轨道交通也多以这种方式进行换乘。

2. 结点换乘

此换乘方式指在两线路交叉处，将两线隧道重叠部分构造成共用换乘平台的整体结点，并通过楼梯将两座车站站台连通，乘客通过楼梯与换乘平台进行换乘，换乘高差一般为 5～6 m。这种换乘方式一般适宜于侧式站台间换乘，与其他换乘方式组合应用可以达到较佳效果。广州轨道交通公园前站和营村站都使用了这种换乘方式。

3. 站厅换乘

此换乘方式设置两线或多线的共用站厅或相互连通形成统一的换乘大厅，乘客下车后，无论是出站还是换乘都必须经过站厅，再根据导向标志出站或进入另一个站台继续乘车。与前两种方式相比乘客换乘路线必须先上（或下）再下（或上）。这种换乘方式有利于各条线路分期修建，广州轨道交通体育西路站就是使用这种方式在 1 号线、3 号线之间进行换乘，上海轨道交通莘庄站也使用了这种方式在 1 号线和 5 号线之间换乘。

4. 通道换乘

当车站站台相距稍远不能直接通过站厅进行换乘时，就需要在两车站之间设置独立的连接通道和楼梯。这种换乘方式一般适用于不相邻的两座车站，此时通道换乘为最佳选择，但换乘通道长度一般不宜超过 100 m，宽度可以根据换乘乘客流量的需要设计，这种换乘方式最有利于两条线工程分期实施，预留工程最少，后期线路位置调节灵活性大。

5. 站外换乘

站外换乘方式指乘客在车站付费区以外进行换乘，实际上是没有专用换乘设施的换乘方式，往往是无线网规划而造成的后遗症，由于乘客增加一次进、出站手续，再加上在站外与其他人流交织和步行距离长而显得极不方便。对轨道交通自身而言，这是一种系统性缺陷的反映。因此，站外换乘方式在线网规划中应尽量避免。

（文本来源：百度文库）

（4）换乘站客流的安全组织

下面给出 3 种常见换乘方式客流安全组织的一些注意事项。

① 同站台换乘时，乘客在同一站台另一侧换乘，这种换乘距离很小，但仍存在两线换乘客流之间的对撞的情况（特别是两侧列车同时到站时）。为避免出现这种情况，车站应加强广播提醒，降低危险发生概率。制约同站台换乘能力的主要因素是站台宽度与列车间隔，前者关系到站台容量，后者关系到站台出清快慢，这两者都是客流组织时必须考虑的因素。

② 上下层站台换乘即一字换乘或结点换乘时，如果只使用单一的换乘方式换乘能力较弱，这种换乘方式需要通过楼梯、扶梯等位移设备辅助换乘。这些设备的通过能力决定了换乘的通过能力。故需要安排人员在设备附近进行引导或广播，充分发挥设备的通过能力并且保证安全。如果上下层站台还存在共用换乘平台，即在共用换乘站厅有 4 个客流方向，必须放置栏杆或铁马将不同线路不同方向的换乘客流分隔，避免客流交叉，换乘平台分流示意图如图 4.8 所示。

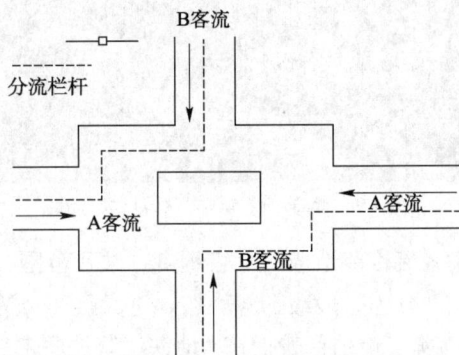

图 4.8 换乘平台分流示意图

③ 站厅换乘方式增加了乘客的换乘路径，乘客下车后，无论出站还是换乘都必须经过站厅，但由于下车客流都只朝一个方向流动，客流行进速度较快，这对站台与站厅的连接设备通行能力要求较高，为避免站台拥挤，必须在扶梯、楼梯安排专人引导，引导乘客使用通行能力较好的设备设施。站厅层必须做好进出站客流与换乘客流的快速分流，充分利用导向标志和工作人员引导。

此外，在站厅通道要将两条线路的换乘客流分隔，避免客流对撞。换乘客流到达站厅层后，客流由 4 向变为 2 向，方便分隔与引导。

通道换乘是站内换乘路径最远的换乘方式，对于换乘乘客来说并不方便，然而它却能利用充分的空间组织客运分流。这种换乘方式最舒适，客流组织也较容易，安全性足够高。

可见，每种换乘方式都有其自身的优缺点，因此一般将多种换乘方式灵活组合才能更大效率地缩短乘客换乘时间，完善换乘条件。如广州轨道交通营村站，就是以站厅换乘与结点换乘相结合的方式，使狭小的站台高速分流，提高换乘速度与安全性，公园前站虽然只使用结点换乘一种方式，但它两条线路的站台都是一岛两侧式。利用站台组合的多样性优势，能同时将换乘客流与出站客流分隔，而且两条线路的换乘客流不对撞，这种换乘方式的效率也非常高。

（四）车站突发大客流的安全组织

城市轨道交通线路的走向一般都是客流集中的交通走廊，连接着重要的客流集散点，如铁路车站、汽车客运站、航空港等交通枢纽，还有大型商业经济活动中心、体育场、博览会、大剧院等重要文体活动中心等，因此某些车站会不定期遇到大客流。为保证乘客安全和正常营运秩序，车站在客流组织方面应备有完善的运营组织方案和措施。

1. 大客流的定义与分类

大客流是指车站在某一时段集中到达的，客流量超过车站正常客运设施或客运组织措施所能承担客流量时的客流，图4.9所示为青岛地铁国庆中秋假日大客流。

大客流一般在大型文体活动散场时或重要节假日期间发生，主要表现为：非常拥挤或极度拥挤、乘客流动速度明显减缓、客流交叉干扰严重等。因此，大客流对乘客的出行会造成不利影响，对运营安全会造成了较大威胁。

图4.9 青岛地铁国庆中秋假日大客流

根据各车站运能，依据大客流可能造成的危害程度、波及范围、影响大小、行车中断时间、人员伤亡及财产损失等情况，划分为一般级、较大级、重大级3个等级。

① 一般级即Ⅲ级突发大客流。指站台较拥挤，地铁运营秩序未受到较严重影响，通过车站及邻站支援能够处置的突发大客流。

② 较大级即Ⅱ级突发大客流。指站台、站厅都较为拥挤，地铁运营秩序受到一定影响，以地铁公司为主能够处置的突发大客流。

③ 重大级即Ⅰ级突发大客流。指站台、站厅和出入口都较为拥挤，预计持续时间超过30 min以上，地铁运营秩序受到严重影响，可能或已经造成人员伤亡、财产损失等后果。

2. 车站大客流组织的影响因素

大客流组织作为地铁车站运输组织的一项重点工作，对整个地铁车站工作影响十分巨大。影响大客流的时间、强度及危害程度的因素包括以下几点。

（1）一定时间内的乘客人数

大客流组织主要影响因素是客流的多少，在一段时间内进入地铁乘客越多，大客流的现象越严重。大量乘客进站乘车首先需要买票进站或者刷卡进站，地铁车站的售检票及进站是有一定效率的，因此大客流首先会发生在站厅的非付费区域。这个区域的客流总数计算式为

乘客总数/单位时间-付费区人数/单位时间=站厅非付费区人数

从公式可以看出地铁站厅大客流主要是由单位时间进入地铁乘客总数减去同时间内经过买票、进闸进入付费区的人数，大客流首先要考验的是地铁的售检票效率。这种情况下加快售检票速度是疏散大客流的首要措施。

大量乘客进闸后要在站台等待列车，这就导致站台出现大客流现象，由于站台有可能出现乘客掉下轨行区的危险，站台乘客数越多，乘客误入或者被挤下轨行区的概率就越大，因此大客流必须控制站台乘客数量，站台安全也尤为重要。

（2）大量进站乘客的持续时间

大量进站客流如果时间持续较长，随着时间增加乘客总数会随之增加，进而通过乘客总数带来大客流，此时就要采取长时间的疏散措施来应对大客流。

（3）乘客结构群

根据对大客流的影响可以把乘客分为以下几类：使用单程票乘客、使用一卡通乘客、携带大件物品乘客。

使用单程票的乘客如果较多，那么车站售检票速度就要接受考验，一般来说大客流时使用单程票的乘客较多，站厅非付费区售票排队人数会很多，面对这种乘客结构必须加快售检票速度。

使用一卡通的乘客较多时，检票进站处有可能排队人数较多以及车站站台有可能忽然人数剧增导致大客流，影响安全，此时重点应该放在站台。

过节时一些长途客运站、火车站大客流时会出现大量携带大件物品的乘客，这些乘客上下车、乘坐电扶梯都存在安全隐患，出入闸机也不方便，因此车站应该在特殊的区域增加工作人员疏导。

（4）瞬间客流量

瞬间客流量就是指在很短时间内（一般 15 min 以内）进入地铁的乘客十分多，这样突如其来的大批客流要求及时进站乘车，车站的售检票效率一定要高，在站厅爆满时自动售票机和票亭、进站闸机可能会出现混乱，影响安全，并且在短时间内无法解决乘客进站乘车的需求，也会导致乘客的不满，车站能否及时采取有效措施会影响大客流疏散的程度。

（5）车站结构

各个车站设计都不同，站台、站厅也各有不同，因此面对同样的大客流组织方法、措施以及采取措施的时机都不相同。售检票能力比较强的车站，大客流到来时就可以尽可能地不去售卖应急纸票，在能确保站台安全的情况下也不致使站厅发生较大客流。

（6）不确定因素

地铁运营涉及的设备、环节多且复杂，无论哪类设备或哪个环节出问题都有可能影响地铁运营，有可能引发大客流现象。最常遇到的是车辆运行中出现故障无法继续运行，此时必须清客等待救援列车救援，长时间没有列车的情况下势必会导致等待乘客剧增而引发大客流。

运营中不确定因素很多，面对这些不确定因素，地铁工作人员一定要熟知各种应急预案。轨道交通车站通过能力主要受车站自动扶梯、楼梯、出入口通道、自动售检票设备的通过能力及列车输送能力等的影响。根据实际运营经验，在车站客流组织过程中，只要控制好车站设备中的能力薄弱环节，就能做好车站的客流组织方案，组织好车站的客流。因此做好车站设备通过能力分析，有利于提高车站在大客流情况下的客流组织效率。

3. 突发大客流的形成原因分析

城市轨道交通与其他交通方式相连接的轨道交通站，如与火车站、长途客运站及相连的车站等，尤其是换乘站，在节假日期间、大型活动（如世博会、大型文体活动等）都会形成大客流。

正常情况下，轨道交通客流的逐步增长、轨道交通的沿线举行重大社会活动、商家借假期新开张或进行大型促销活动，以及临时性的大型活动（如明星开演唱会、签售会等），都是引发大客流的原因。

非正常情况下，引发轨道交通大客流的情况包括以下几点。

① 特殊气象灾害

特殊气象如台风、雷雨大风（龙卷风）、暴雨、高温、大雾灰霾、冰雹或道路结冰等，会导致骑车上班、上学、出门办事等的人群都选择轨道交通进行分流，就会引起大客流。特殊气象导致大客流时，车站应及时做好滞留在车站和出入口乘客的疏散。

② 火灾

轨道交通中发生火灾，如人为纵火，受自然的、化学的或生物作用而引起的自燃起火，用火不慎、不遵守操作规程和机械、电气设备安装不当而引起的火灾，此时必须紧急疏散人群，否则会二次引起大客流。

③ 列车晚点

高峰时期旅客相对集中，客流密集，旅客进站上车难度加大，可能导致旅客列车发车延误；轨道交通的线路故障、信号系统故障，如系统故障、车站发生事故、出现特殊情况等，都可能造成列车晚点。

由于列车晚点会引起车站的滞留人数逐渐增多，乘车需求大于列车供给，必然会导致大客流发生。由于车辆故障或客运组织问题等原因造成列车出现大幅度晚点时，应牢记"以旅客为本"的思想，行车调度员应正确判断列车晚点的原因、程度、堆积列车数量、发生地点，确定前行和后续列车的站间运行时分的停站时间，随时调整运行参数，编制临时运行图。

④ 线路阻隔

城市轨道交通系统中，线路上的任何意外都可能导致线路堵塞。例如隧道有异物、接触网有异物、正线挤岔，短时间堵塞将可能引起列车晚点，长时间堵塞可能影响列车交路的实现，线路故障导致列车无法正常运营，乘客无法乘车就会引起大客流发生，此时可以采取临时交路分段运行的方式进行调控。

4. 突发大客流安全组织的预案与实施

针对影响车站客流组织的主要因素，结合地铁应对大客流的实际运营经验，从客流预测、客流组织、行车调度和票务组织等方面提出具体的大客流组织应对措施。

（1）客流预测

针对可预测性大客流，车站应提前做好客流预测。根据本站大客流特点、发生时间和客流量等因素制定合理的大客流组织预案。对于恶劣天气、重大活动等引起的不可预见性大客流，车站要根据经验和实际情况制定突发大客流应急处置预案，并根据预案组织突发大客流应急演练，提高员工面对突发大客流的应急处置能力。

（2）客流组织

根据大客流的特点，应在出入口、闸机处采取限流或单进单出方式，及时调整闸机进出站方向，增加人工售检票点位，确保快速疏散大客流。在出入口、站厅、站台层采取临时疏导措施，设置警戒带、导流栏杆、导向牌和隔离柱等，有效分离进、出站客流，必要时采取限流措施，引导和控制站内客流；在出入口、闸机、安全门/屏蔽门和客流瓶颈点等处增加客流疏导人员，并加大安全提示信息播放频率，维持乘客进出站和上下车秩序，加快客流疏导速度。

（3）行车调度

当大客流拥挤到一定程度时，车站要及时向控制中心通报，由控制中心合理组织列车运行，指挥列车跳停，避免不同方向列车同时到站，提高大客流疏散效率。根据大客流预测情况，合理调整运行图，适当增加备用车数量，并在客流高峰时段加开列车提高运能。

（4）票务组织

在大客流来临之前，车站要提前进行增加备用金储备、自动售票机（TVM）清补钱票和制作预赋值车票等工作,视大客流情况启动人工售票和增加临时售票点。车站根据客流情况,预计 TVM 和半自动售票机均不能满足乘客购票需要时,车站逐级上报至车务中心经理,由车务中心、客运市场部和清分中心上报公司领导,经批准后启用应急票,在车站 AFC 系统设备故障等特殊情况下,车站已启用人工售票措施仍不能满足需求时,可按规定申请启用临时代用券,当出站客流较大时,车站也可以申请通过开放边门加快乘客出站速度,降低站内客流压力。

（5）增加临时驻站设备专业人员

车站应在大客流来临前,向部门申请增加 AFC、屏蔽门、信号等设备专业人员全运营时段驻守,加大设备巡查力度,快速维修清理设备故障,保障各设备系统稳定运行,加快客流疏散速度。

（6）建立完善大客流组织管理模式

加强车站现场指挥,上报下达,合理安排各岗位工作人员维持现场秩序。确保大客流安全快速地疏散,通过分析大客流运营组织架构,建立地铁车站大客流组织管理模式。

为更好地进行大客流组织,现场最高负责人由车站站长担任,中心站长/部门经理协助站长完成现场组织工作,负责与相关部门沟通协调,并向公司主管领导汇报现场情况。

各区域负责人由车站客运值班员担任,按站长的安排组织好安全员、支援人员和驻站民警等,完成客流疏导、售检票和设备维护工作;行车值班员做好客流状况和突发事件的监控,及时通报给站长和行车调度员。

📖 **拓展阅读**

大客流发生时车站的应急工作

（1）安全保障。大客流高峰时地铁站出入口、站厅付费区、站厅非付费区、站台乘客基本上都是爆满,这些高峰时段具体车站、具体时段都是随机的。因此大客流高峰时段客流控制必须有一个总纲,当客流暴增时,遵循先站台,再站厅,最后出入口的原则,站台乘客爆满时采用闸机控制乘客进站速度,站厅爆满可能引起混乱时再采取其他措施,短时间不能缓解爆满状态时,果断采取出入口控制。无论哪处乘客爆满都应该尽快关停电扶梯。

（2）运输组织。在本站发生大客流后,了解到仍然有大量乘客进入本站,站厅、站台的压力将会继续加大的时候,值班站长或车站应急指挥领导应该及时和行调联系,汇报清楚现场情况,并且申请加开列车。行调综合全线客流情况以及车辆配备情况及时果断安排加开列车,以疏散大量候车乘客。

（3）票务组织。预制单程票:大客流准备的重点工作之一就是售卖预制单程票,不同节假日不同时段的客流量是不同的,而预制单程票数量是一定的,因此必须加强对预制单程票售卖的控制,充分发挥预制单程票的作用。建议控制措施:① TVM 排队人数少于 10 人,持续进站乘客不是很多（有资料应该量化）时,可以不售卖预制单程票;②以往资料显示客流高峰时段到来之前或者当时客流激增,排队乘客较多,乘客持续进站时,值班站长安排员工准备售卖预制单程票;③客流高峰时段当乘客激增,站厅爆满,依然有持续进站客流时,应加开窗口加快预制票的售卖;④当乘客减少时适时停止售卖,以备当日后面时段大客流时售卖。

（4）车站资源利用。人员方面:地铁车站除正式工作人员外基本都有志愿者、警察、保洁员、保安员等,大客流应急时,这些人员完全可以参与应急工作。志愿者、保洁员可以引导乘客快速进出闸机,快速购票,提高售检票效率。增加站台保安员巡视可以保证站台乘客远离轨行区,降低危险发生概率。警察在大客流发生时去巡视可以引导乘客,更重要的是维持秩序,防止混乱、出现拥挤等不安全现象。总之，在大客流突发紧急时，要利用一切可利用资源。

（5）客流疏导。针对车站特点可以增加临时导向，从出入口到购票再到进站乘车，从下车到进站厅，到出闸，再到出站，可以通过临时导向以及人员引导快速分流，杜绝客流交叉影响，减少客流聚集和拥挤。

（文章来源：中国知网《地铁车站大客流分析》作者：贾拴航 西安市地下铁道有限责任公司）

5．突发事件客流组织办法

突发事件是指在城市轨道交通车站、列车内或其他设施设备内突然发生的危及人身安全的事件，如地震、爆炸、意外失火等。突发事件发生时在车站内或列车上的客流均称为突发事件客流。

各车站应根据本站具体情况建立切实可行的突发事件客流组织预案，合理安排各岗位具体工作，迅速疏散客流，避免意外发生、扩大和蔓延。

当突发事件发生时，车站可根据实际情况采用不同的客流组织办法对乘客进行疏导，主要有疏散、清客、隔离3种办法。

（1）疏散

疏散是指在紧急情况下，利用一切通道和出入口迅速将乘客从危险区域全部转移到安全区域。按照疏散地点其可分为车站疏散和隧道疏散，车站可因火警、列车事故、炸弹恐吓、水淹等多种情况进行紧急疏散。

（2）清客

清客指当车站或列车出现异常时，将乘客从某一区域全部转移到另一区域。

清客可分为非紧急/紧急情况清客、设备故障清客、列车失火或冒烟清客、清客至站台、清客至轨道等多种情况。

（3）隔离

隔离指采用某种方式或设备人为地隔开人群或封闭某个区域。根据原因不同，隔离的组织方法有以下4种：非接触纠纷隔离、接触式纠纷隔离、客流流线隔离和疫情隔离。

车站突发事件的客流组织需要轨道交通运营企业各个部门的高度配合，力争在最短的时间内完成客流转移。对于轨道交通运营企业而言，客流组织应定期进现场模拟演练，只有每位员工充分了解岗位职责及作业程序，才能保证在突发事件发生时客流组织工作能有序展开，确保乘客安全、快速地转移。

📖 **案例分析**

某站乘客恐慌引起踩踏事故

1．**事故概况**

2015年4月20日上午8时30分，地铁5号线某站上，一名女乘客因低血糖候车时在站台晕倒，引起乘客恐慌情绪，部分乘客奔逃踩踏，引发现场混乱，12名乘客受伤被送往医院。地铁工作人员告诉记者，事件发生时很多人在等车，突然3车厢和4车厢之间的站台就喧闹起来，有乘客晕倒在地。"她晕倒时刚好有保洁员在旁边，保洁员随即就用对讲机叫来了工作人员帮忙喂水，但随后几秒乘客就发生了骚动。"工作人员随即报警并拨打了120。

从监控画面看，整个事件过程约40 s。事发时正是上班高峰期，站台内挤满了乘客。事发区域周围的乘客因了解情况比较镇静，但因往后退让出救援空间，而产生"波浪"效应，其他乘客也开始往后退，随后演变成有人开始跑，并且有人开始惊叫，导致越是远处不明真相的乘客越害怕，跑得越慌乱，随后引发了踩踏事件。

事件发生后，车站随即启动了广播等应急预案疏导乘客。监控画面显示，混乱的现场迅速恢复了平静，站台内绝大多数乘客都搭乘到站地铁离开。整个骚乱过程起止所用时间不超过 2 min，但却造成了比较严重的后果。

2. 原因分析

上班高峰期、人员密集、恐慌心理等要素叠加在一起，造成了踩踏事故。

3. 防范措施

（1）制定突发事件的应急预案并组织演练，确保工作人员能采取正确的应急疏导措施。遇大客流紧急情况时，应采取临时性单向通行、限流或越站等措施。

（2）作为特殊场合，地铁安全防范体系应当更加健全，引入踩踏预防体系，基于智能视频等进行实时提醒和预警，做到防患于未然。

（3）加强市民紧急救援训练的有关宣传及培训，在发生紧急情况时形成社会公认的行事秩序，避免紧急时的恐慌与混乱。

（案例来源:百度文库）

📖 **任务评价**

任务评价表

学习内容	项目 4　行车安全管理		姓名	
	任务一　行车安全基础		学号	
评价要素			分值	考核得分
（1）能复述行车调度工作的基本任务			20	
（2）知道行车调度的组织机构及工作原则			20	
（3）能陈述轨道交通日常客流、大客流的组织工作			20	
（4）能与组员协作、高质量完成学习汇报			20	
（5）能专注听取同学的汇报			10	
（6）能虚心接受老师或同学的评价			10	
总体得分			100	

教师评语:

任务二　车 辆 安 全

📖 **任务要求**

城市轨道交通车辆是城市轨道交通的乘客运载工具，是整个系统中的核心设备，运营过程中不仅要保证列车运行的安全、准时，还要为乘客提供良好的乘车条件，使乘客乘车舒适、方便。轨道交通车辆的安全使用及运行是城市轨道交通系统安全运行的重要环节，对确保车辆安全运行、提升运行品质有十分重要的意义。

📖 **任务实施**

一、正线驾驶安全

城市轨道交通车辆主要在城市市内和市郊运行，线路站距短，线路曲线半径小，于地下隧道、高架和地面运行，同时客流量大而集中，乘客上下车频繁等因素特点不利于车辆的安全驾驶运行。

按照城市轨道交通列车运营的基本程序和步骤，城市轨道交通列车的运行安全包括正线运行安全、入段与出段安全和折返安全 3 个方面。

（一）正线运行安全

对于正线驾驶，要保证安全、准时、舒适，尽量缩短乘客的乘坐时间和等候时间，这需要城市轨道交通的各个岗位相互配合，按照作业规范要求，安全作业。

1. 正线列车安全驾驶

正线驾驶的基本要求如下。

① 集中精力确认车辆状态，正确执行行调命令，确认正确驾驶模式。

② 列车进入弯道及道岔区间，应不间断地瞭望线路及信号，严格按照区间限速行车。发现影响行车安全的情况要及时采取停车措施。

③ 列车行驶中要随时监控广播和各种仪表，随时注意线路情况和车辆情况。

④ 列车启动及制动时要逐渐加大牵引力和制动力，尽量避免突然使用较大制动力。

⑤ 遇不良天气时，要注意地面站、段、场的线路情况。有大雾或大雪时，操作中应该提前制动，按照制动力缓和的原则进行操作；在牵引中注意车辆滑行对车辆的影响，注意线路情况。

（1）影响列车驾驶安全的主要因素

列车安全驾驶是行车安全工作的关键环节之一，影响列车驾驶安全的主要有以下因素。

① 行车纪律松弛、制度执行不严。纪律不严，出乘标准化作业不落实，责任制贯彻不力，是影响安全行车的一大顽症。

② 疲劳行车、带情绪开车。司机睡眠不足和将受外界环境影响而产生的负面情绪带入运行作业中，会导致精力不济、精神不集中，造成行车安全隐患。

③ 业务素质不高。由于技术问题及缺乏经验，司机业务水平不精，不能及时处理运行中的突发事件和故障。

④ 安全意识不强。司机责任心不强、行车纪律观念淡薄等，是造成行车事故的重要原因。

⑤ 行车技术、设备不完善。行车设备老化，技术结构不合理，使之不能适应实际行车需要。

⑥ 风、雪、雷、电等恶劣气候及环境影响。恶劣天气对安全运行的影响不可低估。列车司机对气候环境变化及对突发事件能否正确处置直接影响城市轨道交通运输的安全。

⑦ 安全管理及制度、规章的适用性存在缺陷。安全管理归根结底是对人的管理，没有完整有效的制度与规定是制约安全行车的重要因素。

（2）司机安全作业的基本规定

列车驾驶员必须牢记"安全第一"的宗旨，严格按照安全制度、行车规则执行驾驶任务，驾驶列车时做到"三严格"。

① 严格遵守各种规章制度，正确执行各种作业，确保列车运行安全。

② 严格按照运营时刻表及信号显示行车，工作时严守岗位，不得擅自离岗。

③ 严格遵守并在动车前认真确认"行车三要素"：进路、信号、道岔。

列车驾驶员必须掌握列车的基本构造、性能，具有一般的故障处理能力，熟悉城市轨道交通线路和站场等基本设施情况，包括必须明确驾驶区段、站场线路纵断面等情况。列车驾驶员必须掌握其他相关的业务知识并具有一定的应变能力。在列车的运行过程中，一般只有驾驶员一个人值乘，而运行中突发事件有不可预测性，在事件初期往往只有驾驶员能够最早发现，因此一名职业素质较好的驾驶员应该且必须掌握有关事件初期的处理方法，使事件能够在初期阶段得到控制和处置，减小损失，稳定现场局面。

鉴于列车驾驶员在整个运行过程中的重要作用，城市轨道交通管理部门规定了列车驾驶员上岗值乘的必要条件：①驾驶员必须经过考试合格，并取得列车驾驶证后方准独立驾驶列车；②脱离驾驶岗位 3 个月以上，如需再驾驶列车必须对业务知识和安全运行知识等进行再培训，并考核合格，对其纪律性和身体状况、心理状况由相关管理部门及有关领导作出鉴定。

2.　列车驾驶作业安全准则

列车驾驶员的操作应在正常情况下确保"准确"，在非正常情况下确保"安全"，所有操作均应动作紧凑、快速正确。列车驾驶作业包括调车作业、整备作业、正线作业、折返作业、站台作业等，具体的作业安全准则包含以下内容。

（1）调车作业安全准则

① 设置铁鞋防溜时，不拿出铁鞋不动车。

② 凭自身动力动车时，没有制动不动车。

③ 机车、车辆制动没有缓解不动车。

④ 调车作业目的不清不动车。

⑤ 调车作业没有联控不动车。

⑥ 没有信号或信号不清不动车。

⑦ 道岔开通不正确不动车。

⑧ 侵限、侵物不动车。

（2）整备作业安全准则

① 整备作业前必须了解列车停放位置及列车状态。

② 检查列车走行部时，必须确认列车已降下受电弓。

③ 严禁跨越地沟，进行车底检查时戴好安全帽，应注意空间位置，避免碰伤。

④ 受电弓升起后，严禁触摸电气带电部分、进行地沟检查及攀登车顶。

⑤ 检查列车时必须佩戴检查灯、一字旋具，并严格按要求整备列车，列车没有经过整备严禁动车。

⑥ 车库内动车前，必须确认地沟无人和两侧无侵限物后方可动车。

（3）运行安全准则

① 司机在取得"电客车司机驾驶证"并经相关部门鉴定合格后方准独立驾驶电客车。实习司机必须在司机的监督下才能操作列车。

② 严格遵守各种规章制度，按照要求操作使用设备和正确执行各项作业程序，确保电客车运行安全。

③ 严格按运营时刻表动车，动车前必须确认行车凭证和动车"五要素"。

④ 班前严禁饮酒，严禁服用影响精神状态的药物并充分休息，班中精力集中，保持不间断瞭

望，严禁在列车运行中干与工作无关的事。

⑤ 操作列车保护装置前，必须确认其符合安全条件，取得行调授权才能进行操作。

⑥ 接收行调命令或行车指示时，司机必须认真逐句复诵命令内容，同时记录在手账上，并做好交接。对调度命令不清楚时严禁动车。

⑦ 当班时私人通信工具必须关机，特殊情况下，在其他行车通信工具无法联系时，司机可以打开私人通信工具联系，严禁司机携带便携式音响或游戏机等娱乐工具上班。

（4）人身安全准则

① 升弓或合上集电靴前，必须确认所有人员均在安全区域及列车停留位置，满足后，方可升弓或合上集电靴。

② 严禁擅自带无关人员进入驾驶室，因工作需要登乘列车驾驶室时必须确认其登乘证。

③ 车辆段作业时，严禁飞乘飞降。

④ 在正线或出入车辆段线，禁止未经行调同意擅自进入线路，避免触电。

⑤ 列车在隧道内发生故障需要清客时，司机必须确认第三轨停电，做好防溜措施并打开逃生门，等待车站人员到来后，才能往隧道疏散乘客。

⑥ 在场（段）内有地沟的股道动车出库前，必须确认地沟无人后方可动车。

（5）站台安全准则

① 开关屏蔽门、车门时，必须严格执行"一确认、二呼唤、跨半步、再开门"的作业程序（一确认，确认对标准确；二呼唤，呼唤开关那一侧车门、屏蔽门；跨半步，一只脚站在列车上，另一只脚站在站台上；再开门，确认无误，呼唤正确，司机站稳后进行开关门作业）。

② 列车在站台停稳后，应先确认列车停在规定范围内（停车标±30 cm 内），先开启屏蔽门，然后再开启客室门。

③ 跨出站台开关屏蔽门、车门时，应注意列车与站台间的空隙，避免摔伤。

④ 关屏蔽门、车门前应先确认进路防护信号机开放，再关屏蔽门、车门。

⑤ 关屏蔽门时，应注意确认所有屏蔽门关闭，屏蔽门上方指示灯灭，PSL 控制盘"关"指示灯亮。关闭车门时应确认驾驶室内"车门关"指示灯亮，且确认屏蔽门、车门无夹人、夹物。

⑥ 动车前，司机、副司机或屏蔽门操作员应再次确认屏蔽门、车门状态，观察屏蔽门与车门间空隙无人无物，方可动车。

3. 正线安全行车信号

《地铁设计规范》（GB 50157—2013）对信号显示未做统一规定，各个城市轨道交通运营企业也不尽相同。城市轨道交通信号颜色的选择，应能达到显示明确、辨认容易、便于记忆和具有足够的显示距离等基本要求。经过理论分析和长期实践，轨道交通信号的基本色为红、黄、绿 3 种，再辅以月白色、蓝色构成轨道交通信号的基本显示系统。

（1）信号色

基本色包括以下几种。

红色——停车、禁止越过，信号处于关闭状态。

黄色——注意减速运行，信号处于有条件开放状态。

绿色——可按规定速度通过，信号处于正常开放状态。

辅助色有以下几种。

月白色——调车信号，允许越过调车信号机调车引导信号；加红色显示，表示允许越过红灯，一般是以不超过 25 km/h 的速度进站，并随时做好停车准备。

蓝色——调车信号，禁止越过调车信号机调车。

城市轨道交通信号的光源为白炽灯产生的白色光，白光是一种复合光。由红、橙、黄、绿、青、蓝和紫 7 种颜色的光混合而成，其中红光波长最长，紫光波长最短。一般来说，波长越长，穿透周围介质（如空气、水汽等）的能力越强，显示距离越远。同样强度的光，红光最诱目，因为人眼对红色辨认最敏感，红色比其他颜色的光谱都更能引人注意，会使人产生不安全感，因此规定红色灯光为停车信号是最理想的。

黄色（实际上是橙黄色）光透过光线的能力较强，显示距离较远，又具有较高的分辨力，辨认正确率接近 100%，故采用黄色灯光作为注意和减速信号。

绿色和红色的反差最大，容易分辨，而绿色灯光显示距离也较远，能满足信号显示的要求，故采用绿色灯光作为按规定速度运行的信号。

调车信号机关闭不能影响列车运行，所以它一般不采用红色灯光，而选用蓝色灯光作为禁止调车信号较合适，因其具有较高的诱目性和较大的辨认率。调车信号机的允许信号采用月白色灯光，主要目的是可与一般普通照明电源相区别，蓝色、白色灯光虽显示距离较短，但调车速度较低，故能满足调车作业需要。

紫色灯光具有较高区别性，作为道岔状态表示器表示道岔在直向开通的灯光，基本能满足需要。

（2）信号种类

① 按接收信号的感官可分为视觉信号和听觉信号。

视觉信号：以信号灯光的颜色、信号装置的位置变化来显示信号意义，如色灯信号机、信号旗、信号牌等。

听觉信号：以不同器具发出的音响强度、频率和音响长短等特征表示的信号，如机车鸣笛、口哨、口笛等。

② 按发出信号的机具能否移动可分为固定信号和移动信号。

固定信号：固定设置在规定位置的信号装置所显示的信号，如地面信号机。

移动信号：根据需要设置的可以临时设置的信号装置所显示信号，如信号牌、手提信号灯、信号旗等。

③ 按信号发出地点可分为地面信号和车载信号。

地面信号：设置在线路附近供司机辨识的信号。

车载信号：通过传输设备，将地面信号或其他地方传输信号直接引入车辆，并能显示的信号。

（3）信号机制度

① 信号机定位：将信号机经常保持的显示状态作为信号机的定位。信号机定位的确定，一般要考虑保证行车安全，提高运输效率及信号显示自动化等因素。

除采用自动闭塞时通过信号机显示绿灯为定位外，其他信号机一律以显示禁止信号（红灯或蓝灯）为定位。

② 信号机关闭时机：除调车信号机外，其他信号机当列车第一轮越过该信号机后及时自动关闭，调车信号机在调车车列全部越过调车信号机后自动关闭。

③ 视作停车信号：信号机的灯光熄灭、显示不明或显示不正确时，均视为停车信号。

（4）信号机的识别

用于传递运行指挥命令的地面信号机，是一种昼夜均以信号灯的颜色显示信号意义的色灯信号机，主要指固定信号机。城市轨道交通采用右侧行车制，因此信号机设置于列车运行方向右侧，主要在线路、车站、车辆基地等处。

① 进站信号机

其是设置在车站入口外适当距离处，用于防护车站内作业安全，指示列车能否由区间进入车站的信号机。

一个红色灯光：不准列车越过进站信号机（不允许进站）。

一个绿色灯光：允许列车按照规定速度越过进站信号机（允许进站）。

② 出站信号机

其设置在车站出口，用来防护区间列车安全，指示列车能否由车站进入区间。

一个红色灯光：不准列车越过该出站信号机。

一个绿色灯光：允许列车越过该出战信号机，出发进入区间。

③ 防护信号机

其设置在道岔处或进路的始端处，对通过道岔的列车显示信号，防护道岔开通的线路或进路的安全，采用三显示机构，自上而下是黄（月白）、绿、红。

一个绿色灯光：道岔开通直向，准许按规定速度越过该信号机进入区间。

一个黄色（月白色）灯光：开通侧向、折返线，准许按规定速度越过该信号机，运行至折返点。

一个红色灯光：不准越过该信号机，该道岔开通进路无空闲。

一个黄色（月白色）灯光加一个红色闪光：防护的区间要求列车以不超过 25 km/h 的速度越过该信号机，有条件进入区间。

④ 阻挡信号机

在线路尽头处设置阻挡信号机，表示列车停车位置，阻挡信号机采用单显示机构，只有一个红灯。当阻挡信号机显示为红灯时，列车应在距信号机至少 10 m 的安全距离前停下。

一个红色灯光：列车或车辆不准越过该信号机。

⑤ 列车速度信号（速度表）

其设置于司机室便于司机确认的合适位置，如图 4.10 所示。

红指针：表示最大允许速度。

黄指针：列车即时实际运行速度。

（a）列车司机室控制台　　　　　　　　　　（b）速度表

图 4.10　列车速度表

⑥ 表示器

信号表示器和信号机不同，它没有防护意义，而是用来表示与行车有关的设备位置和状态，或表示信号显示的某种附加含义。我国城市轨道交通上采用的表示器有：进路表示器、线路表示器、调车表示器、道岔表示器、发车表示器和警冲标等。下面主要介绍进路表示器、道岔表示器和警冲标。

进路表示器：用来表示股道上进路开通的方向。

道岔表示器：用来表示道岔的位置及其开通方向，如图 4.11 所示。

警冲标：用来指示机车车辆的停留位置，防止车辆侧面冲撞，如图 4.12 所示。

4. 正常情况下的列车运行

司机必须严格执行运营时刻表，运行中按规定操作设备，采取正确驾驶模式，始终保持集中精力，坚持不间断瞭望，时刻注意列车显示信息、地面信号显示、前方进路状态、线路状况、轨旁设备、人员或物品侵限情况等，并随时观察各种仪表状态，发现危及行车或人身安全的情况时，迅速采取紧急制动措施，并向行调报告。

图 4.11　道岔表示器

图 4.12　警冲标

列车在区间自动停车时，司机应报告行调，按其指示处理。联系不到行调时，司机确认视线所及范围内无列车且无道岔时，可自行选择限制人工驾驶模式，低速运行并进站。运行中注意瞭望，发现前方有列车或道岔时，立即停车联系行调。

列车接近车站时，严格控制速度，做好制动准备，进站后对标停车。对于未设屏蔽门的车站，在列车进站过程中，司机应注意观察站台乘客候车状况，遇乘客较多或乘客越过安全线时，应鸣笛示警，必要时立即停车。

列车按运营时刻表通过车站或按行调命令临时变更通过车站时，司机应注意瞭望车站线路情况、站台人员情况，车站应做好对乘客的广播，并注意站台乘客候车动态。

5. 列车推进运行

列车运行方向前端的驾驶室发生故障，列车需推进运行时，必须得到行调准许。列车重联推进运行时，司机应在运行方向的后一列车前端驾驶室驾驶。推进运行时控制好速度，列车前端驾驶室应有人引导，遇特殊情况无人引导时，应严格控制运行距离，行调、车站、司机之间时刻保持联系，并做好必要防护。

引导人员负责瞭望，并与司机保持不间断联系。当驾驶室之间内部通话不能进行时，引导人员与司机使用无线手持电台保持联系。司机应根据引导人员的指令操纵列车，根据需要减速或停车。天气恶劣难以辨认信号时，禁止列车推进运行，在轨道坡度超过 3‰ 的下坡道推进运行时，禁止停车作业。

6. 列车退行

由于事故等原因，列车无法前进，也无法救援时，为避免区间清客，经行调准许，列车可退行至最近车站。行调同意列车退行前，必须确认列车后方线路空闲，并加锁退行路径上有关道岔。

列车全部越过站台时，司机应到列车退行方向的前端驾驶室牵引操纵，车站派人在进站站台端部显示引导信号，列车一度停车，确认引导信号正确后方可进站。列车部分越过站台时，采用推进方式退行，车站不用引导接车。行调下达准许退行指示前，应通知有关车站维护好站台乘客的候车秩序。

退行前，司机应确认列车性能良好，并广播安抚乘客；退行时，应注意瞭望线路情况、道岔位置及站台乘客状态，发现异常情况时立即停车；退行到站后，及时报告行调。

7. 列车反方向运行

设备故障、发生事故或其他原因打乱了列车运行秩序，造成上下行列车不均衡，一个方向列车密度大，另一个方向列车密度小时，可以采用列车反方向运行的方法进行调整。列车需要反方向运行时，须有调度命令。司机要控制好速度，运行中加强瞭望，并做好随时停车的准备。对于设有反向列车超速防护系统的区段，司机根据收到的速度码采取正确驾驶模式运行。

📖 **拓展阅读**

执行标准化作业 保证列车安全准点

"作为一名司机，最重要的是执行标准化作业，保证列车安全准点。"石家庄地铁司机李××说。

司机早班 4:15 起床，在排班室办理出勤，拿日常行车钥匙、电台等，上车对列车进行准备作业，看列车的制动性能、牵引性能，准备好以后按照列车运行图规定时间出厂。这一套流程，丝毫马虎不得。

第一列是在 5:45 左右出厂，行车间隔为 8 min。准点率保证主要靠列车运行图，司机按照列车运行图掌握每个站的站停时间。遇到突发情况后，司机要马上进行判断处理，消除安全隐患。

在 2018 年 5 月中旬一天的早高峰，列车行驶至博物院到北国商城区间时，报警装置突然响起，乘客通过报警装置报告说有一位乘客晕倒。李××一方面了解情况并上报到北国商城站，另一方面又安抚乘客说列车即将到站，站台已经做好紧急救援准备。列车到站时，工作人员已经等候在有乘客晕倒的车厢车门处，立刻对晕倒乘客进行妥善安置。

李××说：一辆列车有 6 节车厢，每个车厢有 10 扇门，在 3、6、9 门边有报警装置，可以让司机和乘客之间一对一通话。

每次在关闭车门开车之前，司机都要跨在驾驶室和站台之间，瞭望所有车门是否正常关闭，这也是必须执行的标准化作业。有一次在新百广场站，乘车高峰期因为人很多，李××瞭望时发现一名乘客的包带被车门夹住，他马上再次打开车门，待乘客将包带撤回到车内后，重新关门。

"虽然有信号会提示有车门没有关好，但司机是保障安全运行的最后一道防线。"李××说。标准化作业要求司机每一站都要从驾驶室下车查看，每天要下 300 次左右，手指口呼（手到心到口到）作业要在 2 700 多次。

标准化作业和应急处理能力，是对每一名司机的基本要求。一年下来，一名司机安全行驶公里数将近四万千米。

（案例来源：长城网）

（二）入段与出段安全

列车入段、出段作业时，须仔细观察对应信号机显示。

在车辆段（停车场）入口处设置进段（进场）信号机，在车辆段（停车场）出口处设置出段

（出场）信号机，在同时能存放两列及以上列车的停车线中间进段方向设置列车阻挡信号机（可兼作调车信号机）。

车辆段（停车场）内其他地点根据需要设置调车信号机。

（1）进段（场）信号机：进段信号机灯光配列可同防护信号机，也可采用双机构（两个二显示机构）带引导机构，自上而下灯位分别为黄、绿、红、黄和月白。

（2）出段（场）信号机：出段（场）信号机采用三显示机构，红、绿和带调车白灯。

车辆段（车厂）内其他地点可根据需要设置信号机，如显示蓝色表示禁止越过该信号机调车，显示白色表示允许越过该信号机调车。

1. 列车司机退勤安全要求

列车司机退勤地点有车辆段和车站两种。

在车辆段退勤时，司机将列车钥匙、列车报单和列车故障记录单等交于运转值班员，报告列车技术状态与列车运行情况等，并提供列车故障情况行车安全事故和服务纠纷等书面材料。

在车站退勤时，向接班司机完整交付列车钥匙与无线手持电台等工具用品，并准确、全面、清楚、无误地说明列车技术状态、线路状况、行车组织方式、行车命令和行车安全注意事项等，使接班司机对列车心中有数。

2. 列车入段运行安全

运营结束后，列车自动监控系统确认的计划列车入段时，由系统自动控制列车，车辆段信号楼值班员预先办理入场进路，确认列车目的地号，监督列车回库。非计划列车入场时，行调应通知车辆段信号楼值班员预先办理入场进路，人工排列回库进路，司机确认信号后按收到的速度码回库。

准备入段的列车司机通过广播通知全部乘客下车，确认车内无滞留乘客后关好车门。以规定模式驾驶列车至转换轨处一度停车，联系车辆段信号楼值班员，确认进路和停车股道，凭开放的调车信号进入车辆段。列车运行至停车库前和平交道口处一度停车，确认车库大门开、无异物侵入限界后，以低速运行至规定位置停车。

列车入库停稳后，司机检查列车备品齐全良好，施加停车制动，将列车各系统退出工作状态后，取下主控器钥匙，携带有关备品及值乘期间的各种记录下车，锁好驾驶室门，巡视列车一周，确认列车无异常后，办理退勤手续。

3. 司机出勤的安全要求

城市轨道交通列车司机的出勤有车辆段出勤和车站出勤两种方式，内容上主要包括纪律和业务两方面。

（1）纪律方面的安全要求。包括按时到车辆段运转值班室或正线换乘室办理出勤手续，防止因迟到慌乱而影响安全；睡眠充足，不得饮用酒和含酒精类饮料或服用会影响精神的药品，保证值乘时精神饱满；不得携带与工作无关的物品，保证驾驶列车时注意力集中。

（2）业务方面的安全要求。包括携带列车驾驶证、司机手账、相关规章文本和故障应急处理资料等备品，领取相关钥匙、无线手持电台和运营时刻表等备品，以备值乘途中所需；了解运行指示命令、行车指示、安全注意事项及列车车次、列车号和停放股道等，做好行车安全预想；在正线交接班时，向交班司机了解列车技术状态、行车组织方式、线路状况和安全事项等，对所值乘的列车做到心中有数。

4. 列车安全检查

列车出库前，司机必须按规定程序对列车进行严格检查和测试，以确保列车技术状态良好。

检查中发现有危及行车安全的故障时，禁止投入运营。

列车通电前，主要检查车体外部和贯通道，务必确保高压电及低压电都已切断，并施加停放制动。对列车外部部件的检查内容包括：车体表面是否损坏，列车标志是否完整清晰，车钩及缓冲装置有无损坏变形，电缆软管是否脱落，各塞门位置是否正确，转向架是否损坏变形，制动系统有无漏风，空气弹簧有无破损漏气，车底箱门是否关好及外部盖板是否关好等。对贯通道的检查内容包括：内外有无异声，有无裂纹和损坏，踏板有无损坏，保险锁和钩盖是否关好等。

司机在车外巡视检查完毕，到驾驶室唤醒列车，监控列车初始化和自检过程，出现故障报警时，应确认故障部位，根据具体情况进行处理。确认列车两侧、地沟、站台上无作业人员后，升起受电弓检查高压供电是否正常，确认制动系统和门控系统工作正常，打开客室空调，列车准备就绪。

列车被唤醒并处于停放制动施加状态，沿车体内部检查驾驶室与客室。驾驶室检查的内容包括：照明灯与阅读灯是否正常点亮，外部灯状态是否良好，司机控制器位置是否正确、操作是否灵活，无线通信设备作用是否良好，电气箱门是否锁闭，各种仪表显示是否正确，驾驶室门及通道门作用是否灵活并锁闭良好，灭火器与急救工具是否齐全有效等。

客室检查的内容包括：照明灯与应急灯是否正常点亮，内部设施是否损坏，客室侧门是否锁闭良好，车门紧急解锁装置是否完整可用，紧急通话装置作用是否良好，灭火器是否遗失等。

对列车外部和内部检查完毕后，司机还需要进行全面测试。测试的项目包括牵引系统、制动系统、客室侧门和列车通信系统等。所有测试成功后，才能启动列车离开车库。

5. 列车出段运行

列车自动监控系统确认的计划列车检查测试完毕，确认状态合格后，按规定时刻驾驶列车出库。列车启动前，司机确认调车信号开放、车库大门开放、平交道口无人员及车辆穿行。列车在无码区运行时，司机应严格控制速度，加强瞭望，注意调车信号显示、道岔位置、物品或人员侵入限界等情况，发现危及行车安全的情况时立即停车。

列车运行到转换轨处一度停车，行调使其进入系统，列车自动接收目的地及车次号。司机须与行调进行通信测试，核对车次号。到规定时刻后，ATS 系统开放信号，司机确认防护信号机开放，驾驶列车继续运行。设有车载 ATP 的列车待显示屏收到速度码后，采取规定的驾驶模式，凭车载信号进入车站。无车载 ATP 的列车凭地面信号显示进入车站。

运营时间内组织非计划列车出段时，行调要利用运营间隙，不得影响正线列车运行。列车运行到转换轨处停车后，由行调或司机人工设置车次号和目的地，人工排列进路，司机确认防护信号开放后，按收到的速度码或地面信号显示进入车站。

（三）折返安全

列车到达终点站，乘客全部下车后，站务员进入列车检查有无滞留乘客。司机得到站务员清客完毕的通知或信号后，进行折返作业。

1. 折返安全准则

（1）严格遵守交接制度，坚持"有车必有人"的原则。

（2）关门前必须确认行车凭证及动车"五要素"。

（3）换端操纵必须确认后端已关钥匙后方可激活本端。

（4）动车前确认所有人员均在安全区域。

2. 自动折返

建立列车自动折返进路时，联锁设备根据折返进路命令检查进路空闲、超限界绝缘相邻区段空闲、有关道岔位置正确且锁闭、未施行人工解锁、敌对进路未建立及检查联锁条件正确后，顺序控制折返进路的办理，锁闭的进路随着列车地运行而自动解锁，并自动触发相应的进路。

折返轨自动解锁的条件是：检查确认折返进路建立、列车已折返、折返轨占用并出清。

保护区段自动解锁的条件是：从列车占用目的轨起 30 s 后。

取消自动折返进路和取消进路的含义不同：取消自动折返进路仅取消自动折返进路属性，不会取消已办理的进路；取消进路不仅取消了自动折返进路属性，也取消了进路。自动折返进路的解锁可以随列车运行自动进行，也可以通过办理取消进路来进行。

3．无人自动折返

（1）列车停于终点站或其他折返站规定位置，驾驶室显示屏出现折返图标和 AR 符号，自动折返灯点亮。

（2）列车按规定程序开门，乘客下车。

（3）司机确认车内无滞留乘客、停站时间已到、列车门与屏蔽门关闭。

（4）司机按下驾驶室的自动折返 AR 按钮，自动折返灯熄灭，启动无人自动折返系统，设在站台端部的无人折返灯开始闪烁。

（5）司机关闭列车主控制器钥匙，关闭驾驶室门，至站台上手动操作无人自动折返系统。

（6）待进路准备妥当后，车载系统控制列车自动驶入折返线，自动改变列车运行方向，自动驶入对面发车站台，对准停车标停车。无人自动折返系统检测到列车已在规定区域停稳后，列车门和屏蔽门自动打开。

（7）在列车无人自动折返过程中，司机可以自行走到对面站台，接班司机也可以事先待在列车上，但是列车驾驶均由车载系统自动完成。

（8）折返到对面站台后，另一端驾驶室的自动折返灯点高闪烁，司机合上列车主控制器钥匙，自动折返灯熄灭，无人折返完成。

（9）折返作业完成后，列车不能自动启动，必须经过司机操作。

4．有人自动折返

（1）列车停在终点站或其他折返站规定位置，驾驶室显示屏出现折返图标和 AR 符号，自动折返灯点亮。

（2）列车按规定程序开门，乘客下车。

（3）司机确认车厢内无滞留乘客，停站时间已到、列车门与屏蔽门关闭。

（4）司机按下驾驶室的自动折返按钮，自动折返灯熄灭。

（5）待进入折返线的进路准备妥当后，司机启动自动驾驶模式，列车自动驶入折返线，越过折返线自动停车，司机关闭列车主控制器钥匙，关闭驾驶室门，另一端驾驶室的自动折返灯点亮闪烁。

（6）司机到另一端驾驶室合上列车主控制器钥匙，自动折返灯熄灭。

（7）由折返线进入正线的进路准备妥当后，司机启动自动驾驶模式，列车自动驶入对面发车站台，自动对准停车标停车，列车门和屏蔽门自动打开，有人自动折返完成。

5．人工折返

正常情况下的人工折返：检查进路空闲、超限界绝缘相邻区段空闲、有关道岔位置正确且锁闭、未施行人工解锁、敌对进路未建立及联锁条件正确之后，防护折返进路的防护信号机开放。随着列车运行，进路自动解锁。

（1）列车停于终点站或其他折返站规定位置，按规定程序开门，乘客下车。

（2）司机确认车厢内无滞留乘客、停站时间已到、列车门与屏蔽门关闭。

（3）司机确认防护信号开放正确、道岔位置正确，采用适当的驾驶模式，以规定的速度人工驾驶列车越过折返线停车，关闭列车主控制器钥匙，关闭驾驶室门。

（4）司机到另一端驾驶室合上列车主控制器钥匙，确认防护信号开放正确、道岔位置正确，采用适当的驾驶模式，以规定的速度人工驾驶列车到达对面发车站台停于规定位置，按压相应侧的开门按钮，打开列车门和屏蔽门，折返作业完成。

当联锁设备发生故障时，应将折返进路上的道岔开通于正确的位置并加锁。需要人工手摇道岔时，应有专人进行防护。列车折返作业按调车方式办理，由车站负责指挥。司机凭站务人员的道岔开通信号进入折返线，越过折返线停车更换驾驶室后，再凭站务人员的道岔开通信号到达对面发车站台，对准停车标停运行期间，司机应加强瞭望，注意道岔位置、线路状况和手信号显示等，发现不正常情况立即停车。

📖 **案例分析**

未确认信号机和道岔造成挤岔

1．事故概况

某日，一列车在洗车线进行洗车，完毕后司机和副司机未与车厂信号楼值班员联系，未确认进厂信号机，亦未确认道岔，擅自动车（速度为 15 km/h），将车厂 4 号交分道岔挤坏。信号楼值班员听到挤岔警示后，立即用电台呼叫司机停车，司机紧急停车，列车在越过 4 号岔尖轨 28～30 m 时停稳，造成挤岔。

2．原因分析

（1）司机、副司机安全意识不强，动车前未确认信号、进路、道岔，又未与车厂信号楼的信号值班员联系，是造成这起事故的主要原因。

（2）当值司机、副司机简化作业程序，未认真执行呼唤应答制度。

3．防范措施

（1）强调"安全第一"的指导思想，各工种密切配合，加强联系。如列车进、出车厂前，司机须与信号值班员联系，确认信号、进路、道岔后方可动车。

（2）司机驾驶中及动车前的呼唤应答不能流于形式，要落到实处。

（3）各级人员继续认真检查、监督规章制度落实情况，保证规章制度得到认真执行。

（4）车厂派班员向司机安排作业计划时，同时布置安全注意事项。

（案例来源：百度文库）

二、车辆的安全使用

轨道交通车辆是城市轨道交通的重要组成部分，是城市轨道交通系统设备的核心，是确保系统安全、正点、高效运行的关键。轨道交通车辆由许多部件和子系统组成，复杂而完整，在投入运营初期由于各部件和子系统之间的磨合，往往会有比较高的故障率；经过一段时间后，故障率慢慢下降并进入一个稳定状态，不过随着车辆运行时间的增加和运行里程的累积，一些零部件由于磨损、老化、疲劳、受污染等因素而导致性能下降，可靠性降低，使车辆故障率升高，甚至可能造成安全隐患。

车辆是轨道交通系统最需要维护的设备，也是维护最薄弱的一环。故障列车会立即堵塞线路、打乱运行计划，可靠性是成功运营的关键，维护保养是首要的。车辆的维修模式包括：按走行公里数、按时间和按状态 3 种。其中，按状态维修是目前常用的模式。传统维修模式中，与安全有关的部件（如制动系统和轮对）是以时间为基础安排维修的，在车辆检修过程中要保证各个零部件的状态良好，保证车辆处于性能良好状态下，确保整个运营的安全。

（一）车辆运用的机械安全

1. 轨道交通车辆的特点

城市轨道交通车辆是一种大型的、技术高度密集的机电一体化产品，是机械、动力、供电、通信、信号、自动控制等综合技术的集中体现，需要机电、电气、电子、计算机及自动控制等多学科的专业技术。

城市轨道车辆主要由两大部分组成：机械部分和电气部分。

轨道交通车辆的作业安全涉及以下部分。

（1）轮对装置：作用是保证机车车辆在钢轨上的运行和转向，承受来自机车车辆的全部动静载荷，并传递给钢轨。轮对装置应符合安全要求且完好，轮缘润滑装置功能正常。

（2）制动装置：用于调节列车运行速度和及时准确地在预定地点停车，保证列车安全正点运行，要求功能完好，施加和缓和动作正常、可控制。

（3）减振装置：用于降低干扰力矩的能量，以缓冲振动，要求外观及功能完好，无泄漏、无变形，紧固良好。

（4）车底悬挂设备：主要包括各电气设备箱，要求箱盖须锁闭紧固。

（5）驱动装置：包括电动机、联轴节、齿轮箱，要求功能正常，没有卡死、变形及脱落危险。

（6）车钩缓冲装置：用于使车辆与车辆、机车或动车相互连挂，传递牵引力、制动力并缓和纵向冲击力的车辆部件。它由车钩、缓冲器、钩尾框、从板等部分组成，安装于车底架构端的牵引梁内，要求功能良好，无变形，紧固良好。

（7）贯通道：乘客从一节车厢自由地走到另一节车厢的通道，同时使乘客感到安全和舒适。要求装置完好，锁闭正常、无破损。

（8）受电弓：从接触网取得电能的电气设备，安装在车顶上，要求功能正常、无变形、无破损、无松动和脱落危险。

（9）空气压缩机：气源装置中的主体，是将原动机（通常是电动机）的机械能转换成气体压力能的装置，是压缩空气的气压发生装置。电客车上的空气压缩机主要是为制动机和车门提供驱动用压缩空气，要求运行良好，没有空气和润滑油泄漏。

（10）车门不动保护功能：当车门出现故障或夹人夹物而没有完全关闭并锁闭时，通过电气联锁使电客车不能动车，要求功能实现良好。

（11）气压欠压不动保护功能：当主风管压力未达到一定数值时，通过电气联锁使电客车不能动车，要求功能实现良好。

（12）蓄电池及应急充电机：蓄电池是将化学能直接转变成电能的装置，应急充电机则是给蓄电池进行应急充电的设备，要求状态和功能良好。

2. 预防机械伤害

机械伤害风险大小主要与机器的类型、用途、使用方法和人员的知识、技能、工作态度等因素有关，可以从以下几个方面预防机械伤害。

（1）优化总体设计

在机械设备设计制造过程中，达到符合人机工程学、设备能力足够、有害因素不超标、具有良好的可维修性等要求。如机器使用界面更合理使其减少错误操作、消除产生危险的原因、减少或消除人员接触危险部位的次数、难以接近危险部位。

（2）安全教育培训

通过教育培训，了解机械的适应能力和使用性能，提高员工辨别危险的能力和避免伤害的能力。

（3）机械设备安全装置

良好的安全装置可以在操作者出现失误或机械设备发生故障时保障人或设备的安全。安全装置首要目的是保护人的安全，其次是防止机械设备发生毁灭性损坏。当设备发生故障时能自动停机，以便操作人员及时排除故障，使设备恢复正常。

安全装置应以安全可靠和实用为原则，重点是防护机械的危险部位和人的危险动作。按功能可以分为安全防护装置和安全控制装置。《机械安全 防护装置 固定式和活动式防护装置的设计与制造一般要求》（GB/T 8196—2018）规定了机械安全防护装置固定式和活动式防护装置的设计、制造要求与标准。

① 安全防护装置

安全防护装置是用来防止机械危险部位引起伤害的安全装置。当操作者进入危险工作状态时，直接对操作者进行人身安全保护，把危险源与操作者隔离以达到本质安全。有防护罩和防护屏两种形式，防护罩主要用于高速运转的传动机构和加工区的保护，一般采用金属网状或金属板结构。防护屏是为防止人体任何部位进入危险区而设置的隔离装置。

② 安全控制装置

安全控制装置本身并不直接参与人身保护动作，一种是在人员进入危险区时控制装置能够迅速控制机械停止运转；另一种是控制装置本身创造人员不可进入危险区的条件，如双手操纵装置。安全控制装置有联锁装置、监控装置、故障保险装置和紧急停车装置等。

（二）车辆运用的电气安全

车辆电气系统主要由电气牵引和电制动系统、辅助电源系统、列车控制及监控系统、列车广播和乘客信息显示系统、空调系统、车门系统、信号系统等组成。这些电气设备在使用时存在一定危险，如果对危害认识不足，缺乏用电安全知识，使用不当，控制和防护措施不到位，安全管理不到位和运行维护不当，将会发生异常情况，甚至造成人身伤害和财产损失。

电气事故有造成危害大、危险难以直接识别、涉及领域广的特点。电气触电是指电流流过人体时对人体产生的生理和病理伤害，一般有电击和电伤两种类型。电流直接作用于人体所造成的人体内部组织在生理上的反应和病变伤害就是电击。电流的热效应、化学效应、机械效应等对人体造成的伤害是电伤，例如电弧烧伤、电流灼伤。

电流对人体的危害程度和通过人体的电流大小、通电持续时间、电流的种类、电流通过途径、触电者的健康状况及作用于人体的电压等因素有关。一般电流越大、持续时间越长、工频电流、电压越高对人体的危害越大，后果更加严重。防止触电的防护技术措施主要有绝缘、屏护、间距、双重绝缘（加强绝缘）、安全电压、电气隔离、漏电保护等。

车辆运用电气时，应保证安全，具体要求如下。

① 不私拉、乱接电线；不超负荷用电、不得随意加大熔断器的熔体规格或以其他导体代替熔丝。

② 使用手持电动设备或移动电器时，使用前应辨认铭牌，检查工具的性能是否与使用条件相适应。

③ 检查电气设备防护罩、防护盖、手柄防护装置等有无破损、变形或松动，开关是否失灵、

破损、松动。电源线应采用橡胶绝缘电缆，单相用三芯电缆，三相用四芯电缆。电缆不得有破损或龟裂，中间不得有接头。

④ 当作业人员进入电容器室（柜）内或在电容器上工作时，要将电容器逐个放电，并进行接地和落实了其他安全措施后方可作业。

⑤ 在所有供电设备附近搬动梯子或长大工具、材料、部件时，要时刻注意与带电设备部分保持足够安全距离。

⑥ 在接触网没有停电并接地的情况下，禁止到车辆顶部进行任何作业。在接触网停电前，禁止登上车顶平台。

⑦ 带电更换低压熔断器时，操作人员要戴防护眼镜，站在绝缘垫上，并要使用绝缘柄钳或戴绝缘手套。

⑧ 电气作业时，检修、试验、运行各部门要加强联系，密切配合、严格执行有关操作规程。

📖 **拓展阅读**

默默保驾护航的地铁人

1. 电客车检修工的任务是排查安全隐患

结束一天的奔跑，地铁回到车库，要接受"日检、双周检、三月检、年检"，不放过一丝隐患，保证列车安全运行。"我们的班组负责双周检、三月检、年检。马上就要一年了，车辆已经开始进行年检。安全运营一年，我们检修人感到非常自豪！"电客车检修工班长张××说。

检修就是提前发现故障，提前修好，保证列车正常安全运行。必须把自己能想到、看到的故障都检查出来，能预见的问题都筛查一遍。

张××介绍，他们班组负责3号线的8列车，目前3号线上线运营的是5列，有3列在进行检修。一列车年检需要10天左右。车辆检修任务事关重大，但是班组员工基本都是刚毕业的订单班学生，车辆检修经验不多。张××把班组员工分成三组，每组抽取一名骨干，以传帮带的形式传授经验和方法，认真翻阅车辆资料、核对检修规程，上车一步步演练检修内容。"正是大家的努力，使地铁车辆的运营多了一重安全防护。试运营至今没有发生一起因漏检漏修造成的正线故障。"张××自豪地说。

2. 工程车司机：24小时待命可以随时出动

"我们工程车就是后勤中的机动队，无论何时突发任何应急情况，我们必须在规定时间内出动响应。比方说，前几天刮大风下大雨的情况下，接触网裸露在外面的地段，如果塑料袋、简易房板掉到上面，会造成短路断电，就需要我们出动接触网作业车进行处理。"工程车司机班长孟××说。

他们的任务一是日常作业，二是应急抢险。好在过去的一年中，应急抢险情况很少见。记忆最深刻的就是去年地铁试运营之初，石家庄市气象台发布暴雨黄色预警，为防止各车站出入口水流倒灌，工程车司机要通过4 h的运营空窗期，完成28座车站1 500多袋防汛沙袋的补充任务，保证每个车站3 min内完成卸载，确保车站平稳度过汛期。"时间紧，任务重，我们责无旁贷，分秒必争，顺利完成了任务。"孟××说。

石家庄轨道交通公司有6种车型、14台工程车，一类是作业车，配合作业人员对地铁附属设备，如钢轨、接触网进行维护保养、检测。另一类就是牵引运输的内燃机车，是动力保障。

工程车隧道内的运输作业，考验的是司机驾驶业务和安全意识。孟××告诉记者，从货物装载到停靠卸载，必须确认货物绑扎牢靠，避免剐蹭隧道内附属设备，更不允许异物掉入轨道影响第二天运营列车运行。

孟××说，每天晚上作业完以后，想到第二天乘客乘坐时能够安全、准时到达目的地，是大家感到最欣慰的事情。

3. 车辆部机械工程师——车辆检修专家

在一列正在进行检修的列车上，车辆部机械工程师张××站在拿着一本又厚又大的列车技术手册的同伴身边，接受了记者的采访。"如果班组在检修时遇到解决不了的问题，我会提供技术性的指导。假如说车门出现单个、整侧打不开，班组工技术力量有点薄弱，我会给他们做一些系统性的培训，指导他们排查一下故障点在哪里，比如说控制逻辑、机械结构原理等方面的工作。"张××说。

一次班组在做三月检有电作业时，发现有一个车门开关门速度非常快，当时排查了半天也没找到故障点，后来通过系统分析，判断出是开关故障，有个线虚接导致，重新接好线以后恢复了正常。

在电客车调试、验收期间，针对电客车车门频发故障，他们在较短的时间内持续对车门故障进行技术整改、质量攻关，将电客车车门系统从每天两三个故障，改进到每月两三个故障，从问题较多不能上线，逐步达成了符合标准安全运营的状态。

地铁的安全正点运行，背后正是这些地铁人的默默奉献。

（案例来源：百度）

（三）列车车门的安全使用

轨道交通车辆的车门类型多种多样，按照车门的运动轨迹及车体的安装方式，客室车门可分为塞拉式车门、内藏式车门和外挂式车门。图 4.13 为几种不同类型的车门。

图 4.13　几种不同类型的车门

塞拉式车门在开启状态时门叶贴靠在侧墙外侧，在关闭状态时门叶外表面与车体外墙成一平面。这样，不仅使车辆外观美观，也有利于列车高速行驶时减小空气阻力，车门不会因空气涡流产生噪声，还便于自动装置清洗车体。

1. 塞拉式车门简介

塞拉式车门分为电动塞拉式车门和气动塞拉式车门。塞拉式车门的结构部件组成关系如图 4.14 所示。其中门驱机构是集车门控制和驱动装置为一体的核心部件。

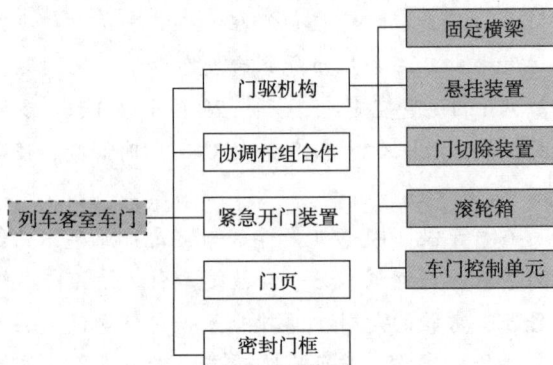

图 4.14　塞拉式车门的结构部件组成关系

客室塞拉式车门的优点有以下几点。

① 车体外形美观。由于塞拉式车门在关门状态时门板外表面与车体外表面平齐，行车时空气阻力小，也不会因空气涡流而产生噪声。

② 车内噪声小。塞拉式车门的密封性比外挂式车门、内藏式车门好，可以减少车内噪声。根据香港地铁的试验，与外挂式车门相比，采用塞拉式车门使车内噪声降低 2～3 dB。

③ 节约车内空间。采用塞拉式车门能使车内有效宽度增加，节约空间，增加载客量。

客室塞拉式车门也有不足，比如结构复杂，价格比外挂式车门高，故障率高等。

2．塞拉式车门常见故障类型

在日常运营中，塞拉式车门的主要故障表现在以下几个方面。

（1）车门不能打开或关闭。

（2）列车信息管理系统检测不到车门状态或车门状态显示错误。

（3）列车信息诊断系统显示车门严重故障。

（4）开关门时的动作不良。

塞拉式车门故障分为电气故障和机械故障，电气故障主要表现为车门电气连接线断路、短路、虚接等。机械故障因素较多，比如门叶"Ｖ"形紧固螺栓出现松动，导致车门"Ｖ"形出现偏差，从而影响开关门；车门上下导轨出现松动，影响车门的摆出、平行度和密封；车门平衡轮和门叶下部导轨出现松动，从而导致门叶整体松动，甚至还导致行程开关误动作等。

3．塞拉式车门的基本工作过程

司机发出的开关门指令，通过列车控制系统的信号线向车门控制单元输入符合其工作要求的信号，使车门电机在 EDCU 的控制下驱动车门动作。图 4.15 为列车车门的控制面板。

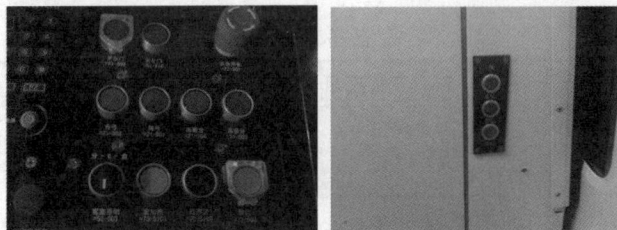

图 4.15　列车车门控制面板（司机控制台、车门）

车门打开需要具备两个条件：一是列车发出开门指令；二是列车处于停止状态，即列车速度为零，EDCU 负责检测列车司机室发出的指令。

当司机室发出"开门"指令时，控制电路会给出一个高电平的信号给 EDCU，EDCU 则会得到一个高电平的开门指令及列车零速的高电平信号，进而执行开门命令。只要两个信号的其中一个是低电平，则 EDCU 配置的继电器就会阻止车门打开。图 4.16 为列车车门上方的 EDCU 控制盒。

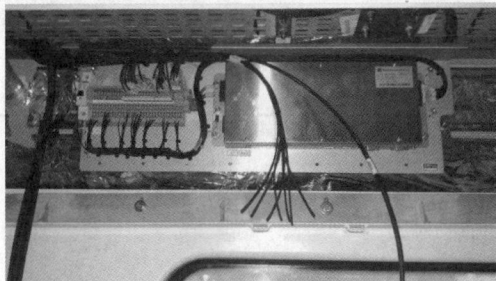

图 4.16　列车车门上方的 EDCU 控制盒

📖 **案例分析**

南京地铁列车撞列检库门事件

时间：2005年12月6日22时11分。

地点：小行基地列检库15道大门。

事故后果：15道列检库大门破损严重；电客车头部右侧有一处表面擦伤（长8cm，宽1.4cm）。

1. 事故经过

1920车在回列检库15道大门时，19A车头撞上车门。检调接报后，立即要求信号楼不要动车，同时到现场察看情况，发现15道库门在列检库内侧，门页下方被电客车撞凹陷一块（被电客车防爬器所撞），大门撞过门上止挡，导致该大门无法向外正常开启到位。电客车头部右侧有一处表面擦伤（长8cm，宽1.4cm），另有二处与大门有轻微摩擦。

2. 事故原因分析

负责开启15道大门的保安人员安全预想不够，导致车门未开启到位，侵入车辆限界发生碰撞。司机入库前对前方线路观察不够仔细，未及时发现此安全隐患，最终导致该事件的发生。

3. 整改措施

事故发生后，南京地铁在有关文本中增加了"列车运行至库门口前要一度停车，司机确认库门开启状态良好具备入库条件后，方可动车入库。"此规定实行后，此类故障在南京地铁再没有发生。

除须司机停车确认外，也要督促开闭库门责任人自查，做到双保险。应根据车辆限界确定库门最小的开启位，并在相应的地方做好警示标志，以此作为大门开启程度的标准，同时这也符合8S管理的思想。

（案例来源：百度文库）

📖 **任务评价**

任务评价表

学习内容	项目4　行车安全管理		姓名	
	任务二　车辆安全		学号	
	评价要素		分值	考核得分
（1）能复述安全驾驶及列车作业安全准则			20	
（2）能简述车辆使用的机械安全和电气安全内容			20	
（3）能描述列车塞拉式车门的结构及特点			10	
（4）能与组员协作、高质量完成学习汇报			20	
（5）能专注听取同学的汇报			20	
（6）能虚心接受老师或同学的评价			10	
总体得分			100	

教师评语：

任务三　作业安全

📖 **任务要求**

城市轨道交通车站是乘客上下车的主要场所，在城市轨道交通系统中处于核心位置，是城市轨道交通系统的对外窗口。城市轨道交通车站安全管理不容忽视，必须做好城市轨道交通车站的安全工作。了解和熟悉车站作业、调车作业、工程实施作业等各类作业安全要求和规定，掌握各项工作过程中作业人员的安全要求，在各类作业过程中以安全为重要前提。

📖　**任务实施**

一、车站作业安全

城市轨道交通车站作业是一项包含内容非常广泛的综合性工作，主要包括行车工作、客运工作、票务工作和综合业务（包括便民服务商业开发和物业管理）等，相对应的站务人员有站长、值班站长、车站值班员、站务员、保安员和保洁员等，车站值班员又分为行车值班员和客运值班员，站务员又分为售票员、站厅站务员和站台站务员。本部分内容重点阐述车站行车作业的安全。

车站的行车组织工作是在调度统一指挥下，合理运用车站的各项技术设备，负责车站行车控制指挥、施工及其他作业。

（一）车站安全工作的基本任务

（1）建立健全各类行车作业、管理的规章制度。

这些制度包括车站行车控制室的管理交接班制度、行车值班员岗位责任制等，对车站的行车组织工作进行规范管理，确保行车安全。

（2）进行车站各项安全检查，检查车站安全隐患并落实整改。

（3）建立各类事故预案，开展演练，以提高车站员工的应急处理能力，有效处理车站突发事件。

最终通过明确职责、落实责任、加强安全管理，确保车站行车、施工、治安、消防等工作以及车站员工、乘客人身安全和车站所辖设备运行安全。

（二）车站行车安全工作的基本要求

车站工作包括列车运行控制、车站的施工组织、接发列车作业等，其中各项作业均涉及行车安全。车站各项作业情况下的具体行车安全要求如下。

1. 列车运行控制

车站的列车运行控制根据整个系统列车运行控制方式的变化而变化。在调度集中控制方式下，车站行车组织的主要工作是监护行车运营状态；在自动控制方式下，车站对列车的运营状态进行监护，如中控因故放权而由车站进行控制，则在有集中控制设备的车站应负责对列车的折返、进路排列等人工作业；在半自动控制方式下，车站负责列车运行控制的工作人员，人工操作信号设备进行接发车、调车等行车作业，并根据行调指令对列车运行进行调整；在非正常情况下，车站根据调度指令，按规定的作业办法要求负责列车在车站的接车、发车、调车等作业。

2. 设备施工组织

在车站管辖范围内的任何施工均应在车站行车控制室登记，在得到行车值班员签字确认后方可进行。对影响运营的施工检修作业，如信号设备检修、道岔检修等作业，必须得到调度同意后方可进行。

3. 接发列车作业

车站员工应确保在各种控制方式下车站的接、发列车组织工作安全、有序。

（三）车站接发列车作业安全

接发列车是行车工作中最重要的环节之一，接发列车作业安全直接关系到城市轨道交通的行车安全，因此参与接发列车的作业人员均须具备高度的责任意识，认真履行岗位职责，严格执行规章规范，确保接发列车作业安全。

车站在进行接发列车作业时，列车车次、列车运行方向及列车运行指挥都是接发列车安全的重要条件。

1. 列车车次与行车安全

列车车次关联列车种类、作业性质及运行方向等重要信息，与行车安全密切相关。接发列车作业中，列车车次的误听、误传、误抄、误填，往往都是造成行车事故的直接原因。为此，进行接发列车作业时，列车车次必须传准听清，复诵无误，防止误听、误传；抄写或填记行车记录簿、命令及行车凭证时，要认真核对，防止误抄、误填。车次不清楚时，必须立即询问，严禁臆测行车。

2. 列车运行方向与行车安全

列车运行方向也是保证接发列车及行车安全的重要条件之一。尤其是一端有两个及以上列车运行方向的车站更需引起注意，在办理列车闭塞及下达接发列车进路命令等作业事项时，均应冠以邻站方向或线路名称，以防止列车开错方向。

3. 列车运行指挥与行车安全

行车工作必须坚持"高度集中、统一指挥、逐级负责"的原则。为安全、顺利地组织列车运行，列车运行的指挥工作必须做到正确指挥和服从指挥。

日常行车作业中，行调错发、漏发调度命令，盲目指挥列车运行，车站值班员错发、漏发列车命令，盲目指挥及错误操作控制台等，往往都是造成列车事故的重要原因。因此，在指挥列车运行时，行调在发布命令之前，应详细了解现场情况并听取有关人员意见，以便正确下达指挥列车运行的调度命令和口头指示。

车站值班员在指挥及办理接发列车时，须认真遵守有关行车规章要求，严格执行接发列车作业规定，正确下达接发列车的有关命令，确保列车运行安全。

（四）接发列车事故的种类及其原因

车站在接车、发车和列车通过过程中发生的一切行车事故统称为接发列车事故。

1. 接发列车事故的种类

接发列车事故的种类主要有：向占用区间发出列车、向占用线路接入列车；未准备好进路接发列车；未办或错办闭塞发出列车；列车冒进信号机或越过警冲标；错误办理行车凭证发车或耽误列车。

2. 接发列车事故的主要原因

发生接发列车事故的主要原因有：当班人员离岗、打盹儿或做与接发列车作业无关的事情；办理闭塞时没有确认区间处于空闲状态；未按规定检查、确认接发列车进路；未认真核对行车凭证；错办或未及时开放信号；取消、变更接发列车进路时联系不彻底。

📖 **案例分析**

擅自操作封锁区域内道岔事件

1. 事件经过

2010 年 8 月 27 日 00 时 26 分，行调向×××站至×××站发布 129 号封锁命令，封锁××

×（不含站台）至×××站上行正线。00 时 33 分，临修计划 2A2-26-8 通信二分部在×××至×××下行线进行 W1108 道岔的故障检查作业，在×××站请点。00 时 47 分，计划 2A1-26-4 供电二分部在×××至×××上行进行接触网设备检查作业请点。00 时 52 分，×××站行车值班员向行调申请并取得了 LOW 的控制权。

01 时 01 分施工负责人要求×××站行车值班员将封锁区域（不是本作业的区域）X1104 道岔解锁并操作 X1104 道岔转动一个来回。行车值班员看了 LOW 上工程车当时停在×××上行站台，就将 X1104 道岔取消锁定，并操作了一个来回，而没有先向行调报告。

行调发现后，询问×××站为什么操作 X1104 道岔，行车值班员回复：2A1-26-4 的施工负责人要求将 X1104 解锁并操作一个来回。行调要求×××站将 1102 道岔开通正线并电子加锁后通知车站及 2A2-16-4 的施工负责人严禁对上行线封锁作业区域内的道岔进行转动，确保工程车的作业安全。

2. 原因分析

（1）×××站行车值班员在知道×××至×××上行区域封锁（信号设备上），有工程车在小营上行站台作业的情况下，在施工人员要求操作小营上行 X1104 道岔时，未向行调报告就操作了小营上行的 X1104 道岔。

（2）X1104 道岔是单独锁定的，按规定解锁道岔为安全相关命令，必须得到行调授权，但当时值班员没有按规定操作，擅自解锁了道岔。

（3）×××站行车值班员在 LOW 上操作 X1104 道岔时，没有通知值班站长到场监控，擅自一人操作。

（4）×××站在向行调申请 LOW 控制权时，未向行调说明申请原因，行调也未向车站问明申请的原因，只认为是配合巡道转动道岔，就将控制权交给车站。

3. 防范措施

车站在操作信号设备时必须得到行调的授权，严格按照相关规定进行安全相关命令的操作，严禁违章操作。操作信号设备时，必须一人操作、一人监控，无人监控时禁止操作，防止人为错误而导致意外事件或事故的发生。车站需申请控制权时必须向行调说明申请的原因；行调在接到车站申请控制权时也必须了解清楚车站的具体操作目的，并告知不能操作的区域。

（案例来源：百度文库）

二、调车作业安全

城市轨道交通列车除在正线的正常运行和车站[车辆段（场）]的到发作业以外，其他一切列车有目的移动均属于调车作业范畴。在调车作业中发生的事故称为调车事故，主要有撞、脱、挤、溜 4 种类型，即冲突、脱轨、挤岔、溜逸。

按城市轨道交通列车调车作业工作内容的不同，调车作业可分为列车在车场、车辆段内的转线、转场作业，非正常运营时间段出、入车辆段和停车场作业，洗车、试车作业，以其他电动列车或机车作为动力的列车的编组、解体、转线、摘挂和取送作业。按作业地点不同，调车作业可分为车辆段调车作业、停车场调车作业和车站调车作业。

城市轨道交通列车的调车作业执行统一领导、单一指挥的原则。调车领导人和调车指挥人的设置，各城市轨道交通企业由于地域差别有一定的区别，但大同小异。一般来说，城市轨道交通在车辆段或停车场调车时，以车辆段调度员为调车领导人，以调车长为调车指挥人；在车站调车时，以车站值班站长为领导人，以运转车长为调车指挥人。

（一）调车作业安全规定

调车作业方法一般仅限牵引和推进，禁止溜放调车。未取得调车准许，禁止使用转换轨进行调车，有些城市规定使用转换轨调车时按列车办理。在特殊情况下采用手推调车时，须经有关负责人同意，控制好速度，并采取相应的安全措施。越出站界（或场界）调车时，须得到行调准许。

1. 调车作业的一般规定

（1）车辆段内的调车作业不得影响出入段列车的正常运行。

（2）不得调动挂有禁止移动标志牌或设有红闪灯的车辆或列车。

（3）进行调车作业的列车应安装可靠的制动装置，保障足够制动力，遇危险情况能及时停车。

（4）在调车过程中，有关人员应严密监控作业动态，发现调车作业人员违反安全规定，有危及调车作业安全、设备安全及人身安全的情形时，应立即采取适当措施，并通知有关人员停止调车作业。

（5）由于情况变化或实际工作需要，必须取消调车进路时，应确认调车尚未起动，通知调车长或调车司机，得到回复后方可关闭调车信号。

2. 调车作业事故的常见原因

（1）调车作业计划不清或传达不彻底。调车作业计划是信号员、调车组等调车作业相关人员统一的行动计划，如果调车作业计划本身不清，将造成调车进路排错，机车车辆进入线路，或如果调车作业计划传达不彻底，会造成信号员及调机司机行动不一致，极易发生事故。

（2）作业前检查不彻底，准备不充分。调车作业前，必须按规定提前排风，摘解风管，核对计划，确认进路，检查线路、道岔和停留车辆情况，手闸制动时要选闸、试闸，铁鞋制动时要准备足够的良好铁鞋。

（3）误排进路或未扳、错扳、临时扳动道岔或错误转动道岔，调车员和司机不认真确认信号及道岔位置，极易造成冲突、脱轨和挤岔事故。

（4）调车手信号显示不标准，有3种情况：一是未按规定要求显示信号；二是错过了显示信号的时机；三是错误地显示信号，这些情况都有可能导致事故发生。

（5）前端无人引导推进运行或推进车辆不试拉。推进作业时前端无人引导，由于调车司机无法确认线路和停留车情况，极易造成撞车和挤岔事故。推进车辆不试拉，一旦车辆中有假连接，制动或停车时车辆脱钩发生溜逸，也容易发生撞车、脱轨、挤岔和溜逸等事故。

（6）未按规定采取防溜措施，极易发生车辆溜逸事故，一旦车辆溜逸入区间，后果不堪设想。

（二）调车作业安全操作

1. 作业前安全检查

为了做到调车时心中有数，调车作业人员在调车作业开始前应按规定程序前往现场实地检查。了解停留车辆位置、防溜情况，查看线路上及限界内有无障碍物，是否有小半径曲线，确认道岔的开通位置等。

2. 调车运行安全

调车作业必须按调车信号机和调车手信号显示进行，没有信号不准动车，信号不清立即停车。调车作业时，调车长必须正确及时地显示有关信号，司机要认真确认信号，并鸣笛回示。没有司机回示，调车长立即显示停车信号。

调车作业中，牵引运行时，前方进路的确认由司机负责；推进运行时，前方进路的确认由调车长负责。调车启动前，应确认防溜措施已撤除，所有人员在安全位置。调车运行中，应时刻确认道岔位置与信号显示正确、有关人员在安全位置、调车线路及其限界内没有障碍物。进入停车库或维修库前，停车确认车库大门及入口处没有异物或人员后方可驶过。调车越过平交道口前，一度停车，注意观察有无障碍物或行人，确保安全后再通过。两列车或两车组不准同条线路内同时移动，必须待其中一列车或一车组暂停后，另一列车或车组才能移动。调车长应掌握好距离，及时显示信号。

司机根据调车长的距离信号严格控制调车不超过规定速度。当天气不良或瞭望困难时，应适当降低速度。在尽头线上调车时，距线路终端应有一定安全距离。遇特殊情况必须近于安全距离时，要严格控制速度，并加强对线路的观察，发现问题及时停车。

3. 列车连挂安全

连挂车辆时，应显示规定的距离信号，以便司机根据停留车的距离不断降低速度，达到要求连挂速度，防止超速连挂；未显示规定的距离信号不准挂车；当暴风、雨、雪、雾等恶劣天气造成视线不良，或曲线坡道和照明不足等造成瞭望不便，调车长确认前方停留车位置有困难时，应派人显示停留车位置信号。

连挂车辆时，应确认被连挂车辆状况，无人员或异物侵入限界，并根据线路、车辆情况调整钩位，防止连挂时损坏车钩或造成溜逸。连挂车辆后应试拉，确认连挂妥当。在同条线路需要连挂多辆车时，不得连续连挂。根据需要连接规定数量的制动软管，并进行自动制动机简略试验。

4. 列车防溜

城市轨道交通列车在调车作业完毕后，应及时将列车或车辆停在线路的警冲标内，防止越过警冲标或压道岔；对不再移动的列车，应做好防溜措施，不论停留线路有无坡道，也不论停留时间长短，均应使用列车的停放制动装置或使用铁鞋做好防溜措施。

调车作业中临时停车时，列车应保持制动状态，不得关闭空气压缩机。必要时，还应采用铁鞋防溜。交接班确认信号时，接班人员必须按规定现场检查停留车辆的防溜措施，发现问题及时处理并报告。

📖 案例分析

某车厂错排客车出厂进路

1. 事故经过

2007 年 1 月 14 日 5 时 10 分，0402 次司机在派班室出勤后到 5A 准备作业（车辆编号为 7576）。5 时 30 分，司机发现 7576 车右侧司机室门故障，立即汇报车厂调度，此时轮值司机已到现场。

5 时 40 分，车厂调度通知司机换 4A 备用车（7374 车）出厂，0402 次司机马上到 4A 准备出车。

5 时 40 分左右，信号楼值班员接厂通知：5A 的 0402 次列车改由 4A 备用车 7374 车替换出厂（后台值班员收到更改通知后，未通知前台操作值班员）。

5 时 42 分，0402 次整备完毕，后台值班员指挥操作值班员："04 车准备好了，可以排路。"

5 时 45 分 52 秒，操作值班员按原计划排列 5A 往转换轨 II 道的进路，排列进路时未执行呼唤应答制度。后台值班员也未认真执行"一人操作，一人监控"的联控制度，在看到黄灯开放后，未认真确认就通知 0402 次司机动车（实际开放的为 5 道往转换轨 II 的进路）。

5 时 45 分 59 秒：0402 次司机发现 4A 信号未开放，马上通知乘务值班员："0402 次已换车，5A 信号开放了，但 4A 未开放。"信号楼值班员通知 0402 次在 4A 待令。

5 时 46 分 29 秒：乘务值班员核对计划后，取消 5A 出厂信号，于 5 时 48 分 03 秒开放 4A 往转换轨Ⅱ道出厂信号。

2．事故原因分析

主要原因：

（1）乘务值班员（后台）在接收到更改发车计划时未通知前台值班员，未能确保前后台乘务值班员计划的一致性，是事件发生的主要原因之一。

（2）后台乘务值班员在前台乘务值班员排列进路时，未认真执行"一人操作，一人监控"的制度，未确认进路是否正确就盲目通知司机动车，也是本次事件发生的主要原因。

次要原因：

（1）后台乘务值班员在发布排列 0402 次发车进路指令时不规范，前台乘务值班员未认真确认接收排列发车进路指令，排列进路时未执行呼唤应答制度，是导致本次事件的次要原因。

（2）当班的车厂调度在变更发车计划时，虽然通知了司机和信号楼，但不够敏感，未能对接收变更计划的岗位人员彻底跟踪到位。

3．整改措施

（1）排列进路时，必须严格执行呼唤应答制度和"一人操作，一人监控"制度以及"干一勾，划一勾"制度。

（2）车厂调度在变更调车或接/发车计划时，必须彻底跟踪到涉及计划的相关人员，确保变更计划落实、执行到位。

（3）后台值班员在接到变更计划时，应做好记录并及时通知前台值班员，并确认其清楚变更计划内容并做好记录。

（4）进一步规范信号楼的标准化作业，赤沙信号楼前、后台值班员之间的作业联控采用手持行调电台进行呼唤应答。

（案例来源：百度文库 某市地铁事故案例分析）

三、工程施工作业安全

行车安全在很大程度上取决于施工安全。做好施工安全工作，确保行车设备设施维修保养符合技术要求，才能使城市轨道交通顺利开展运营。一旦施工安全出了问题，运营与施工没有很好地衔接，将有可能导致轨道交通运营事故发生，导致城市轨道交通运输秩序紊乱，严重影响乘客出行。因此，要高度重视施工安全工作。

1．施工安全基本工作

轨道交通运营期间工程施工一般涵盖施工前、施工过程中和施工结束后 3 部分组织工作。

（1）施工前

施工前的组织工作包括人员安排、组织学习施工作业计划、施工前的准备、施工请点等。

（2）施工过程中

施工过程中的组织工作包括进入施工地点的组织、各专业沟通协调、施工进度的控制等。

（3）施工结束

施工结束后的组织工作包括撤除防护、出清线路、人员离场和销点。

2．运营期间施工管理特点

（1）施工情况复杂

城市轨道交通运营线路行车设备的施工作业管理是一个复杂的系统工程，具有点多、线长、施工作业时间短、交叉作业多、施工量大、地点集中、一般在夜间运营结束后施工等特点。

（2）施工涉及专业多

轨道交通中与行车相关的设备涉及站台屏蔽门、轨道线路、供电、信号、通信等各专业，各专业都要按照本专业设备的检修周期与工作内容对设备进行检修和维护。

（3）施工时间短

运营线路的维修施工作业都集中在夜晚运营结束后至第二天首班车运营前 1h 内进行，作业时间一般在 3～5h。

（4）配合作业多

由于检修工作都集中在同一个有限的时间空间和工作平面内，在检修过程中有的需要停电，有的需要工程车配合，有的需要相关专业配合，有的施工需要封锁区间等。

3．施工类型

全国轨道交通运营期间工程施工基本以影响行车、不影响行车和车辆段内施工进行分类，通常按是否影响行车及施工作业地点和性质分为以下 3 类。

（1）影响正线、辅助线行车的施工

影响正线、辅助线行车的施工为 A 类，运营期间 A 类工程施工具体划分见表 4.1。

表 4.1　　　　　　　　　　　　　　运营期间 A 类工程施工

子分类	具体描述
A1	区间开行工程列车、电客车的施工作业
A2	区间不开行工程列车、电客车的施工作业
A3	车站、主变电所、控制中心(OCC)范围内影响行车设备设施的施工作业

A 类施工作业，须经行调批准方可进行，影响出入段线行车的施工，行调须通知车辆段调度员。

（2）车辆段的施工

在车辆段的施工为 B 类，运营期间 B 类工程施工具体划分见表 4.2。

表 4.2　　　　　　　　　　　　　　运营期间 B 类工程施工

子分类	具体描述
B1	开行电客车、工程列车的施工（不含车辆部电客车、工程列车的检修）作业
B2	不开行电客车、工程列车，但在车辆段线路限界、影响接触网停电，在车辆段线路限界外 3m 内搭建相关设施及影响车辆段行车的施工作业
B3	车辆段内除 B1、B2 类以外的影响行车设备设施的施工作业

其中，B3 类施工主要包括供电、通信、信号、机电等与行车有关设备的检修或影响与行车有关设备的作业。B 类施工作业，经车辆段调度员同意方可进行，若影响正线行车须报行调批准。

其他施工：按部门职责明确施工管理，在车辆段内绿化、道路整改、围墙护栏以及生活、办公区等与行车无关的施工由相关责任部门负责管理，房建及附属设备由设备设施维修部门负责；检修线、洗车线库内车辆工艺设备检修由车辆部门负责。以上施工作业时，不需要申报施工计划和施工登记，由设备专业归属部门进行管理，属地部门配合。

（3）在车站、主变电所、OCC 行车设备区范围内不影响行车的施工

在车站、主变电所、OCC 行车设备区范围内不影响行车的施工为 C 类，运营期间 C 类工程

施工具体划分见表4.3。

表4.3　　　　　　　　　　　　运营期间 C 类工程施工

子分类	具体描述
C1	大面积影响客运、消防设备正常使用，需动用 220V 以上电力及需动火的作业(含外单位进入变电所、通信设备房、环控电控室、照明配电室、水泵房等)
C2	局部影响客运，经采取措施影响不大且动用简单设施设备的施工作业

　　C 类施工作业中，运营管理部门内部的施工项目经车站批准方可施工，外部单位施工作业按"外部单位施工作业管理流程"进行，经车站批准方可施工。

　　4. 施工计划制订

　　施工计划可按计划的时间不同进行划分，也可按计划施工作业的地点和性质不同划分，例如是否影响正线、是否影响车厂等。属于正常修程内的作业应结合设备检修计划进行编制，加强计划性。若在运营时间对设备进行临时抢修，必须在停运后继续安排临时性的设备补修。

　　（1）施工计划申报程序

　　① 外单位施工负责人必须接受培训后才能申请在城市轨道施工作业中担任负责人，施工作业编制部门与外单位施工负责人签订安全协议。

　　② 施工单位、内部相关部门应按规定时间向施工计划编制部门提报计划，施工计划编制部门协调后发相关部门执行。

　　③ 施工单位、内部相关部门应填写施工计划申报单，其中包括作业日期、作业部门、作业时间、作业区域、作业内容、供电安排、申报人、防护措施、备注（列车编组、配合部门及详细配合要求、联系电话等）。

　　（2）施工计划的编制

　　计划编制的原则是在确保安全的前提下，考虑均衡安排，避免集中作业；处理好列车的开行时间和密度、施工封锁等几方面的关系，避免出现抢时、争点现象，同时经济合理地使用机车车辆，避免浪费资源。

　　凡进行计划施工，都必须领取施工进场作业令，以此作为请点施工的凭证。施工计划编制部门负责施工进场作业令的管理工作。图 4.17 为某地铁公司的施工作业令。

　　5. 施工安全及防护

　　（1）施工防护要求

　　① 接触网停电检修或需接触网停电配合挂地线时，在该作业地段两端挂接地线。

　　② 站内或站间线路施工时，需在施工区域两端轨道上设置红闪灯防护。

　　③ 在折返线、存车线、联络线上施工时，必须在作业区域可能来车方向处放置红闪灯防护。

　　④ 车站值班人员到站台检查红闪灯是否按规定摆放，并监督红闪灯状态是否良好。

　　⑤ 施工作业时除严格执行以上规定外，还须按施工部门的有关施工操作程序的防护规定执行。

　　⑥ 凡在运营时间内进行作业的，必须做好防护措施，确保城市轨道交通乘客的安全，最大限度减少对乘客的影响。

　　（2）现场施工时，需要注意事项

　　① 人、工程车在同一区域作业时，由施工负责人与车长根据现场情况协调。按施工前进方向，列车在前、人员在后，原则上不得颠倒或列车运行前后皆有作业。非随车施工人员与列车应有一

定的安全间隔，原则上列车不得随意后退，如有需要动车时，必须经施工负责人和车长协商后才能动车，确保人身安全。作业人员应在现场作业区的来车方向设置红闪灯防护。

② 组织工程车运行时，在工程车运行的到达站前方必须保证至少有一个站间区间空闲；在开行工程车进行作业的封锁作业区前后方必须保证至少有一个站台区或站间区间空闲；在开行高速调试列车的封锁作业区前后方必须保证至少有一个站间区间空闲。

③ 凡进入线路施工的作业人员必须按要求穿荧光衣，并根据作业性质及要求使用其他安全防护用品。施工作业过程中如要进行动火作业，必须事前办理有关动火手续，严禁在未办理动火手续的情况下进行动火作业。

④ 外单位施工由主办部门或主配合部门负责安全管理、安全监督。各施工单位、部门在申报施工计划时应严格按照相关规定，结合施工作业过程中的实际情况，提出安全防护要求和配合要求。在施工作业过程中，施工单位和部门应严格遵守安全规定和施工进场作业令中的要求。

作业代码				作业令号	[ ]字( )- 号		
作业单位				申报人			
作业名称				联系电话			
作业区域				作业人数			
作业日期		作业时间		停止时间			
主要作业内容							
防护措施	停电区间						
	封锁区间						
	其他						
配合要求							
发令人							
主站				负责人			
辅站及负责人							
完成情况							
请点	时间		销点	时间		销令	时间
	批准人			批准人			批准人

图 4.17 某地铁公司的施工作业令

6. 施工组织规定

（1）每日运营结束后，维修部门按计划对各设备系统进行检修作业，并于规定时间内完成运行线路巡道和施工线路出清程序。

（2）在正线及辅助线施工开始前，施工负责人应进行施工登记，经行车调度批准、发布封锁命令。车站签认后，通知施工负责人设置防护信号，并送维修施工人员到站台端墙，确保施工人员进入正确的施工区域。

（3）对维修、调试、施工等作业按性质、地点分别组织；涉及正线的施工作业须经行调批准方可进行；涉及车厂内的施工作业必须经车厂调度员同意才能进行，如影响正线行车必须报行调批准；涉及车站的施工作业必须经车站批准方可施工。

（4）在两站之间作业需要开行工程车时，由行调指定的车站值班员负责掌握施工情况，监督施工安全。

（5）施工结束后，施工负责人负责线路出清、人员撤离现场，经检查确认撤除防护后办理注销施工登记手续，车站报告行车调度取消封锁线路的命令。

（6）需由多个车站进入施工的作业项目，施工负责人除到主站办理外，还需核实辅站情况。辅站施工责任人在作业令规定的施工开始时间前到达辅站办理登记手续，辅站值班员向主站值班员核实施工事项并请点。主站接到行调允许施工命令后，传达给施工负责人及辅站值班员，允许施工责任人开始该作业点的施工。

（7）涉及多站销点时，辅站施工责任人负责本段线路出清，并报施工负责人后在辅站销点。辅站值班员向主站值班员销点，施工负责人负责该项作业区域全部出清后，方可报主站值班员销点，主站值班员向行调销点。有外单位作业时，由指定的施工主办部门或主配合部门人员协助办理请点后方可作业。

📖 **案例分析**

某市地铁×××号线接触轨断电事故

发生时间：2012 年 2 月 27 日 10 时 17 分

发生地点：×××至×××上行区间

事故类型：接触轨跳闸

1. 事故经过

2012 年 2 月 27 日 18 时 11 分至 18 时 37 分，地铁×××号线×××至×××上行区间，发生接触轨跳闸现象，导致运营中断 26min，影响了乘客正常出行。

2011 年 11 月 7 日线路公司在日常检查过程中发现×××站至×××上行 K14+860 至 K15+400 区间钢轨侧磨值为 10.85mm，临近轻伤标准（12mm）。11 月 14 日，钢轨侧磨值发展为 12.65mm，已超过钢轨磨耗轻伤标准（12mm）；2012 年 2 月 1 日，钢轨侧磨值发展为 14.85mm，已临近钢轨磨耗重伤标准（15mm），线路公司依据维修规程进行维修施工作业。

2012 年 2 月 27 日凌晨，线路公司依据施工组织方案，将 40 块鱼尾板分散存放于 K14+860 至 K15+400 区间两侧的接触轨防护板后，均未采取任何临时加固和防范措施。

2012 年 2 月 27 日 6 时 08 分，第一辆列车经过 K14+860 至 K15+400 区间，随着列车运行产生振动，造成鱼尾板发生位移。18 时 05 分，鱼尾板经过列车一天运行所造成的振动位移，最终与接触轨搭接，造成×××至×××上行区间发生接触轨跳闸现象，导致运营中断 26min，影响了乘客正常出行。

2. 事故原因分析

（1）事故发生直接原因：临时存放的鱼尾板不稳固，受列车运行振动影响，产生位移，与接触轨搭接，造成接触轨跳闸。

（2）间接原因：安全管理存在薄弱环节。一是对采用新工艺带来的安全风险认识不足，未能认识到施工过程中可能存在的隐患，在施工组织方案中没有明确指出可能潜在的风险。二是对新设备、新技术的维修维护缺乏针对性，沿袭既有规章制度，没有针对钢弹簧浮置板道床大修作业特性制定专项安全措施。三是新工艺、新设备、新技术等的培训有薄弱点，没有针对钢弹簧浮置板道床检修维修进行技术培训。

3．事故处理

（1）事故定性

依据《某市地铁运营有限公司运营事故处理规则》第 19 条第 1 款规定："A1.中断正常运营20 分钟"，此事故定性为 A 类一般事故。

（2）绩效考核

一是对地铁公司所属线路公司在全公司范围内进行通报批评。

二是按照《某市地铁运营有限公司运营事故处理规则》第 65 条第 1 款规定："1. 在公司下达的折算 A 类一般事故控制指标范围内发生的事故，每起折算 A 类一般事故扣减责任单位当月安全风险工资总额的 15%"，对线路公司进行绩效考核，扣减安全风险工资 40 万元。

三是责成线路公司对相关责任人按规定进行绩效考核。

4．整改措施

针对暴露出的对新工艺、新设备、新材料等风险认识不足的问题，制定整改措施如下。

（1）立即停止在区间隧道存放物料，即刻对轨行区范围内料具进行清理，排查整改类似安全隐患。并组织梳理、修订相关施工作业管理制度，制定区间隧道内施工作业所需物料存放管理规定，防止类似事故再次发生。

（2）组织技术人员针对新工艺、具有新特性的设备设施的维修维保进行培训，重点学习钢弹簧浮置板道床工艺、特性、检修维修等技术知识。

（3）加大对施工现场的检查力度和监督，对在施工程的前期准备工作加强检查和控制，进一步强调施工作业"精、细、实"的工作原则。

（4）进一步加强现场值守力量，公司两级机关人员早晚高峰期间到车站值守，确保突发事件及时、有效上报及处置。

（案例来源：百度文库 某市地铁事故案例汇编）

📖 任务评价

任务评价表

学习内容	项目 4 行车安全管理	姓名	
	任务三 作业安全	学号	
	评价要素	分值	考核得分
	（1）能正确复述车站作业的任务与要求	20	
	（2）能复述调车作业安全的一般规定与作业内容	20	
	（3）能说出工程施工安全内容、与基本方法	20	
	（4）能与组员协作、高质量完成学习汇报	20	
	（5）能专注听取同学的汇报	10	
	（6）能虚心接受老师或同学的评价	10	
	总体得分	100	
	教师评语：		

复 习 思 考

一、单项选择题

1. 外单位施工作业人员进出车站必须提前与车站行车值班员联系，于关站前 15min 凭（   ）进站。

    A．施工作业令   B．施工作业证

    C．施工作业令和施工作业证   D．施工作业令和车站出入通行证

2. 突发性人潮导致站台拥挤时，巡视岗立即到站台维持候车秩序，对站厅与站台的楼梯、扶梯处进行第（   ）级客流控制。

    A．一   B．二   C．三   D．全面

3. 发生突发事件、事故、故障时，事故处理主任由（   ）担任，负责组织事件、事故初期的应急处理。

    A．指定人员   B．行调   C．OCC 控制主任   D．车站值班站长

4. 进入正线、辅助线及影响正线行车的施工必须经（   ）同意。

    A．控制主任   B．行调   C．DCC 主任   D．行车值班员

5. 车站客流组织主要由进站客流、出站客流、（   ）三部分组成。

    A．过街客流   B．购票客流   C．换乘客流   D．观光客流

二、判断题

1. 正在检修中的设备需要使用时，必须经检修人员同意。   （   ）

2. 施工作业令是施工请点的凭证，凡编入周计划、日变更计划的施工，施工作业单位都必须领取施工作业令，临时抢修计划除外。   （   ）

3. 进入线路的施工作业不论是否需要封锁站间正线线路，车站值班员均应报告行调，并由行调批准。   （   ）

三、简答题

1. 简述轨道交通换乘站的客流的特点及原则。

2. 简述换乘站客流组织的影响因素。

3. 如何安全有效地做好日常客流组织？

4. 分组讨论并设计各类客流调查表格：组织同学在轨道交通站点进行实际的客流调查，分析调查数据，得出客流调查结果。

5. 分组调研、收集客流数据资料：分析本区域城市轨道交通车站及路网客流的时间、空间分布特征。

6. 什么是城市轨道交通大客流？大客流的分类有哪些？

7. 突发性大客流形成的原因及特点是什么？

8. 车门切除后，站务人员应确认哪些信号？

9. 车门故障司机须做到的前期处置是什么？

项目 5
系统与设备安全

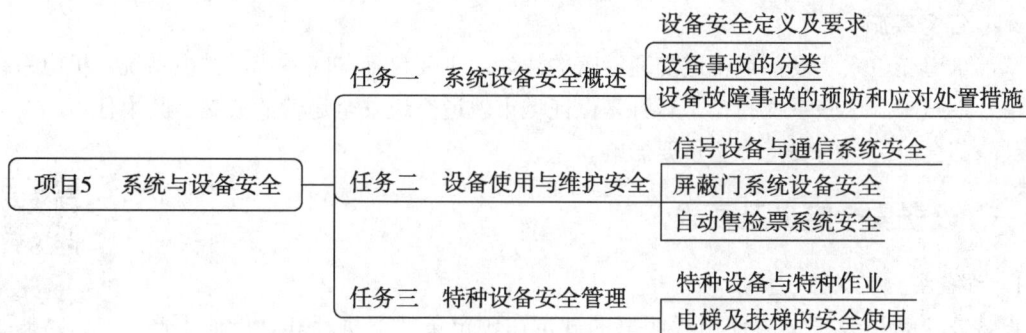
学 习 目 标

📖 **知识目标**

- 能正确说出"设备安全"的基本概念
- 了解设备事故的分类及预防措施
- 能简述典型信号系统设备的安全使用与维护要点
- 能复述屏蔽门系统及设备的组成与故障处理流程
- 能简述自动售检票系统的安全与故障处理原则
- 知道特种设备的类型及特种作业要求

📖 **能力目标**

- 能分析典型信号与通信系统故障及处理方法
- 能分析、判断屏蔽门的故障类型，熟悉处理流程
- 能进行电梯及自动扶梯的故障处理

项 目 导 学

　　城市轨道交通系统作为一个庞大复杂的系统工程，设施设备系统在整个运营过程中存在诸多安全隐患。根据相关数据统计，乘客原因、环境原因、工作人员原因和设备原因是造成运营事故

的主要原因，其中设备原因所占的比例最大。

在我国城市轨道交通运营中，运营时间较长的线路中车辆故障、信号故障的发生概率比较大，这些都是设备因素对运营造成的影响。城市轨道交通设备是轨道交通运营的载体，主要包括机电设备、特种设备等。这些设备的正常运行是保证城市轨道交通安全运营的关键。其中任何一个设备发生故障都会对运营的安全产生重要影响。

本项目将对轨道交通系统与设备安全以及相关的知识进行分析和阐述。

任务一　系统设备安全概述

📖 **任务要求**

通过学习，能够准确陈述设备安全的概念、设备安全的具体安全要求，能理解设备安全管理的不同阶段及各阶段的管理内容。

📖 **任务实施**

城市轨道交通系统设备是轨道交通运营的载体，主要包括车辆系统、供电系统、机电系统、通信信号系统等。这些系统的正常运行是保证城市轨道交通安全运营的关键。其中任何一个系统发生故障都会对运营的安全产生重要影响。

一、设备安全定义及要求

1. 设备安全定义

设备安全是指设备按照使用说明书的规定在预定条件下执行其功能而不产生损伤或危害的能力。

城市轨道交通行业的设备安全是指提供地铁运营条件的各类设备设施处于安全状态，能够按照规则发挥既定的运行功能，保障行车、客运服务、设备设施维护等工作正常进行。

2. 设备安全要求

设备安全应满足 3 个方面的安全要求。

（1）设备设施服务对象的安全。

（2）设备设施使用操作人员的安全。

（3）设备设施自身运行的安全。

二、设备事故的分类

凡是设施和设备的操作人员在工作中因违章操作、失职或设备隐患等原因，造成设备损坏损失达到一定程度，或对列车运行造成严重影响的均属设备事故。

（1）重大事故：因违章操作、失职或设施设备故障等原因造成直接经济损失 30 万元以上。

（2）大事故：因违章操作、失职或设施设备故障等原因造成直接经济损失 10 万～30 万元。

（3）一般事故：因违章操作、失职或设施设备隐患等原因造成直接经济损失 5 万～10 万元。

（4）故障和障碍：因违章操作、失职或设施设备隐患等原因造成直接经济损失 5 万元以内。

📖 **拓展阅读**

城市轨道交通设备安全的重要性

由于城市轨道交通本身具有鲜明特点，轨道交通运营安全除了具有安全问题所拥有的普遍性外，还有其自身明显的特殊性，主要表现为运营安全影响重大、运营安全受外界环境影响大、运营安全涉及面广及运营安全风险大。以上特点就决定了安全必须放在城市轨道交通运营的首要位置。

大量研究表明，乘客原因、环境原因、工作人员原因和设备原因都是造成运营事故的主要原因，其中设备原因所占比例最大。城市轨道交通运营设施设备事故原因分类中可以看出车辆原因、供电原因和信号原因是威胁城市轨道交通系统安全的主要因素，引发原因最多也最复杂；其次是机电系统原因、土建结构原因和线路与轨道系统原因，由土建结构原因和线路与轨道系统原因引发的事故数量虽然比较少，但列车脱轨造成的人员伤亡或者影响旅客正常出行的人数都是很大的，其原因是我们不能忽视的。

城市轨道交通系统作为一个庞大复杂的系统工程，设施设备系统在其运营过程的整个过程中都存在诸多安全隐患。结合我国运营实践，对于运营时间较长的线路来讲，由于客流压力比较大，由车辆引起的故障比较多；对于新开通的线路，由于各个系统处于相互磨合的阶段，发生信号故障和车辆故障的概率比较大，这些体现了设备因素对运营造成的影响；另外，只有对城市轨道交通土建基本设施进行不断的养护维修，才能更好地保证城市轨道交通安全运营以及更好地使其服务于大众。

（文章来源：中国知网《城市轨道交通设备设施安全评价体系研究》任星辰 北京交通大学）

三、设备故障事故的预防和应对处置措施

1. 事故预防措施

针对城市轨道交通设备故障发生的原因，应做好下面 4 个方面的预防工作。

（1）在设计阶段采取降低风险的保障措施

设计阶段是确定城市轨道交通功能、技术指标的关键阶段，设计质量直接决定着城市轨道交通在施工和运营阶段的安全性。在城市轨道交通系统设计阶段，应采取降低事故的措施，主要包括信息系统、行车系统，通信系统、供电系统等设备的安全保障措施，以及线路、路基、轨道、区间隧道、车站、控制中心、停车场等运营设施的安全保障措施。

在城市轨道交通系统的设计阶段，应有针对性地预防事故发生，降低安全事故发生的概率。

（2）查找和治理设备隐患，确保系统稳定可靠

城市轨道交通各个子系统和设备的可靠性、稳定性是运营安全的重要保证。在城市轨道交通运营之前，应当进行设备系统联调联试，对调试中发现的问题要及时进行整改。城市轨道交通运营过程中也要及时检查、维护设备，确保各系统稳定可靠。

（3）引进标准的质量控制体系并严格执行，以提高管理水平

为确保城市轨道交通系统处于良好的运营状态，安全管理工作应实行目标化管理，做到人员配备专业化、业务技能熟练化、设备管理规范化、档案资料标准化、安全管理目标化、安全服务人性化等。同时应制定设备安全管理工作程序，并严格执行。

（4）健全城市轨道交通运营安全管理制度

作为城市轨道交通的运营主体，城市轨道交通运营单位应加大安全管理力度，以强化城市轨道交通运营全过程安全管理工作。

城市轨道交通运营单位必须按照国家的有关规定建立健全安全规章制度，逐级落实安全生产责任制，健全有关安全管理机构，从而实现对城市轨道交通点、线、面安全的综合管理，预防轨道交通事故的发生。

2. 事故应对处置措施

（1）及时报告

发生城市轨道交通设备故障和险情时，车站值班员或列车驾驶员应立即向相关部门或领导报告，保证信息渠道畅通。

应急情况报告的基本原则是快捷、准确、直报、续报。城市轨道交通控制中心是运营的指挥中心和信息收发中心，应及时向全线通报运营信息，晚点、清客、越站、停运等信息还要通过车站和驾驶员向乘客告知。对城市轨道交通运营有一定影响的事故，应向相关部门报告，以取得其配合和支持。

对城市轨道交通运营有重大影响的事故，应通过有关部门向地方政府报告。

（2）正确处置

在发生城市轨道交通险情、故障时，首先应保证乘客快速、及时疏散，这是城市轨道交通安全体系中最为重要的内容。城市轨道交通运营工作人员应根据规章制度和应急处理预案迅速判断并正确处理。在险情和故障排除后，应当及时检修设备，彻底消除安全隐患。

（3）合理调整

在处理城市轨道交通设备故障和突发事件时，城市轨道交通运营单位应根据实际情况，科学合理地调整列车运营，最大限度地减少影响，尽快恢复运营服务。

（4）有效分析

在发生城市轨道交通设备故障事故和险情后，应进行及时有效地分析、总结和处理，坚持从管理上找原因、查漏洞、定措施，通过分析查找原因、整改隐患、完善规章、改进管理，防止同类事故再次发生。

📖 **拓展阅读**

城市轨道交通运营设备设施安全评价

随着我国城市轨道交通的快速发展，城市轨道交通运营的安全性越来越受到重视。通过对近几年国内外城市轨道交通运营事故的统计分析，由设施设备原因造成的事故占主导地位，可见设施设备因素已经成为制约运营安全水平提高的重要因素。

城市轨道交通设施设备的自身故障是城市轨道交通重大运营事故发生的一大原因，城市轨道交通在投入运营后，设施设备本身在运营过程中不断老化，新设备设施使用也需要一定的调试和磨合，这些因素会不可避免地造成系统自身出现故障。设备故障尤其是信号和车辆等关键运营设备的故障极易造成重大运营事故。线路和轨道系统出现故障，如道岔伤损、道床伤损、轨枕伤损、接触网伤损和钢轨断裂等均可能导致列车脱轨，各种电气设备出现故障如短路、漏电、过载而产生电弧、电火花，就有可能引起火灾，这也是地铁火灾事故中电气火灾所占最大比例的原因。

基于城市轨道交通运营设备设施中安全问题的重要性，可以把城市轨道交通设施设备在运营中的安全风险作为研究对象，通过研究构建城市轨道交通运营设施设备系统安全评价体系，针对设施设备常见故障和事故进行相关评价，并对系统薄弱环节加强监控，提出相应的风险控制措施，使得运营过程中由设施设备安全风险造成的事故率降到最低，最大限度地保证运营安全。

安全评价的意义在于能够有效地减少财产损失和人员伤亡，预防事故发生。与日常安全监督监察和安全管理工作不同，安全评价从负效应出发，论证、分析和评估由此产生的伤害和损失的可能性、严重程度、影响范围以及应当采取的控制措施，从而降低城市轨道交通设施设备的事故发生概率，提高安全性。

（文章来源：中国知网《城市轨道交通设备设施安全评价体系研究》任星辰 北京交通大学）

📖 **任务评价**

任务评价表

学习内容	项目 5　系统与设备安全		姓名	
	任务一　系统设备安全概述		学号	
评价要素			分值	考核得分
（1）了解设备安全的定义			20	
（2）能复述设备安全的基本要求			20	
（3）能简述设备安全事故的等级划分			20	
（4）能高质量完成学习汇报			20	
（5）能专注听取同学的汇报			10	
（6）能虚心接受老师或同学的评价			10	
总体得分			100	

教师评语：

任务二　设备使用与维护安全

📖 **任务要求**

通过学习，能够准确陈述常见设备安全主要内容。了解各类设备安全使用及操作相关要求，掌握各种常见设备故障处理方法，具备发现、分析、处理设备事故的初步能力。

📖 **任务实施**

一、信号设备与通信系统安全

（一）信号设备安全

轨道交通列车运行的过程中，信号系统是保证其安全行驶的关键。信号系统是否安全关系到整个运营的安全，更关系到每个乘客及工作人员的安全。对于信号设备的安全使用和检修工作是设备安全工作中的重点。

信号系统设备包含有轨道电路、信号机、道岔、转辙机、计轴器、应答器等。各种设备的安全使用和检修都必须按照相关规范、标准执行。下面以道岔的检修为例进行说明。

道岔是一种使机车从一条股道驶入另一条股道的线路连接设备，如图 5.1 所示，可以使列车根据一定的技术条件来变更行驶线路，充分发挥线路的通过能力。而在车辆段、停车场等场所，借助道岔的大量铺设，可以保证列车完成大量的调车、编组、接车、发车等复杂作业。

道岔上，存在着一些普通轨道上没有的作业复杂条件，既有机械因素，又有

道岔的维护
与检修安全

电气方面的因素。机械方面主要指固定辙叉存在轨线中断，尖轨、护轨和翼轨的冲击角远远大于曲线轨道，道岔区轨道的竖向和横向刚度变化远远高于普通轨道等。机车车辆在通过道岔时，轮轨间的作用力也比普通线路高很多。因此，道岔的养护工作量要比同等长度的一般轨道多，而道岔主要部件的使用寿命也比普通轨道短。

从电气方面来说，电动转辙机本身存在大量复杂的电气控制环节。多组道岔的转辙机之间、与其他信号设备（如轨道电路、计轴器、信号机）、进路之间存在大量复杂的联锁关系。停车场、车辆段咽喉处的道岔更是需要频繁地动作。

由于这些原因，道岔始终被认为是轨道的一个薄弱环节，并且往往是影响行车安全和限制行车速度的主要原因之一，也是通常将道岔的维护检修作为安全工作重点的原因。图 5.2 为工作人员在检修道岔设备。

图 5.1　线路上的道岔区

图 5.2　工作人员在检修道岔设备

（1）道岔中的危险源

如图 5.3 所示，道岔在结构上存在着危险源。道岔包含机械部分与电气部分。机械部分包括基本轨、尖轨、辙叉心、翼轨、护轨和连接杆等，这些机械部件都是坚硬的钢铁，有些部分十分尖锐，工作人员稍有不慎跌倒，就有可能受伤。在其上行走时若不小心，可能被绊倒、刺伤、卡住，非常危险。

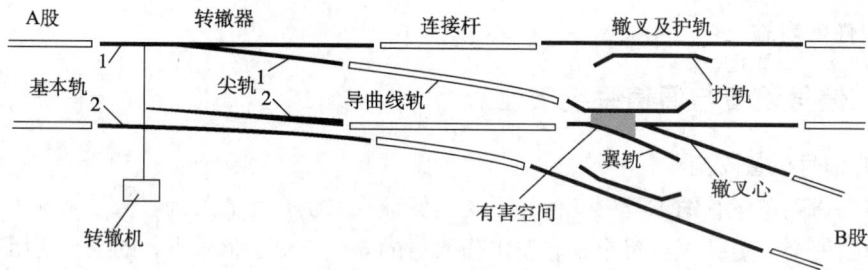

图 5.3　单开道岔基本结构

工作中，道岔的尖轨会在转辙机的控制下来回移动，尖轨与基本轨之间的挤压力都在数千牛顿，这是人体的肌肉和骨骼都无法承受的，如果不慎在道岔操动时将肢体卡入尖轨与基本轨之间，会造成非常严重的伤害，甚至残疾。

道岔的电气部分最典型的设备就是转辙机，图 5.4 所示为 S700K 型转辙机内部结构。

转辙机是将电能转化为机械能，用来拖动道岔的尖轨，以此实现开通不同股道的一种机电设备。转辙机的动作杆和表示杆工作时会进行水平轴向的直线运动。转辙机内做机械运动的部件可能会给人造成击打、挤压等机械伤害；转辙机内部的若干电线，有的接通表示电路，带有 220V

的交流电压；有的接通动作电路，会带有 220V 的直流电压或者 380V 的交流电压。在操动道岔时，动作电路中会有 1.0～1.5A 的电流，若不穿戴好安全防护用品就作业会受到触电伤害，十分危险。

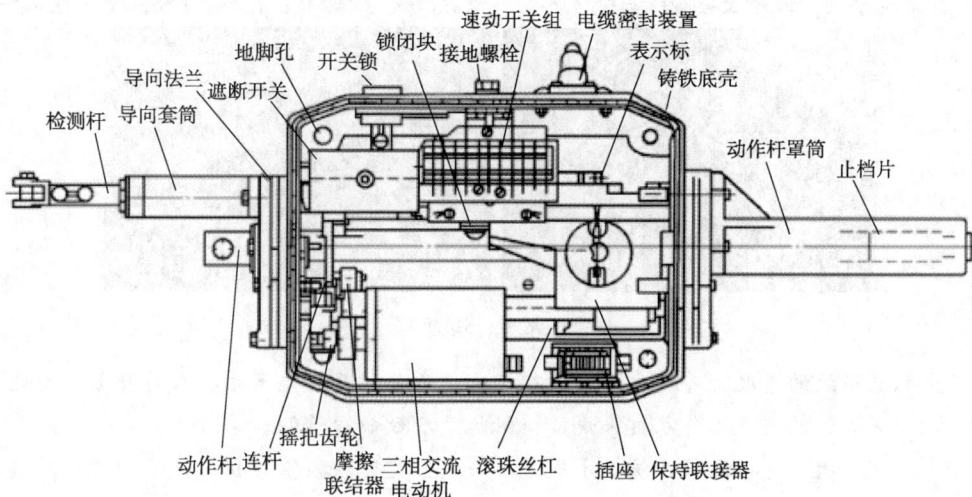

图 5.4　S700K 型转辙机内部结构

在检修道岔时，还有可能距离接触轨很近，有可能有列车要经过，有可能与其他作业班组存在时间或空间上的冲突等，这些危险源都需要在作业前考虑到、在作业中关注并留意、在作业后要进行总结。

（2）道岔的安全检修作业

检修作业当天，检修工作人员必须全部参加班前会，认真听取班（组）长的工作安排、安全交底、技术交底等指示，并指定专人对班前会的内容进行记录。

作业开始后，在道岔检修作业现场需设置防护区域。

① 检修作业防护遵循谁设置谁撤除的原则，实行"自控、互控、他控"。

② 检修作业必须按施工管理规定设置安全防护。施工负责人应检查落实施工作业的安全防护措施，确保防护到位，杜绝安全隐患，确保施工作业安全。

③ 检修作业人员必须按要求穿荧光衣、绝缘鞋，并根据作业性质及作业要求使用其他安全防护用品。

④ 站内道岔检修时，应由施工负责人（或由其指定专人)在车站两端墙外轨道中央的道床上设置红闪灯防护，检修站间道岔工时由施工负责人（或由其指定专人）在作业区域外的两端轨道中央的道床上设置红闪灯防护，如果两端车站在靠近作业区域一侧的端墙看不清红闪灯，站务人员负责在靠近作业区域一侧的端墙处站台上设置红闪灯防护。

在检修作业结束之后必须召开班后会，对本次检修作业情况进行总结、记录测试数据、填写工单、登记缺点、整理工器具与材料等。

📖 拓展阅读

接触轨维护作业安全

接触轨是将电能传输到地铁车辆上的牵引系统装置，如图 5.5 所示。接触轨平行地安装于列车行进线路的左侧或右侧，当列车在线路上行进时，从列车的转向架上探出的受流器通过集电靴与接触轨接触而获得电能。

接触轨维护
安全

接触轨的材料性能要求很高：①要有很高的电导率，高电导率的材料制成的接触轨可以使电压降及牵引耗能成比例下降，增加供电距离，适当减少牵引变电站数目；②要求接触轨的不锈钢接触面光滑、耐腐蚀、耐磨耗，以延长接触轨与受流器的寿命；③要求接触轨材料质量轻，便于施工安装。

图 5.5　接触轨

从发生触电事故的情况上看，主要发生在车辆运用、维修与电网维护人员身上，因此对于经常要进入轨行区工作的地铁工作人员来说，接触轨是有致命危险的。

根据《城市轨道交通接触轨系统技术规范》关于"接触轨检修维护"方面的规定，接触轨设备应当按照一定的检修周期进行维护、清扫、小修和大修，在进行接触轨的维护作业时就需要掌握一些基本的安全规程。

1．接触轨安全距离规定

（1）走行安全距离规定

人员及所持物件与接触轨带电体的距离不得小于 700mm。

困难情况下不得小于 350mm，且必须采取以下安全防护措施：①地面必须清晰标识安全走行线路；②设置专职的安全监护人员。

特别困难情况条件下（距离<350mm），必须加设固定或移动绝缘挡板，并确保人员及所持物件不得越过绝缘挡板的有效防护范围。

（2）作业安全距离规定

接触轨不停电或停电但不挂设地线的作业，人员及所持物件与接触轨本体的距离不得小于700mm。

2．安全警示标志

（1）接触轨防护罩上标识高压危险警示标志，警示标志间隔不大于 20m。

（2）车站端墙处、下轨梯处及其他可能进入接触轨区域的位置须张贴"接触轨有电、当心触电"等警示牌。

（3）接触轨区域的围网（围墙）上须悬挂"严禁攀爬""当心触电"等警示牌。

（4）试车线工作门、运用库人行通道入口处须设置《安全须知》告示牌；客车车门上张贴"接触轨有电，请勿跳下轨道"等标志。

（文章来源：陈文举《城市轨道交通安全技术》）

（二）通信系统安全

城市轨道交通通信系统是城市轨道交通系统的核心，它能够在保障列车运行安全的前提下，满足运营性能的要求。城市轨道交通通信系统设备是城市轨道交通的主要技术装备，它担负着指挥列车运行、提高线路通过能力和保证列车运行安全的重要任务。城市轨道交通主要任务是准时、安全、高密度、高效率地运送乘客，因此须采用可靠的列车运行控制设备来指挥列车，以确保运营安全。

1. 系统简介

城市轨道交通通信系统的核心是列车运行自动控制系统（ATC），它是列车运行的控制和指挥系统；ATC 系统由列车自动监控（ATS）子系统、列车自动防护（ATP）子系统和列车自动运行（ATO）子系统组成。ATS 系统根据列车时刻表对列车运行进行自动监控，并实现列车运行的自动调整；ATP 系统能够自动控制列车运行间隔和超速防护，是保证列车运行的重要安全设备；ATO 系统在 ATP 系统的基础上实现列车的自动驾驶，对列车运行曲线进行优化，并在车站站台准确停车。

2. 通信信号系统各子系统的安全性

（1）列车自动监控（ATS）系统的安全措施

在控制中心设立两套 ATS 系统，互为热备份，即其中一个系统在线时，另一个系统也在不断地更新数据信息，当出现故障需要切换时，热备份系统在很短时间内完成对轨旁信息的扫描，从而保证系统获取最新数据。

控制中心 ATS 主机与车站 ATS 设备间采用双通道（主、备）或环路方式构成系统，以保证在某点或某段通信信道发生故障时，系统仍能正常工作。

当系统中某些单元出现故障或在运营过程中出现异常情况时，系统具备降级运行的功能，由调度员人工介入设置进路，对列车运行进行调整，如在车站可以完成自动进路调整或根据列车识别进行自动信号控制。

当列车运行偏离运行图时，系统自动生成调整计划或自动调整列车的停站时间、区间运行时间。当偏离误差较大时，可由调度员人工介入，指定列车的停站时间和区间运行时间，或对系统运行图进行实时调整。通过列车识别（Positive Train Identification，PTI）功能装置能自动完成全线监控区域内的列车跟踪（服务号、目的地号、车体号、车次号）。

ATS 系统中有和环境与设备监控系统（BAS）相关的数据，当列车阻塞在区间隧道时，ATS系统除采取相应的停车措施并修改运行图及显示外，还向 BAS 发送区间堵车信息，启动隧道风机及联动风阀等环控设备进行机械通风，为列车空调系统提供所需的空气冷却能力和进风量，维持列车内部温度，向疏散乘客提供足够的新鲜空气。

（2）列车自动防护（ATP）系统的安全措施

系统采用双侧网络、全冗余工作方式。网络各设备均配置冗余接口、热备份，保证任意网络通道或网络节点发生故障时，系统仍然可以正常工作。

采用编码冗余技术。编码软件禁止使用条件循环语句，以免出现死循环现象，并且规定无论控制编码是否变化，编码控制程序每周期连续输出；若出现中断输出，则低频码源倒向安全侧。

对数字轨道电路（Digital Track Circuit，DTC）系统中故障率较高的设备双备份，如发送/接收板、功放板、通信板都采用并行热备份方式，只要有一路工作正常，即可完成监控中心与 DTC系统的信息交换任务。

为弱化、消除牵引电流等强信号对 DTC 系统工作稳定性的严重影响，除在电路设计中根据部件的承受能力分级设计防冲击电路，同时增加 DTC 信号能量以提高信噪比外，还可以采用数字信号处理方式来提高系统的抗干扰能力。

（3）列车自动运行（ATO）系统的安全措施

列车运行速度超过限制速度时，ATO 系统显示并报警，通过 ATP 系统车载设备对列车实施制动。ATO 系统控制列车按照运行图运行，一旦 ATO 系统出现故障，立即转为人工驾驶。为保证数据的可靠性，实时速度和控制器数据、车门控制等信息采用循环方式传送。出站启动前具有安全检查措施，与车辆接口可靠连接，确保系统安全的工作环控系统安全管理。

📖 **案例分析**

×××铁道公司列车出轨事故

1. 事故概况

2005 年 4 月 25 日日本时间上午 9 时 20 分，位于×××市的×××公司×××到×××车站之间的一处弯道（曲率半径约 300m），一列隶属×××公司的通勤电车，在速度限制 70km/h 的急转弯处出轨，冲入距出轨点 60m 远与轨道距离 6m 的一栋九层公寓楼，两节车厢严重扭曲变形，车上乘客死伤惨重。

2. 事故后果

事故造成列车五节出轨，第一节车厢冲入大楼（距离轨道 6m）的一楼停车场，第二节车厢紧贴大楼边缘并严重扭曲变形，挤压成正常宽度的一半。事故列车共搭载约 580 名乘客，死亡人数达 106 名，另 458 人轻重伤，为日本铁路史上严重的惨剧。

3. 事故原因分析

（1）司机赶点超速（最可能原因）。出轨地点的限速为 70km/h，而事故列车当时的行驶速度达 100km/h（列车数据纪录），且事故发生的列车信号控制系统比较老旧，列车超速行驶不会自动制动保护。事发前，该列车在伊丹站停靠超过预定停车位置 40m，司机将列车后退开门让乘客上下车，列车延误 1 分 30 秒。司机有可能为赶点而超速行驶，也可能为减速起动紧急制动，造成车厢失去平衡而出轨。

专家表示，事发地点弯道行驶速度需达 133km/h 以上才有可能出轨，故不排除尚有其他原因同时存在。

（2）轨道因素。

① 轨道上有障碍物。出事路段的轨道上发现粉碎痕，疑似车轮碾过碎石的痕迹，也可能轨道上摆石头或硬物。

② 轨道出现的问题。轨道弯道段无护轨装置也可能是导致列车出轨的原因。

4. 事故启示

（1）采用 ATC 系统，当车辆本身或信号系统检测到运行速度超速时，会做出惰行或紧急制动，保障列车安全运行。

（2）加强列车司机的安全教育，杜绝任何超速驾驶行为的发生。

（案例来源：百度文库）

二、屏蔽门系统设备安全

轨道交通屏蔽门系统是典型的机电一体化设备，其沿站台边缘布置，将车站站台与行车隧道区域隔离开，降低车站空调通风系统的运行能耗。同时减少列车运行噪声和活塞风对车站的影响，防止人员跌落轨道产生意外事故，为乘客提供舒适、安全的候车环境，提高地铁服务水平。城市轨道交通屏蔽门分为封闭式、中全高式和半高式，其中全高式和半高式通常被叫作"安全门"，起到安全和美观的作用。封闭式的通常才被称为"屏蔽门"，也是最常用的一种。

屏蔽门系统及安全

图 5.6 为屏蔽门，屏蔽门系统是一个复杂的机电系统。

屏蔽门将候车空间与隧道空间完全隔开，主要应用于城市轨道交通地下车站，保证乘客乘车安全性，同时提高地铁运营的经济性。

图 5.6　屏蔽门

（一）屏蔽门的结构

屏蔽门系统由机械部分和电气部分构成，具体如图 5.7 所示。

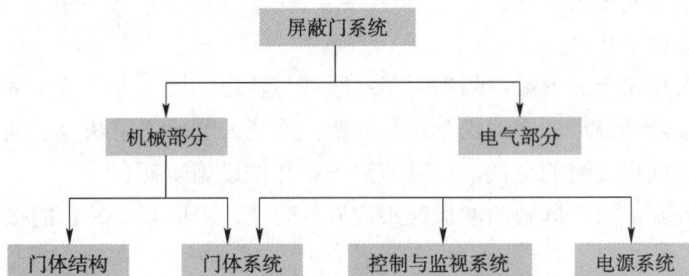

图 5.7　屏蔽门系统的总体构成

一个站台屏蔽门由若干挡屏蔽门组成，每一挡屏蔽门机械部分均包含以下部分。

① 钢架结构：顶部连接件、顶箱、自动伸缩装置、绝缘件等。

② 屏蔽门单元：固定门、滑动门、应急门等。

③ 底部支承结构：底部支撑件、门槛、绝缘件等。

图 5.8 为屏蔽门的门体结构组成示意图。

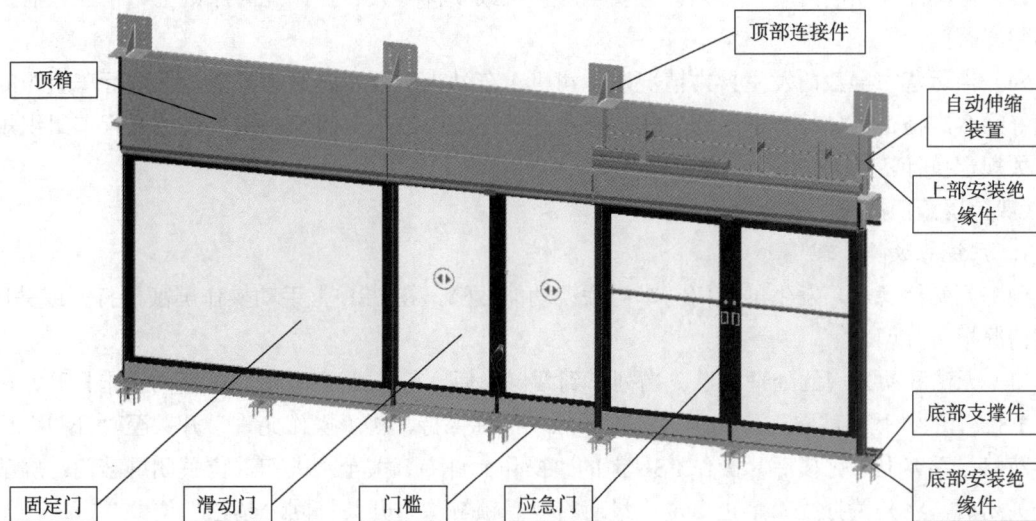

图 5.8　屏蔽门的门体结构组成示意图

屏蔽门控制系统主要由中央接口盘（PSC）、就地控制盘（PSL）、门控单元（DCU）、通信介质及通信接口及外围设备等组成。中央接口盘（PSC）又由主监视系统（MMS）、两个单元控制器（PEDC）、接线端子、接口设备及控制配电回路组成。

典型站配置一个中央接口盘（PSC）、两个就地控制盘（PSL）、每扇滑动门一个门控单元（DCU）。

（二）屏蔽门的设置与作用

新型轨道交通车站一般都安装有屏蔽门系统，设在站台边缘的有效站台长度范围内，以有效站台中心线为基准向两端对称布置，将列车运行区域与站台区域隔断，其滑动门与列车的车门相对应。

当隧道内无列车及列车在区间运行时，车站屏蔽门处于关闭状态，列车进站停稳后，通过司机一人操作，列车门开启、屏蔽门打开。为保证动作可靠，屏蔽门自动打开后，列车不能移动，直到接收到关门信息才能动车。待乘客上下车完毕，仍由司机一人操作，列车门关闭后，屏蔽门随即自动关闭，列车才能驶离车站。

屏蔽门的作用有以下几种。

（1）保证乘客人身安全。屏蔽门隔断了车站区域与轨道区域，可以防止乘客掉落轨道。

（2）节约能源，降低噪声。在地铁车站，屏蔽门系统的隔断作用减少了列车在隧道内运行带来的冷气流与站台区域热气流的交换，可以节约车站环控设施能耗。

（3）节省人力资源。由于屏蔽门能保证乘客人身安全，可以减少站台的接发列车人员，大大节省了人力资源。

（三）屏蔽门故障应急处理原则

（1）发生屏蔽门故障时，要按照"先通后复"的原则进行处理。在保证安全的前提下，车站人员要尽快处理，及时向司机显示"好了"信号。司机在确保安全的情况下按时刻表的要求行车，确保站台乘客人身安全，列车准点运行。

（2）需要人工手动打开单个或几个屏蔽门时，车站必须征得行调同意，先将门隔离和关闭电源，并密切注意站台PIS屏显示的列车到站时间。当显示"列车即将到达"信息时必须停止操作。

（3）对不能关闭的滑动门必须设置安全防护栏或安排专人看护，此时原则上每个人只监护5档相邻屏蔽门。

（4）当运营中屏蔽门发生异常情况时，司机、车站人员要及时进行处理，做好行车组织的同时做好乘客广播、引导等客运组织工作。应急处理过程中的行车组织必须严格按照行车组织规则的有关规定执行。

（四）屏蔽门故障的安全处理

1. 系统级故障处理

列车到站停稳后，发生屏蔽门与车门联动功能故障，在PSL上手动操作屏蔽门打开或关闭，并将情况报告行调。

（1）无法联动开门的处理方法。当列车到站停稳后，车门打开5s后，屏蔽门仍未打开，司机操作PSL上的"互锁解除"开关至"互锁解除"位并保持，再"操作允许"开关至"开门"位打开屏蔽门；乘客上下完毕后，操作PSL上的"操作允许"开关至"关门"位关闭屏蔽门；屏蔽门完全关闭后，将开关打回"禁止"位；最后将"互锁解除"开关打回"禁止"位。

（2）无法联动关门的处理方法。当按压关门按钮后，车门关闭5s后，屏蔽门仍未开始关闭，司机操作 PSL 上的"操作允许"开关至"关门"位关闭屏蔽门；屏蔽门完全关闭后，将开关打回"禁止"位。

（3）若列车运行到前方站停稳后，仍发生屏蔽门与车门联动功能故障，可视为车辆原因引起故障，由列车监控司机负责屏蔽门的开关操作，协助司机瞭望进路，监督客车司机按规定速度运行。

（4）若后续列车到达该站时同样发生屏蔽门与车门联动功能故障，则视为车站原因联动故障，由司机操作屏蔽门开关，若无法开关，需要接、发车时，则由站务人员打开"互锁解除"，保障列车能够以正常模式进出站。

（5）如故障处理过程中需保持屏蔽门常开，可能会对乘客造成危险，车站应做好安全防护，并由车站根据站台客流量、站台秩序及车站控制能力做好现场控制，确保现场安全。

此类故障应在 30s 内完成应急操作，从而保证准点运行。

2. 车站级故障处理

单对或多对屏蔽门（3 对包括 3 对以上为多对屏蔽门，以下简称多对屏蔽门）无法正常开关，在处理故障屏蔽门时，首先必须确认故障屏蔽门单元关闭锁紧，再进行相应的处理。

（1）单对或多对屏蔽门无法正常开关具体处理程序及处理方法

单对屏蔽门故障的旁路操作程序：站台岗用屏蔽门专用钥匙将故障门门头模式开关打到"手动关"位置并保持，直至故障门单元关闭，在门体上张贴故障贴纸，报维修调度，对被旁路的故障门加强监视。

若故障屏蔽门不能就地关闭，则人工关闭该故障门，关闭锁紧后将门头模式开关保持在"手动关"位，且每次列车动车前防护人员须确认站台安全后向司机显示"好了"信号。

单对屏蔽门故障的旁路操作应在 90s 内完成，保证列车按时刻表运行。

多对屏蔽门故障或其他需旁路屏蔽门的操作程序（如屏蔽门关闭后仍有门头灯闪烁或 ASD/EED CLOSED 指示灯不亮限制正常发车等）：站务人员到站台相应 PSL 处按照规定准备打"互锁解除"，站台岗在故障屏蔽门附近加强监护（若站台有多对位置屏蔽门不能关闭时，车站须根据情况安排多人进行监护）。

当某个车站发生 PSL 开关门失败时，由行调通知故障车站和后方车站启动整列屏蔽门故障应急处理程序，按照规定操作"互锁解除"开关，屏蔽门故障站及其后方站应做好联系，配合好相关工作，同时站台岗负责列车进站时的站台安全防护。

车门、屏蔽门关闭后，站务人员确认站台安全后，司机凭站台人员"好了"信号及地面信号或车载信号动车，站务人员凭站台"好了"信号并按照规定操作"互锁解除"开关。

多对屏蔽门故障的旁路操作应在 180s 内完成，保证列车按时刻表运行。

（2）安全回路故障应急处理方法

在屏蔽门完全关闭的前提下，列车在正常运行中无法进站、出站或在进出站过程中出现紧急制动则视为安全回路故障。发生安全回路故障时，站务人员到相应 PSL 处打"互锁解除"开关保证列车正常运行。

车门、屏蔽门关闭后，站务人员确认站台安全后，向司机显示"好了"信号，站务人员凭站台"好了"信号按照规定操作"互锁解除"开关。司机凭站务人员"好了"信号及地面信号或车载信号动车。

安全回路故障应急操作应在 90s 内完成，保证列车按时刻表运行。

（3）门玻璃破裂或破碎故障的处理

如果列车准备进站，站务人员则可启动站台紧急制动按钮，并报告行调。站务人员应将故障门处于旁路状态并保持关闭，并将相邻的滑动门保持常开以泄压，同时指派站务人员在故障站台站岗监护，以防止乘客或物品掉入轨道。

列车准备出站时站务人员应确认站台安全后显示"好了"信号指示司机动车。若门玻璃破裂，站务人员应立即报行调，并及时在整张破裂玻璃表面粘贴透明胶纸，防止门玻璃突然爆裂。一般先横向粘贴，再纵向粘贴，粘贴时要从玻璃的边缘粘起。

若门玻璃已破碎并下掉，站务人员应在10min内将破碎玻璃清理完毕，防止玻璃碎片掉入轨行区。站务人员尽快贴上警示标志，在故障门前设置好围栏，恢复正常运营；车站站务人员应保护好现场，协助维修部门进行维修和事后查看录像。故障屏蔽门修复后，在不影响列车正常进出站的前提下，由维修人员对故障门单元做一次开关门试验，必要时对相应侧的屏蔽门进行一次开关门试验。局部故障恢复后注意观察、检查整体功能情况。

屏蔽门玻璃破裂应在30min完成行故障应急处理，保证乘客安全。

📖 案例分析

屏蔽门事故分析

案例一

2007年7月15日下午3时30分，×××地铁1号线体育馆站的站台上，一名30多岁的男乘客在蜂鸣器响与屏蔽门灯光频闪的情况下挤车，被卡在列车与屏蔽门中间，并在列车启动后受挤压坠落隧道身亡。事故发生后，车站立即拨打急救电话，这名男子送往医院前已经死亡。

事故分析

事件中列车蜂鸣器与屏蔽门灯光已经发出警示，列车即将开动，这种情况下乘客仍强行上车，但又未能挤进车厢，而此时屏蔽门已经关闭，列车正常启动。可以了解到该时段地铁内相当拥挤，但该名乘客严重缺乏安全意识。（车门、屏蔽门联动开始关闭，"灯闪铃响"，但乘客仍然违规冲门，强行登车，后果严重。）

案例二

2014年11月6日晚6时57分，×××地铁5号线×××站一女性乘客在乘车过程中卡在屏蔽门和车门之间，列车启动后掉下站台，车站工作人员立即采取列车紧急停车和线路停电措施，迅速将受伤乘客抬上站台，由120急救车送往医院。该乘客经医院全力抢救无效后死亡。

事故分析

资料显示事发时正值APEC会议期间，地铁乘客明显增多。由于节假日或地铁周边举行大型活动造成地铁客运量骤增，但地铁应急防范措施不到位（车站相关负责人未能根据相关客流数据进行大客流预测及制定相关应急处置程序），这给事故的发生埋下隐患。

以上案例事故都造成了乘客死亡，后果十分严重。在轨道交通运营中，站台屏蔽门的安全功能不容置疑，但人员的不当行为以及相关安全工作措施不到位，是令人遗憾的。具体有以下几点需要关注。

（1）当列车到站停靠时，安全门和车门几乎同时开启、同时关闭。由于地铁列车停靠时间短（一般在20s，大站在30~40s之间），如果乘客被卡在安全门与列车之间，后果严重。

（2）在使用屏蔽门时，会因为检查不仔细而未能及时发现屏蔽门本身的故障（如钢架结构变形、密封材料松脱、固定门变形、松动脱落、应急门门锁失灵等），造成人员伤亡。

（3）站台工作人员在已发生故障的屏蔽门处，未能及时设置故障提示或是在屏蔽门故障处提醒乘客。

（4）在大客流情况下，乘客不按照"先下后上"的原则，造成车门处的拥挤。在车门关闭时极可能会有乘客被夹在屏蔽门与车门之间的缝隙里，如未能及时发现会威胁乘客生命安全。

防范措施

（1）加大对屏蔽门系统的检查力度，不忽略细节，让事故消灭在萌芽状态，使屏蔽门系统能够安全可靠地服务于地铁、服务于乘客。

（2）发现故障应立即排除或是在故障处放置警示标志，提醒乘客注意安全。

（3）站台工作人员在列车即将到站时提醒乘客不要靠近车门，上下车时注意"先下后上"。

（4）在屏蔽门和车门之间加装照明设备和警报装置，避免乘客伤亡。

（5）完善安全系统和警示装置，可采用红外线探测装置解决目前地铁屏蔽门系统发生夹人事故的问题；也可在即将关闭屏蔽门时，发出蜂鸣声，同时进行语音提示"屏蔽门正在关闭，请勿上下车"等。

（案例来源：百度文库）

三、自动售检票系统安全

城市轨道交通自动售检票（Automatic Fare Collection，AFC）系统是由自动售票、自动检票和自动统计、结算的一系列设备所构成的系统，是集机械、电子、计算机应用、网络管理、通信传输、票务政策及票务管理等功能于一体的控制系统和信息管理系统。

AFC 系统综合各项技术，实现购票、检票、计时和统计分析的综合智能化信息管理，其系统及设备的安全性对轨道交通票务工作、运营安全和乘客支付安全都有至关重要的意义。图 5.9 为自动售检票设备。

（a）自动售票机　　　　　　　　　　　　（b）自动检票机

图 5.9　自动售检票设备

1. 自动售检票系统的架构

城市轨道交通自动售检票（AFC）系统原理结构图如图 5.10 所示。

其根据功能一般可分为 5 个层面。

第一层为车票层，车票作为乘客乘车凭证，在进出付费区时于车站终端设备上检票。

第二层为车站终端设备层，车站终端设备层处于轨道交通 AFC 网络系统中的第二层，和上层的车站计算机相连，同时直接售卖和处理车票。

第三层为车站计算机层，为运行在线路上的各车站 AFC 计算机系统层，车站计算机系统是车站 AFC 设备的管理控制中心，负责车站内所有设备的运营管理、车站设备的工作状态监控、车站设备数据的采集和车站级的处理。

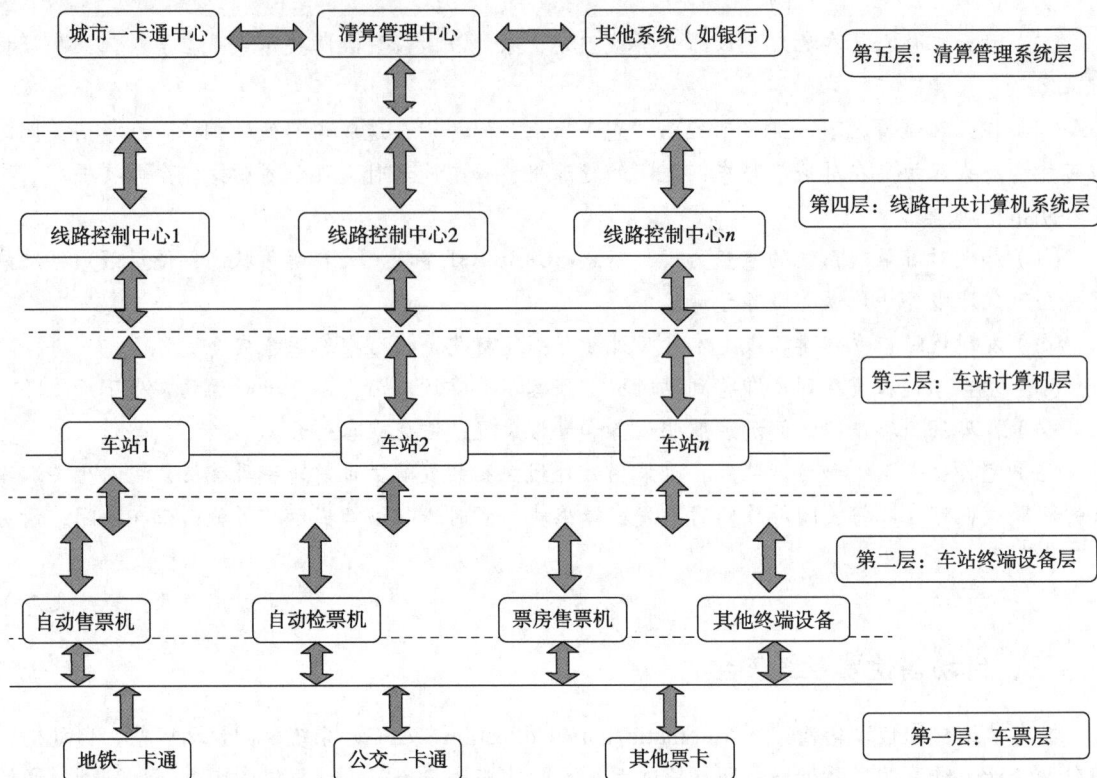

图 5.10　AFC 系统原理结构图

第四层为线路中央计算机系统层，中央计算机系统是线路 AFC 系统的控制中心，负责线路内 AFC 的综合管理，包含运营管理、设备管理与监控、票卡调配、数据采集及分析等。

第五层为清算管理系统层，在一个城市有多条地铁线路同时运营的情况下，一般在 AFC 中央计算机系统之上建有城市轨道交通清算管理系统层，负责线网内各 AFC 系统的集中数据处理与运营监控，制定 AFC 线网级运行参数，负责线路间运营收益的清分，为 AFC 系统提供统一的外部系统接口。

2. 自动售检票系统故障处理原则与措施

（1）故障处理原则

为确保 AFC 系统安全、稳定、高效地运行，使 AFC 系统的运营及维修工作有章可循、有章必循，在 AFC 系统轮值人员的统一调度下，AFC 系统维修人员应及时、有效地处理系统设备故障，提高设备可用率，减少或杜绝系统运行及维修事故，保障乘客、员工及设备的安全。事故处理原则如下。

① 当 AFC 系统发生故障时，要积极采取措施，迅速抢救，尽快使系统恢复运营，尽量减少故障及对运营的影响。

② 在发生事故与设备故障后，AFC 系统调度和有关人员须首先判断其性质、影响范围，并尽快隔离故障设备；然后按事故轻重缓急程度组织和实施抢修，以尽快使设备恢复正常运行。

③ 对影响较大的重要设备的损坏，各级相关人员必须立即判断事故性质、影响范围，并立即将该设备隔离，尽快采取措施减少其对正常运营的影响；对发生的人身伤亡事故，按照运营的相关规定进行处理。

④ 所有事故的处理应尽快完成，一般在事故发生的运营日内进行处理，不得拖延至下个运营日。

（2）故障抢修组织及其处理措施

① AFC 调度是 AFC 系统事故报告、处理、人员调配和处理的指挥中心。对 AFC 系统发生的事故，AFC 调度均须及时向上级汇报并通知有关人员；在处理事故时，若需要其他部门协助，AFC 调度必须尽快向相关部门请求协作。

② AFC 系统维修人员是 AFC 系统事故与故障的具体处理者。其必须服从 AFC 调度的指挥和调度。AFC 系统维修人员在接到 AFC 调度通知后，必须在指定的时间内给予回复。

③ 当发生一般事故与故障时，须立即组织和实施抢修。原则上应在 30min 内处理完成或采取应急运行措施，最长不能超过 1h。

④ 当发生较大事故与故障时，原则上应在 6h 内组织和实施处理，并须在 2h 内处理完成。

⑤ 在特殊情况下，即使有客观原因，对于较大故障，原则上也必须在 8h 内处理完成。

⑥ 所有事故与故障处理完毕后，各级相关人员必须及时、准确地填写相关记录和维修日志。

⑦ 为更好地处理 AFC 设备故障，必须建立完善的故障登记、统计和分析制度。

⑧ 进行故障登记时，要如实记录故障发生和修复的时刻，这两个时刻的间隔称为故障延续时间。

⑨ AFC 系统专业技术人员应对管辖范围内的 AFC 设备故障进行综合分析，统计 AFC 设备常见、易发故障，总结经验教训，提出防范措施，提高维修水平，力求减少重复故障的发生率。

📖 拓展阅读

加强 AFC 系统安全性的策略

AFC 系统安全性主要针对系统中涉及的设施、网络、软件、系统数据和管理策略等几大类安全隐患，对比西安地铁建设的经验，针对各类安全隐患给出相关建议，供地铁建设及运行参考。

1. 加强设备安全性设计

AFC 系统拥有为数繁多的终端设施，所以必须重视相关设备的安全性，体现在以下两方面。

（1）众多乘客常用设备，最先要确保工作内部人员和广大乘客的生命安全，想要确保使用者和维护者的安全，必须在系统设备开发设计的时候严格遵循以下要求。所有设备都要有一定的保护措施，具有优良的防水性能，设备里的部件加以固定，不能任意移动；全部设施都要设置完善的接地措施来确保金属外壳不带电，同时所有设备和通信线路都要有一定的措施保障电源安全，都要装配 UPS 电源，来避免突发停电产生的系统故障。

闸机通道要设置人员通过安全防护机制，扇门材质必须刚柔适中，既可以承担乘客大力碰撞所带来的伤害，又能够保障乘客在强行通过扇门时不会受到损伤。同时，设备的内部也要科学设计，方便工作人员维护修理。

（2）系统的终端设备承担着现金交易管理任务，在制造时更要注重收益方面的安全性能，钱箱以及票箱都需要上锁，同时全部钱箱都要封闭，相关工作人员也不能直接碰触到设备内的现金和车票，即使在系统运行中出现故障，发售的或者回收的票据也只能通过设计好的途径发售和回收，不会散失到其他位置。

设备中移动频繁的票箱和钱箱一定要设计足够的宽度保障其不会倾倒，西安地铁 2 号线的票箱触地面过窄就存在这个问题，非常容易受到碰撞受损。而针对现金部件的拆装过程一定要有系统授权和身份验证，钱箱的更换要有记录，清楚记载装卸人员和更换时间，更换钱箱时，如西安地铁系统的 TVM 和检票机钱箱、票箱都设置了唯一的电子标志，同时还有电子存储功能，详细记录钱箱的实际情况、现金额度、末次提出箱内现金数和末次更换钱箱的工作者。

2．实现网络安全性

迄今为止，全球超过 65% 的网站故障是因为黑客的侵袭和攻击。建立有效的防火墙与入侵检测系统是应对黑客入侵的直接方式，西安地铁 2 号线系统具有单独的网络系统，只是小清分系统和市内一卡通系统留了外部接口，同时在这里设置防火墙，同 AFC 网络系统以及外部网络分离，这里的防火墙具有 DOS/DDOS 功能，能够有效预防网络病毒入侵。

另外，使用特征检测技术，对不正常的数据流量进行解析，针对恶意入侵可以及时发现，并且和防火墙同时发挥作用，给予系统给多重防护，确保系统安全稳定。维护内网不仅要设置防护体系，也需要设置漏洞扫描与日志警告功能，以便及时发现并修复，避免病毒的入侵和传播。同时，系统需要具有外部存储设备的认证功能，以隔绝外界设备的病毒。

3．关注软件和数据安全性

在系统中，乘客使用系统的不同层次会产生不同种类的数据，该数据庞大，而且有被破坏、遗失、恶意更改的可能，所以每一层次的设备都要设置相关的防护措施。

（文章来源：中国知网《浅谈地铁 AFC 系统的安全性》朱辉 南京熊猫信息产业有限公司）

📖 任务评价

任务评价表

学习内容	项目 5 系统与设备安全		姓名	
	任务二 设备使用与维护安全		学号	
	评价要素		分值	考核得分
（1）能复述信号设备与通信系统的安全及典型维护工作			20	
（2）能复述屏蔽门系统安全及故障处理流程			20	
（3）能描述自动售检票系统的作用及故障处理原则			20	
（4）能高质量完成学习汇报			20	
（5）能专注听取同学的汇报			10	
（6）能虚心接受老师或同学的评价			10	
总体得分			100	

教师评语：

任务三　特种设备安全管理

📖 任务要求

特种设备安全工作应坚持安全第一、预防为主、节能环保、综合治理的原则。特种设备事故是指在使用特种设备时突然发生的、造成或可能造成人员伤亡和财产损失的事故。

特种设备制造质量的优劣、使用安全技术状况的好坏直接关系到国家财产和群众生命安全，为此我国颁布了《特种设备安全监察条例》，明确了对特种设备在设计、制造、安装、使用、检验、维修、改造 7 个环节的安全监察管理。特种设备的安全使用是特种设备管理的核心和关键。

通过学习，能够准确陈述轨道交通特种设备的种类，掌握不同特种设备的安全管理要点。具备发现、分析、处理设备事故的初步能力。

📖　**任务实施**

一、特种设备与特种作业

1. 特种设备的概念

根据《特种设备安全监察条例》第二条规定特种设备是指涉及生命安全、危险性较大的锅炉、压力容器（含气瓶，下同）、压力管道、电梯、起重机械、客运索道、大型游乐设施。特种设备分为承压类特种设备和机电类特种设备。

承压类特种设备主要有锅炉、压力容器、压力管道。机电类特种设备主要有电梯、起重机械、客运索道、大型游乐设施和场内机动车等。特种设备类型如图 5.11 所示。

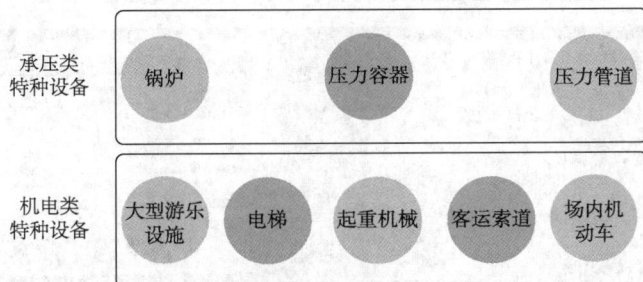

图 5.11　特种设备类型

城市轨道交通行业主要的特种设备包括电梯、电扶梯、自动人行道、起重机、场内机动车、储风缸，其中电扶梯的数量占据较大比重。

《特种设备安全监察条例》规定，特种设备的设计、生产、安装、维修、操作都需要取得相应证书。

2. 特种设备的安全管理

（1）购置特种设备时，供应商应提供生产单位的特种设备生产许可证等证明文件。

（2）设备安装完成后应请具有检验资质的单位进行检验。

检验合格后凭检验合格证明及使用单位证明到属地质量技术监督局进行特种设备使用登记，登记标志应置于或附于该设备的显著位置。

（3）完成使用登记注册的特种设备使用到期后，应进行定期检验。按照《特种设备安全监察条例》的规定，特种设备使用单位应当定期进行强制性检验。

特种设备使用单位应当对在用特种设备经常性日常维护保养，并定期自行检查。

特种设备使用单位应当按照安全技术规范的定期检查要求，在安全检验合格有效期届满前一个月向有关检测机构提出定期检查要求。

（4）坚持持证上岗制度。特种设备的操作、维修、管理人员应取得特种设备操作证书。特种设备作业人员和安全管理人员按照国家有关规定，经安全监察部门考试合格后，取得特种设备作业人员资格证书方可从事相应作业或安全管理工作。

应当注意，特种设备作业人员证与特种作业操作证是两种不同的证件。特种设备作业人员证由质量技术监督部门颁发，特种作业操作证由安全生产监督管理部门颁发。相关证书如图 5.12 所示。

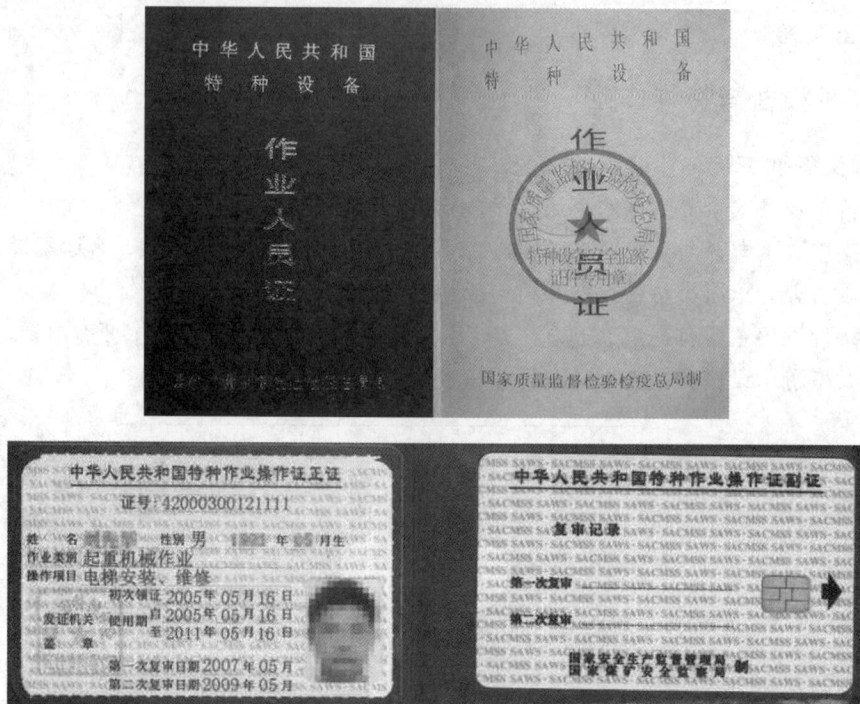

图 5.12 特种设备作业人员证与特种作业操作证

（5）所有特种设备及所属安全附件的检验必须由具有检验资格的单位进行。经检验的设备及其附件必须在有效期内才能使用。因此，设备管理部门通常都会提前做好特种设备及其安全附件检验的安排，防止出现过期的情况。

（6）精心维护保养。特种设备的维护保养可采取两种形式：一是由使用单位进行简单的日常维护与保养；二是由具有专业资质的单位进行维修。根据特种设备自身的特点，确定维修保养重点，做到高标准、严要求，保证每台设备都处于完好状态。

3. 特种作业的定义与分类

（1）特种作业的定义

特种作业是指容易发生人员伤亡事故，对操作者本人、他人及周围设施的安全可能造成重大危害的作业。直接从事特种作业的人员称为特种作业人员。

（2）特种作业的分类

特种作业包括以下类别：电工作业、金属焊接与热切割作业、起重机械（含电梯）作业、企业内机动车辆驾驶、登高架设作业、锅炉作业（含水质化验）、压力容器作业、制冷作业、爆破作业、危险物品作业、押运作业、客运索道作业、大型游乐设施作业，以及经国家安全生产监督管理局批准的其他作业。

4. 特种作业人员管理

（1）特种作业人员的安全生产职责

① 认真执行国家有关安全生产法律、法规和规章，严格遵守本单位的安全生产规章制度，保证安全作业。

② 正确使用劳动防护用品和本工种作业的工具、设备，认真做好维护保养。

③ 设备发生故障、影响安全生产时，应立即采取有效措施，并报告有关部门和负责人。

④ 努力学习、掌握本工种的安全技术知识和实际操作技能，不断提高自身的安全技术水平。

⑤ 有权拒绝管理人员违章指挥或者强令冒险作业，有权制止他人违章作业。

（2）特种作业人员的特别安全管理

特种作业人员在独立上岗作业前，必须进行与本工种相适应的专门安全技术培训。有下列情形之一者，发证部门收缴其特种作业操作证。

① 未按规定接受复审和复审不合格者。

② 违章操作造成严重后果或违章操作记录 3 次以上者。

③ 弄虚作假骗取特种作业操作证者。

④ 经确认健康状况已不适宜继续从事所规定的特种作业者。

离开特种作业岗位 6 个月以上的特种作业人员，应重新进行实际操作技能考核，经确认合格后方可上岗作业。

二、电梯及扶梯的安全使用

城市轨道交通车站中，电梯（自动扶梯）的用途主要是解决乘客快速疏解，即列车到达后大量乘客从候车站台向地面站厅疏解。由于车站的候场站厅一般离开地面，乘客的上下只能依赖于楼梯，而电梯则提供了一种自动输送乘客的能力，满足了乘客对乘降舒适度的要求。

电梯、自动扶梯在我国公布的《特种设备目录》中均属于电梯大类。

电梯是指采用动力驱动，利用沿刚性导轨运行的箱体或沿固定线路运行的梯级（踏步）进行升降或平行运送人、货物的机电设备，包括载人（货）电梯、自动扶梯，如图 5.13 所示，自动人行道等。

图 5.13 轨道交通中的直升电梯和自动扶梯

电梯安全保护装置是特种设备中最多的，自动扶梯的安全保护装置包括限速、安全钳、缓冲器、门锁、各种电气联锁和保护装置等。

自动扶梯是城市轨道交通系统的一个重要组成部分，每天担负着运送大量乘客的任务，对客流的及时疏散起着重要作用。

1. 电梯系统安全管理

电梯系统安全管理的任务是保证设备处于正常运行状态，实现系统的设计功能，同时为车站迅速输送乘客、维持良好秩序提供有力保证。

电梯系统安全管理的内容包括。

① 应急处理。设备发生困人或伤人等事故时，由运行管理人员按应急方案处理，并按规定通

知维修人员。

② 故障报告。观察设备运行状态，若发现异常（异常响声、停梯等），则应及时将故障情况报告环调，再由环调组织专业人员维修。

③ 设备监管。对设备的正确使用进行监管，防止乘客违规使用设备。

④ 运行操作。每天对设备的启动和停止运行进行操作。

电梯系统日常安全管理由各车站工作人员根据车站运作的需要对电梯系统设备运行开关和运行方向进行操作，并对设备进行监管及故障报告。当车站出现紧急情况或发生火灾时，由控制中心统一指挥，车站工作人员按照救灾模式控制设备运行。

由于电梯系统设备属于特种设备，安全性要求很高，因而制定了严格的操作规程及管理制度，以保障乘客安全。

2. 电梯紧急情况时的处理

当发生紧急情况时，首先要使乘客镇静，组织疏导乘客离开车厢，停止电梯运行，最后关闭电梯的总电源。

当车站处于消防应急状况时，电梯接收到车站控制室的消防信号，电梯起动处于消防状态，电梯立即不响应所有呼梯信号，直接到达基站才开门，然后立即停止运行。垂直电梯只有在火警信号解除后，控制开关重新设置于正常位置时才能恢复正常运行。

垂直电梯出现故障时，先要停止运行，再关闭总电源，完成以上步骤后联系维修人员进行维修作业。若电梯因供电中断、故障等原因突然停驶而困住乘客，站务人员应安抚乘客，维持现场秩序，通知专业人员前来救援。

3. 自动扶梯检修作业安全

在对地铁车站的自动扶梯进行检修作业之前，应当根据规定办理设备停用手续，设置好安全警示标志，挂好禁动牌，按照规定的检修步骤执行检修作业。尤其要注意，自动扶梯属于特种设备，只能由相应的自动扶梯厂商指定的、具有检修资质与经验的工作人员来进行检修作业。但是地铁车站的自动扶梯属于地铁运营公司的设备，那么检修人员在进行检修作业时，也应当遵守地铁运营公司的规章制度。同时，地铁车站的站务员、值班员、地铁运营公司维修部机电班组的工作人员、OCC 的值班主任也应当与自动扶梯检修人员紧密配合，妥善沟通，力争安全、快捷、高质量地完成自动扶梯检修作业，如图 5.14 所示。

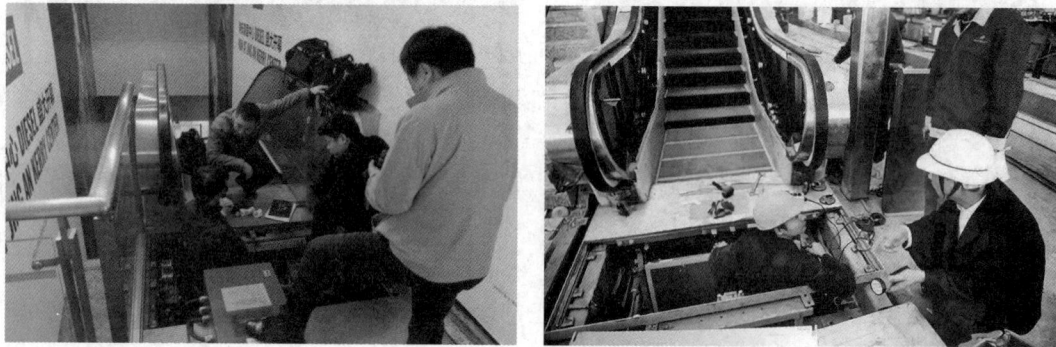

图 5.14 自动扶梯检修现场

检修自动扶梯的工作人员应当提前 1 周向地铁运营公司的维修调度申报次周的检修计划，在计划中应当明确承担检修任务的单位、作业时间、作业地点、作业内容、计划申报人的姓名和联系方式、是否需要接触轨停电、具体的防护措施等关键事项。地铁运营公司的维修调度根据实际情况决定是否批准作业申请，按规定编制次周的施工行车通告并交运营公司总经理审批后下发。

检修自动扶梯的工作人员在开始检修前应仔细查阅、核对作业计划。如有问题则应提前上报维修调度，按规定办理计划变更手续，否则就应在规定的时间、规定的地点执行检修任务。

在检修作业开始前，自动扶梯的工作人员应填写施工作业令，并根据检修作业的地点，视情况前往 DCC、OCC 车站控制室请点办理设备停用手续。DCC 值班主任、OCC 值班主任、车站控制室的值班站长在查阅施工行车通告后仔细核对施工作业令，确认无误后签发。车站的值班站长应指派一名值班员对自动扶梯检修人员提供协助与配合，并告知车站上所有在岗的值班员、站务员。

自动扶梯检修人员在得到作业许可后，应当穿戴好个人安全防护用品，携带必要的工器具、仪器仪表、材料、备品备件等在规定的时间到达规定地点执行检修作业。进行检修作业之前，还应当在现场设置警戒线、安全标志牌、禁动牌等安全警示标志。检修完成后，应当对自动扶梯进行试验。试验良好后，方可整理工器具、清理现场、拆除警戒线和警示标志，然后持施工作业令就近办理销点手续，将自动扶梯交付给地铁运营方恢复使用。

📖 案例分析

时间：2011 年 7 月 5 日。

地点：×××地铁 4 号线×××站。

1. 事件经过

上午 9 时 36 分，地铁 4 号线×××站 A 口上行电扶梯发生设备故障，正在搭乘电扶梯的部分乘客由于上行的电扶梯突然之间进行了倒转，原本是上行的电扶梯突然下滑，人群纷纷跌落，导致踩踏事件的发生，造成人员伤亡。

2. 事故原因

由于×××地铁 4 号线×××站 A 出口电扶梯的固定零件损坏，导致电扶梯驱动主机发生位移，造成驱动链断裂，致使电扶梯出现逆向下行的现象。

3. 后续处理

电扶梯制造单位对此次事故的发生负有主要责任。电梯公司由于未能及时发放有关技术文件，对本次事故负有次要责任。负责事故电扶梯日常维保的人员，将被吊销作业许可证。涉嫌触及刑律的两名事故责任人，建议司法机关依法追究刑事责任。对于北京市地铁运行线路中停运的 177 台公共交通型自动电扶梯，根据整改方案实施整改。

研究制定《×××市交通运输行业特种设备安全使用规范》，对地铁电扶梯的选型、人员值守疏导、日常维护保养频次等提出更加严格的要求。将研究建立公共场所电梯安全责任"终身制"制度，由电梯制造厂家终身负责本品牌电梯安全工作，落实电梯制造厂主体责任。此外，还制定《电梯主要零部件报废标准》，使电梯主要零部件的报废有标准可依。

（案例来源：百度）

任务评价

任务评价表

学习内容	项目5　系统与设备安全		姓名	
	任务三　特种设备安全管理		学号	
评价要素			分值	考核得分
（1）熟悉常见特种设备的类型和作用			20	
（2）能复述常见特种设备的安全要点			20	
（3）能根据机电设备安全实例进行简要分析			20	
（4）能高质量完成学习汇报			20	
（5）能专注听取同学的汇报			10	
（6）能虚心接受老师或同学的评价			10	
总体得分			100	

教师评语：

复 习 思 考

1．设备安全应满足三方面的安全要求：一是（　　　）的安全，二是设备设施使用操作人员的安全，三是（　　　）的安全。

2．设备安全管理分为三个阶段：（　　　）阶段的安全管理、设备购置和（　　　）阶段的安全管理和设备运营阶段的安全管理。

3．对城市轨道交通供电系统要严格贯彻（　　　）的方针。

4．城市轨道交通通信信号系统统称为（　　　）。

5．环控系统有正常运行、（　　　）、（　　　）三大运营模式。

6．给水系统一般分为生活给水系统、（　　　）给水系统和（　　　）给水系统。

7．车站设备监控车站级计算机与模拟屏紧急按钮同时失效。这种情形属于环境与设备监控系统中的（　　　）故障。

    A．严重　　　　　　　B．一般　　　　　　　C．次要　　　　　　　D．不重要

8．AFC系统发生一般事故与故障时，须立即组织和实施抢修。原则上应在30min内处理完成或采取应急运行措施，最长不能超过（　　　）。

9．特种设备的操作、维修、管理人员应取得（　　　）证书。

运营线路的维修施工作业都集中在夜晚运营结束至第二天首班车运营前1h内进行，根据运营时间的长短不同，作业时间一般为3～5h。

10．施工人员进场施工时，必须持（　　　）证和（　　　）或外单位施工作业许可单到车站或车辆段调度处办理请点手续。

11．与接触网安全距离小于（　　　）m的施工必须申请停电作业，按规定做好防护后才能开始施工。

12．简述屏蔽门系统的作用。

13．道岔检修作业中的危险源有哪些？

14．简述设备故障的预防措施。

15．城市轨道交通施工计划申报有哪些步骤？

项目6
消防安全与管理

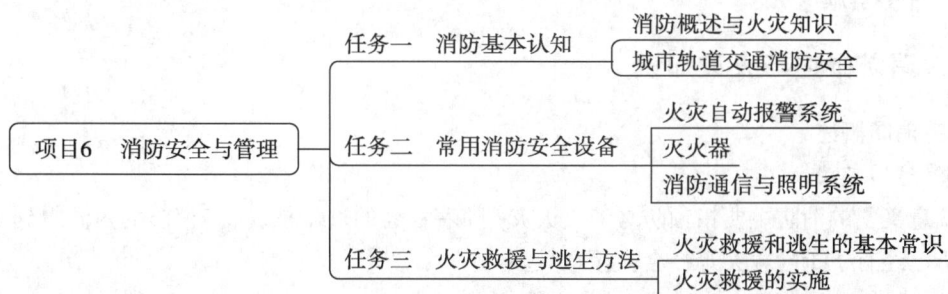
学 习 目 标

📖　**知识目标**

- 能正确说出火灾的等级、防火措施和灭火方法
- 了解城市轨道交通火灾的基本特点
- 认识城市轨道交通常用安全设备
- 能简述城市轨道交通火灾预防措施
- 能简述火灾救援与逃生方法

📖　**能力目标**

- 能根据消防知识分析火灾等级
- 能结合案例分析城市轨道交通消防事故

项 目 导 学

　　随着我国城市化进程的加快，越来越多的大、中型城市相继规划了轨道交通网络。城市轨道交通以其方便、安全、舒适和快捷等特点得到青睐，但大部分运行于车站、隧道等相对封闭的空间内，人员密度大、流量大，一旦发生火灾将会造成乘客的财产损失，甚至威胁其生命安全。因此城市轨道交通的消防安全显得尤为重要。

　　本项目将对轨道交通"消防安全与管理"及其相关知识进行分析和阐述。

任务一 消防基本认知

📖 **任务要求**

从世界城市轨道交通 100 多年来的事故教训看，其灾害中发生频率最高和造成危害损失最大的就是火灾，约占灾害比例的 30%，比例最高。几次严重的火灾案例如 1991 年德国柏林地铁火灾，2003 年 1 月英国伦敦地铁列车撞上月台引发的大火事故，2003 年 2 月 18 日韩国大邱地铁人为纵火事故等，都给城市轨道交通消防安全敲响了警钟。可见，城市轨道交通一旦发生火灾具有极大的危害性。

我国大力推进城市轨道交通建设的同时，也高度关注火灾事故的预防和应对处置。

通过学习，能够准确陈述消防的基本概念，能说出火灾的等级、防火措施和灭火方法。能说出城市轨道交通火灾预防措施。

📖 **任务实施**

一、消防概述与火灾知识

（一）消防概述

1. 消防的定义

传统意义上的消防主要指预防与消灭火灾，随着社会的进步与发展，消防的内涵得到了扩展，目前消防已经有了抢险救灾等社会救援意义。

2. 消防的目的

消防的目的是预防火灾和减少火灾危害，加强应急救援工作，保护人身、财产安全，维护公共安全。消防工作应贯彻以预防为主、防消结合的方针，按照政府统一领导、部门依法监管、单位全面负责、公民积极参与的原则，实行消防安全责任制，建立健全社会化的消防工作网络。

预防火灾和减少火灾危害是对消防立法意义的总体概括，包括两层含义：一是做好预防火灾的各项工作，防止发生火灾；二是火灾绝对不发生是不可能的，而一旦发生火灾，就应当及时、有效地进行扑救，减少火灾危害。

（二）火灾的类别与等级

1. 火灾的类别

火灾是指在时间和空间上失去控制的燃烧所造成的灾害。根据国家标准《火灾分类》（GB/T 4968—2008）的规定，按照可燃物的类型和燃烧特性，如表 6.1 所示将火灾分为 6 个类别。

表 6.1 火灾类别

火灾类别	描　述
A 类	A 类火灾指含碳固体可燃物（如木材、棉、毛、麻、纸张等）燃烧造成的火灾
B 类	B 类火灾指液体或可熔化的固体物质等燃烧造成的火灾
C 类	C 类火灾指可燃气体（如煤气、天然气、甲烷、丙烷、乙炔、氢气等）燃烧造成的火灾
D 类	D 类火灾指可燃金属（如钾、钠、镁、钛、锆、锂、铝镁合金等）燃烧造成的火灾
E 类	E 类火灾指带电物体燃烧造成的火灾
F 类	F 类火灾指烹饪器内的烹饪物燃烧造成火灾

2. 火灾的等级

按照火灾事故造成的人员伤亡或直接财产损失，火灾可分为特别重大火灾、重大火灾、较大火灾和一般火灾 4 个等级。具体描述如表 6.2 所示。

表 6.2 火灾等级

火灾等级	描　述
特别重大火灾	特别重大火灾是指造成 30 人以上死亡，或者 100 人以上重伤，或者 1 亿元以上直接财产损失的火灾
重大火灾	重大火灾是指造成 10 人以上 30 人以下死亡，或者 50 人以上 100 人以下重伤，或者 5000 万元以上 1 亿元以下直接财产损失的火灾
较大火灾	较大火灾是指造成 3 人以上 10 人以下死亡，或者 10 人以上 50 人以下重伤，或者 1000 万元以上 5000 万元以下直接财产损失的火灾
一般火灾	一般火灾是指造成 3 人以下死亡，10 人以下重伤，或者 1000 万元以下直接财产损失的火灾

（三）防火措施和灭火方法

1. 燃烧条件

从物理与化学角度分析，燃烧是可燃物与氧化剂发生的一种剧烈的氧化放热反应，通常伴有光、烟或火焰。要发生燃烧，必须同时具备以下 3 个条件。

① 可燃物。凡是能在空气、氧气或其他氧化剂中发生燃烧反应的物质都称为可燃物。不同可燃物的燃烧难易程度不同，同一可燃物的燃烧难易程度也会因条件的改变而改变，甚至在一定条件下成为不燃物，而在另外一定的条件下成为可燃物，如铁、铝在纯氧中均可燃，但在常规条件下不燃烧。

② 氧化剂（助燃物）。凡能帮助和支持可燃物燃烧的物质都称为助燃物，如空气、氧气、氯化钾、过氧化钠、浓硝酸等。

③ 温度（着火源）。凡能引起可燃物燃烧的热能源均称为着火源。着火源可以是明火，也可以是高温物体，还可以由热能、化学能、电能、机械能转换而来。炉火、烟头、火柴、蜡烛是居民楼常见的引起火灾的着火源；电器开关、电器短路、静电等产生的电火花是电器火灾常见的着火源。

2. 防火措施

根据燃烧条件，一切防火措施都是阻止燃烧的形成，从而达到防火目的。在长期同火灾做斗争的过程中，人们总结出以下几种防火措施。

① 控制可燃物体，即控制可燃物品的储存量。

② 控制爆炸极限，即加强通风，降低可燃气体、蒸汽和粉尘的浓度，将它们控制在爆炸极限以下。

③ 提高耐火极限，即用防火漆、防火涂料涂刷可燃材料。

④ 隔绝空气，即破坏燃烧的助燃条件，可以密封可燃物质的容器设备；充装惰性气体进行防火保护；关闭防火门、窗，切断空气对流；用沙、土覆盖可燃物。

⑤ 消除着火源，即破坏引起可燃物燃烧的热能源。例如，火灾危险场所使用防爆电气设备，穿防静电的工服进入和禁止烟火，装接地、避雷装置。

⑥ 防止热爆炸波的蔓延，即防止所有燃烧条件的形成，从而防止火灾扩大，减少火灾损失。

3. 消防灭火的方法

灭火的原理是破坏已形成的燃烧条件。灭火的方法主要有以下 4 种，具体描述如表 6.3 所示。

表 6.3 消防灭火的方法

灭火方法	原　　理
隔离法	将还在燃烧的物质与未燃烧的物质隔离，使火势不致蔓延
窒息法	隔绝空气，使可燃物得不到足够的氧而停止燃烧。如用不燃物遮盖燃烧物，将不燃气体、液体喷到燃烧物上，使之得不到空气而窒息
降温法	降低着火物质的温度，使之降到燃点以下而停止燃烧。如将水洒到火源附近的物体上，使其不形成新的火灾区
抑制法	中断燃烧的连锁反应。如将有抑制作用的灭火剂喷射到燃烧区，使燃烧终止，从而达到灭火的目的

📖 **案例分析**

×××站线路管理用房起火事件

发生时间：2012 年 10 月 14 日 17 时 30 分

发生地点：×××站

事故影响：1 个空调室内机和部分床上用品损坏。

1. 事故经过

2012 年 10 月 14 日 17 时 23 分左右，×××车站夜班代理值班站长李××在巡视车站中发现×××东厅南通道内线路公司房间有烟冒出，立即通知行车值班员和值班站长。行车值班员谢×、孙××在 17:25 分左右到达现场，用锤子将房间门砸开，由于室内烟太大，无法进入，值班员尹××、保安员苟×从通道另一窗户到达该房间朝东的窗户外，砸开窗户，使用灭火器向屋内喷射。×××站区副站区长张×于 17 时 29 分赶赴现场，参与指挥灭火，同时站区长李××向生产调度报告房间冒烟事故。值班员于 17 时 33 分左右向行调汇报。乘客报火警，17 时 35 分左右消防队赶到现场，出动了 4 辆救火车，使用车站消火栓经过大概 10min 的水灭，将火扑灭。随后消防局和派出所对相关现场进行隔离保护。

经现场观察，室内无易燃易爆危险品，空调室内机插头未与墙壁插座相连，线无烧蚀。房间北墙东侧边缘距地面 1m 多处有 1 根电线自室外穿墙接入，沿着墙角敷设此线已烧蚀。

2. 事故原因分析

直接原因：线路公司综合维修一项目部第四维修部巡检人员张××违规私接电源线为手电充电，电器与电源线被夹在被褥中，过热造成绝缘损坏产生短路引燃了床上用品。

间接原因：一是该房间为线路公司综合维修一项目部第四维修部巡检人员及第六维修部人员休息用房，房屋管理单位是综合维修一项目部第六维修部。第六维修部主任吴××对×××房间管理不到位，用电与防火安全检查、隐患排查存在死角。第四维修部主任杜××对巡检人员张××教育和管理不到位。二是综合维修一项目部对驻站房间检查工作不细致，人员要求不严格，对部分员工用电和防火安全意识淡漠现象没有引起足够重视，对违章违纪行为治理，用电和火险隐患排查不到位。

3. 整改措施

（1）线路分公司向各项目部、各部室全体员工通报"10.14"事故处理决定。各项目部加强对所辖驻站房间、办公区域、料库的检查。检查内容包括：有无违规使用电器、有无私搭乱接电线现象、电源插头是否全部拔掉、有无违规存放易燃易爆物品等，做好每项检查记录。

（2）线路公司在前期与全体员工签订《安全运营保障责任书》《消防安全责任书》《内部治安保卫责任书》《交通安全责任书》的基础上，对全员进行再教育，教育员工深刻吸取教训，举一反三，查找身边的违章违纪行为和管理上的漏洞。

（3）开展安全大讨论。各项目部、各部室制定安全大讨论计划，围绕事故案例，讨论如何将安全规章制度真正落实到作业的每一个环节。项目部、室领导组织并参加所属单位的安全大讨论，并提出有针对性的具体要求，进一步强化安全意识，落实安全责任。

（4）各级管理人员从"人、机、环、管"方面分析，作业存在哪些安全隐患，查找安全检查环节存在哪些不到位，检查《线路维修作业标准化程序》和《探伤作业标准化程序》执行情况、现场管理是否到位。针对存在问题制定切实可行的安全措施，防止事故发生。

（5）结合冬季特点，确定本单位近期安全隐患排查重点。教育员工遵章守纪，遵守安全操作规程，杜绝"三违"现象发生。

（6）严格执行线路公司《驻站房间安全用电规定》。项目部要组织员工学习《驻站房间安全用电规定》，每名员工都要知道规定的具体内容，学习要做好记录。《驻站房间安全用电规定》要上墙。

（7）各项目部加强驻站房间管理和检查。明确各管理人员和作业人员职责，确定员工离开驻站房间时间、人员离站时必须拔掉所有电源。作业负责人每日离开前对房屋进行一次全面彻底检查，将检查内容全部填入记录本。项目部对驻站房间的检查坚持有人、无人相结合进行，对检查出的违反规定问题，对当事人要进行严肃处理。

（8）线路分公司机关各部室加强抽查，对各项目部及维修部安全用电、安全管理进行抽查，对违章违纪现象发现一起处理一起，提高全体员工遵章守纪的自觉性和主动性。

（案例来源：百度文库）

二、城市轨道交通消防安全

（一）城市轨道交通火灾的基本特点

城市轨道交通系统，尤其是地铁系统，属于地下工程，其连续性强、防火分隔困难、出入口少，一旦发生火灾将会造成较大灾难。几乎所有的城市轨道交通系统都具有工作空间相对封闭的特点，特别是地铁系统，发生火灾比地面建筑中发生火灾更具有危险性。城市轨道交通火灾的基本特点如下。

1. 排烟散热差

城市轨道交通系统中的地铁系统，其内部封闭，空气不流畅，造成物质不易充分燃烧，可燃物的发烟量大，加之地铁的进出风只靠少量的风口，烟雾的控制和排除都比较复杂，浓烟积聚不散，对人员逃生和火灾扑救都将带来很大障碍。

地铁隧道内热交换十分困难。建筑物是一个相对封闭的空间，发生火灾以后，大量的热量积聚，无法散去，空间温度提高得很快，火势猛烈阶段温度可达到1000℃以上。高温有时会造成气流方向的变化，对逃生人员影响很大，对车站也造成很大破坏，同时给现场遇险人员和救灾人员带来极大威胁。

2. 易造成人员窒息死亡

城市轨道交通火灾发生时，由于隧道相对封闭，新鲜空气难以迅速补充，致使空气中氧气含量急剧下降。火灾产生的烟气在隧道空间内弥漫，容易造成人员窒息死亡。有研究表明，空气中氧含量降至15%时，人体肌肉活动能力下降；降至10%～14%时，人体四肢无力、判断能力低、易迷失方向；降至6%～10%时，人即会晕倒，失去逃生能力；含氧量降到5%以下时，人会晕倒或死亡。

3. 人员疏散难度大

城市轨道交通系统中的地铁系统一般情况下区间隧道出入口较少，通道狭窄，疏散距离长，人员多，故容易造成人员恐慌，相互拥挤易发生踩踏伤亡事故。从地铁内部到地面开阔空间的疏散和避难都要有个顺直上行的过程，比下行耗费体力，从而影响疏散速度。同时烟和热气流的扩散速度超过步行速度，造成人员疏散困难。

4．救援困难

城市轨道交通系统一旦发生火灾，扑救往往非常困难，特别是地铁系统，由于地下空间限制，以及浓烟、高温、缺氧、有毒气体、视线不清、通信中断等原因，救援人员很难了解现场情况；再加上城市轨道交通系统的封闭性，大型的灭火设备无法进入现场，进入的救援人员需要特殊防护等，因此救人、灭火困难大。

（二）城市轨道交通火灾的预防措施

1．严格按照防火规范设计、选材和配备消防设施

城市轨道交通系统必须根据系统的交通运输功能和日常客流量，按照防火设计规范进行综合防火设计。

① 站台宽度要满足发生灾害或紧急事件时客流的疏散要求。

② 出入口与通道要设在车站分向客流大、行人较密集并有足够集散空间的地方，出入口与通道的数量和宽度应满足紧急状态下 6min 内将人员疏散完毕的要求。

③ 引导标志和事故照明设备应设置在疏散通道与出口位置，且和紧急备用电源连接，发生紧急事故时可以及时引导人员安全疏散。

④ 合理划分车站的防火、防烟区，在各独立防火区之间设置防火墙和防火门或防火卷帘；在防火分区内划分防烟分区，并通过与排烟系统的结合，尽可能地排除烟雾，减少烟雾对人员逃生的危害。

⑤ 设置屏蔽门系统。屏蔽门在发生火灾时可以起到隔阻火焰、控制烟气流动的作用，为火灾的控制和人员逃生创造条件，并可避免发生火灾时人群因为拥挤而发生意外的情况。

⑥ 城市轨道交通系统中使用的建筑、装修材料，车站用具和设备材料，列车车体和车上用具等制作材料必须满足难燃、阻燃的要求。

⑦ 在城市轨道交通系统的车站、车辆段等公共场所必须采用合理和必要的消防设备设置，可靠的自动探测、报警和灭火系统；消防设备要按规范布置，控制系统的可靠性要高。

2．加强日常管理与维护，健全相关法规制度

在城市轨道交通车站的入口和站台安排安全员巡视，防止出现人为事故。对城市轨道交通设备要及时维护，排除电火；要管理好各种火灾探测、消防设施设备，使其处于良好的工作状态，保证及时预报和扑灭火灾。出台有针对性的法规，从法律角度来督促和保证公共交通防火安全。

3．制定火灾应急预案，加强防火演练

城市轨道交通系统的管理部门要注意对紧急情况的预防，制定多套应急预案；加强员工和乘客的消防教育与训练，和消防部门一起组织防火演练，增强城市轨道交通站务人员对突发事件的应急处理能力。

📖 **拓展阅读**

典型地铁站火灾潜在危险性分析

以上海市人民广场地铁站为例，该地铁站位于黄浦区人民大道 1 号，总建筑面积约 50000m²，是地铁 1 号、2 号、8 号线交汇的枢纽站点，其地上人民广场总面积达 14 万 m²，是融行政、文化、交通、商业为一体的核心城区。从实地调研情况看，该地铁站点存在以下火灾危险性。

一是大客流风险隐患巨大。据统计，当前人民广场枢纽站日均客流约 70 万人次，其中工作日客流约 80 万人次，尤其极端客流达到了 110 万人次，已远远超过初期规划预测值，更加剧了拥挤、踩踏等隐患风险。

二是综合联建情况复杂。人民广场地铁站站厅层为华盛街地下小商品市场，内设大小商铺300余家，总面积达 20000m²，虽设置防火卷帘予以分割，但地下小商品市场与地铁站厅延伸空间连为一体，未形成独立的防火分区和疏散体系。

三是日常消防安全管理难度大。人民广场地铁站点虽然坚持"一站多警"标准设置警力，并形成以车站为核心的6组"最小作战单元"，但由于客流量异常巨大，且目前按照"大包必检、小包抽检"的标准进行安检，不能从根本上防止乘客携带易燃易爆危险品上车。

四是疏散逃生距离过长。人民广场站点可供疏散逃生的出入口共有18个，其中8个直通地面、10个连通地下商场。18个疏散通道中有12个距离在500m以上，最远疏散路线距离达1500m，极大地影响了疏散逃生速度。

五是消防应急救援处置困难。目前离人民广场地铁站最近的黄浦支队北京、嵩山、河南3个中队，距离地铁站点分别为0.8km、1.7km和2.4km，前期经高峰时间测试，到达地铁站点的时间分别为4min29s、5min30s和6min30s，5min消防时间达标率仅为33.3%。而路虎60雪炮车、路轨两用消防车等特种车辆装备到场救援时间将会更长。

六是系统设备故障风险较大。人民广场站点于1995年建成投用，相关消防设施设备系统已逐渐老化。2014年11月，上海消防总队与上海消防研究所联合对人民广场地铁站进行火灾风险评估测试，共发现水泵房防火封堵不严密、部分电动排烟阀未与风机联动、自动扶梯未与应急广播联动、气体灭火系统门禁未联动、自动喷水灭火系统不能正常显示水流指示器、水泵接合器标志不明显等10余处大小问题。

由此可见，研究识别出影响地铁消防安全关键因素，分析出潜在的问题并制定出相应的措施，对于提升地铁消防安全管理水平，强化消防隐患查处力度，切实做到地铁安全事前预防有着重要的现实意义。

（文献来源：中国知网《熵权模糊综合评价法在地铁消防安全评估中的应用研究》董瑶 郑州大学）

任务评价

任务评价表

学习内容	项目6 消防安全与管理	姓名	
	任务一 消防基本认知	学号	
评价要素		分值	考核得分
（1）能正确说出消防的定义与目的		15	
（2）能根据标准辨析不同火灾的类别与等级		15	
（3）能复述防火措施和灭火方法		15	
（4）能简述城市轨道交通火灾的特点和预防措施		15	
（5）能高质量完成学习汇报		15	
（6）能专注听取同学的汇报		15	
（7）能虚心接受老师或同学的评价		10	
总体得分		100	

教师评语：

任务二　常用消防安全设备

　　📖　**任务要求**

　　通过学习，能够说出火灾自动报警系统的组成和作用，能够描述常见灭火器的使用方法。能够理解消防通信和照明系统的作用。

　　📖　**任务实施**

一、火灾自动报警系统

　　火灾自动报警系统（FAS）是为早期发现火灾并及时采取有效措施,控制和扑灭火灾而设置在建筑物中或其他场所的一种自动消防设施,是现代消防不可缺少的安全技术设施。

　　一般城市轨道交通系统的火灾自动报警系统主要由触发器件、火灾报警装置及具有其他辅助功能的装置组成,这些装置能在火灾发生初期将燃烧产生的烟雾热量和光辐射等物理量通过感温、感烟和感光等火灾探测器变成电信号。

　　1.　火灾自动报警系统基本认知

　　火灾自动报警系统是一种自动消防设施,通过火灾探测器监控火灾发生时烟雾、热量等特征的变化,确定火灾发生的地点,以进行报警,并自动控制消火栓系统、自动灭火系统、防烟排烟系统、应急广播和应急照明等消防救灾设备,实现对火灾的早期发现和扑救,在火灾防救中发挥着重要作用。

　　城市轨道交通火灾自动报警系统通常按中央级和车站级两级设置,中央级设备和车站级设备通过通信网络连接。

　　中央级火灾自动报警系统设置在控制中心与各车站、车辆段的火灾自动报警系统进行通信,接收全线火灾信息,发布消防控制命令,留存火灾事件历史资料,实现对全线消防设施的日常监管和监控管理。

　　车站级火灾自动报警系统设置在车站控制室和车辆段,与中央级火灾自动报警系统、车站环境与设备监控系统（BAS）进行通信,采集记录火灾信息并报送中央级火灾自动报警系统,控制消防救灾设备的启停并显示其运行状态,启动防烟、排烟模式,停止通风、空调系统运行,切断相关区域的非消防电源,独立执行或接收控制中心指令,发布火灾联动控制指令,实现对车站或车辆段管辖范围内的火灾监视和控制。通信网络使得管辖范围内任意地点的火灾信息和控制中心下达的指令均匀、迅速、无阻碍地传输,有利于火灾的早期发现和救援。

　　火灾探测器是火灾自动报警系统中最基本、最重要的设备之一,它通过不间断地捕捉火灾发生时冒烟、生热和发光等特征检测出火灾信息,向火灾自动报警系统报警。图 6.1 为几种常见火灾探测器。

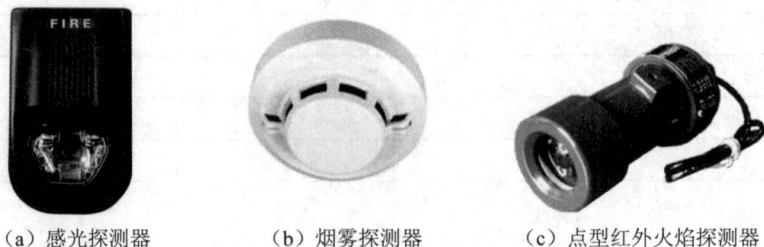

　　（a）感光探测器　　　　　（b）烟雾探测器　　　　　（c）点型红外火焰探测器

图 6.1　几种常见火灾探测器

在车站的站厅、站台、各种设备机房、库房、值班室、办公室、走廊、配电室、电缆隧道或夹层，以及长度超过 60m 的出入口通道均应设火灾探测器，设有气体自动灭火系统的房间应设两种火灾探测器。在防护区内不得有吸烟、烧焊等产生烟雾的行为，防止感烟探测器误报警。设备用房内有空调控制温度，火灾初起时防护区的温度不会迅速升高，感烟探测器会比感温探测器较快感应。

手动报警按钮以手动方式使火灾自动报警系统产生报警信号，作用等同于火灾探测器，手动报警按钮应设于明显和便于操作的部位，安装在墙上时其底边距地高度宜为 1.3～1.5m，而且应有明显标志。手动报警按钮应设于有火灾探测器的场所、有人活动的公共场所、地下区间隧道、长度超过 30m 的通道出入口及消火栓处等。

2. 火灾自动报警系统的消防联动控制

城市轨道交通系统的火灾自动报警系统有自动和手动两种触发方式，并设置有消防联动控制设备。

消防联动控制设备包括火灾报警控制器、自动灭火系统控制装置、室内消火栓系统控制装置、防烟排烟系统及空调通风系统控制装置、常开防火门及防火卷帘控制装置、电梯回降控制装置、应急广播控制装置、火灾警报控制装置、应急照明与疏散指示标志控制装置等。

一般在疏散通道上的防火卷帘两侧设置火灾探测器及手动控制按钮，防火卷帘可以自动控制，也可以手动控制。火灾自动报警系统对疏散通道上的防火卷帘的控制过程为：感烟探测器动作后，卷帘下降至距地面 1.8 m 处；感温探测器动作后，卷帘下降到底；如果防火卷帘仅起防火分隔作用，那么火灾探测器动作后卷帘自动下降到底。

城市轨道交通系统中的屏蔽门和自动检票机是控制乘客进出站的主要限制关口，确认发生火灾后，通过火灾自动报警系统紧急开启站台屏蔽门和自动检票机，意味着开放了所有限制通行的关口，可以迅速疏散乘客和车站工作人员。

在城市轨道交通的火灾自动报警系统中，排烟系统与正常通风空调系统合用，日常运行由车站环境与设备监控系统监控管理。火灾自动报警系统确认火灾后，向车站环境与设备监控系统发布预定的防烟、排烟模式指令。环境与设备监控系统接收救灾指令后优先执行操作，进行运行模式转换，并反馈指令执行信号。火灾自动报警系统将与防烟、排烟无关的通风、空调设备关机，切断非消防电源，组织烟气排放，防止火灾蔓延，确保火灾现场救灾人员的安全。

二、灭火器

灭火器是一种适用于扑灭初起火灾的消防器材，轻便灵活、操作简便，非专业人员稍加训练也能掌握使用方法。

1. 灭火器的类型

灭火器的种类较多，按移动方式分为手提式灭火器和推车式灭火器；按所充装的灭火剂分为清水灭火器、干粉灭火器、泡沫灭火器、卤代烷灭火器和二氧化碳灭火器等。

为了方便使用、易于维护、布局美观等，城市轨道交通车站主要使用手提式干粉灭火器和手提式二氧化碳灭火器。

2. 灭火器的选择

使用单位应根据配置场所的火灾种类、危险等级、灭火器的灭火效能和通用性、灭火剂对保护物品的污损程度、灭火器设置点的环境温度、使用灭火器人员的体能等，选配类型、规格、形式适用的灭火器。同一配置场所应选配类型和操作方法相同的灭火器，这样既便于培训相关人员使用灭火器，又能在发生火灾时方便快速地利用同一种方法连续使用多个灭火器，并且有利于灭火器的维修保养。同一配置场所存在不同火灾种类时，应选用通用型灭火器，通常选择干粉灭火器。

3. 灭火器的设置地点

灭火器设置地点应明显醒目，有视线障碍的设置点应有指明其位置的发光标志，以保证发生火灾时能够及时、就近取得灭火器，避免寻找灭火器而浪费时间。手提式灭火器应置于不上锁的灭火箱内或挂钩、托架上，高度适宜，不应过高或过低，要便于取用，防止不易取出而造成时间延误，从而失去扑灭初起火灾的最佳时机。

灭火器应选择适当的位置和方式设置，不得影响行人走路和安全疏散。灭火器摆放时应铭牌朝外，方便了解消防灭火的性能和用法，一旦发生火灾，能够正确使用。

4. 灭火器的配置数量

在消防灭火一个计算单元内，灭火器的配置数量不得少于两个。其好处是发生火灾时，使用两个灭火器共同灭火，可以提高灭火效率。同时，两个灭火器还可以相互备用，即使其中一个失效，另一个仍可正常使用。每个设置点的灭火器数量不宜多于 5 个。如果灭火器配置数量过多，发生火灾时，太多的人员涌向同一个地点取用灭火器，并手提灭火器奔向同一个着火点，相互间干扰较大，反而容易延误灭火时机；况且配置数量过多时，灭火器及其辅助设施占用空间较大，对于空间狭小、人群密集的城市轨道交通车站来说，不利于乘客行走和人员疏散。

灭火器是一种常规、备用的消防器材，存放时间长，使用时间短，使用次数少。为了不影响灭火器的使用性能和安全性能，应经常检查其铅封是否完好、压力是否正常、是否在有效期内、零部件是否损坏，以保证其时刻处于良好状态。

5. 灭火器的使用方法

城市轨道交通车站主要使用手提式干粉灭火器和手提式二氧化碳灭火器。使用手提式干粉灭火器和二氧化碳灭火器时，按下压把前必须把牢喷嘴或喇叭筒，否则灭火器喷出时，喷管会剧烈晃动，容易打伤身体。下面具体介绍这两种灭火器的使用方法。

手提式机械
泡沫灭火器
使用方法

（1）手提式干粉灭火器的使用方法

手提式干粉灭火器（见图 6.2）是由具有灭火效能的无机盐和少量的添加剂经干燥、粉碎、混合而成微细固体粉末组成。它是一种在消防中得到广泛应用的灭火剂。

手提式干粉灭火器适用于可燃气体、可燃液体、油脂、带电设备及固体有机物类的初期火灾扑救。手提式干粉灭火器一般保质期为 5 年。如若发现灭火器指针指在红色区域或开启使用，就表明已经失效，应送修。

手提式干粉灭火器的使用方法如下。

① 一只手握压把，另一只手托着灭火器底部从存放处将其取下。

② 将灭火器上下摇动数次，防止灭火器内灭火剂凝固，影响灭火效果。

③ 提着灭火器奔向着火地点。

④ 到达距离燃烧物 2～3m 处，拔出压把上的保险销。

⑤ 一只手用力按下压把，另一只手紧握喷嘴，对准燃烧物火焰根部

图 6.2　手提式干粉灭火器

左右扫射，尽量将干粉均匀喷射在燃烧物上，直至将火扑灭。

使用时要注意：灭火要果断迅速，不要遗留残火，以防复燃；扑灭液体火灾时，不要冲击液面，以防液体溅出，造成灭火困难。

（2）手提式二氧化碳灭火器的使用方法

手提式二氧化碳灭火剂也是一种具有100多年历史的天然灭火剂，且价格低廉、获取、制备容易，但灭火浓度较高，在灭火浓度下会使人员受到窒息毒害。

手提式二氧化碳灭火器（见图6.3）适用于电气火灾和仪器、仪表、重要资料的初期火灾扑救。手提式二氧化碳灭火器不能倒置，使用时将喇叭筒往上扳 70°～90°。灭火过程中严禁对着人员喷射，身体任何部位都不要接触喇叭筒外壁或金属连接管，防止冻伤。

手提式二氧化碳灭火器的有效期一般为5年。需要定期对灭火器进行称重，当泄露的灭火剂质量大于总质量的1/10时，应补充灭火剂。

手提式二氧化碳灭火器具体使用方法如下。

① 握住压把，提着灭火器奔向着火地点。

② 到达距离燃烧物 2～3m 处，站在上风位置，拔出压把上的保险销。

③ 一只手用力按下压把，另一只手紧握喇叭筒端部，对准燃烧物

图 6.3 手提式二氧化碳灭火器

火焰根部左右喷射，尽量使喷射物均匀喷射在燃烧物上，并不断向前推进，直至将火扑灭。

手提式二氧化碳灭火器在使用时要注意：在喷射过程中应使手提式二氧化碳灭火器保持直立状态，切不可平放或颠倒使用；不要用手直接握喷筒或金属管，以防冻伤。在室外使用时应选择在上风方向喷射，在室外大风条件下使用时，喷射的二氧化碳气体被风吹散，灭火效果极差；在狭小的室内使用时，灭火后操作者应迅速撤离，以防窒息而发生意外，火焰完全扑灭后应打开门窗通风。

三、消防通信与照明系统

1. 消防通信系统

城市轨道交通系统的消防通信应包括消防专用电话、防灾调度电话、消防无线通信、电视监视及防灾应急广播等。控制中心防灾调度应设置119专用直拨电话。

控制中心大楼消防值班室、车站控制室车辆基地的消防控制（值班）室应设置消防专用电话主控设备。灭火控制系统手动操作装置及区域报警控制器或显示器处应设置消防专用电话分机，设有手动火灾报警按钮、消火栓按钮等处应设置电话插孔。地下区间隧道内应设置消防专用电话插孔。

防灾应急广播宜与运营广播合用，且防灾广播具有最高优先级；在地铁运营广播未覆盖且需要消防广播的场所，应由火灾自动报警系统独立设置消防广播或警铃。

2. 消防配电系统

消防电源是保证工业和民用建筑平时与火灾情况下火灾设备正常工作用电的电源，火灾应急照明是指在火灾发生、电网停电时，供有关火灾扑救人员继续工作和乘客安全疏散而配置的照明。

火灾自动报警系统、环境与设备监控系统、消防泵、地下车站及区间的废水泵、通信、事故风机、防排烟风机及相关风阀、屏蔽门（安全门）、事故疏散兼用的防火卷帘、活动挡烟垂壁、自动检票机、自动灭火系统用电设备、事故疏散兼用的自动扶梯、应急照明、疏散指示标志等消防

用电设备的电源供电负荷应为一级负荷。其中应急照明、火灾自动报警系统用电设备为特别重要负荷，消防设备的控制回路不得设置作用于跳闸的过载保护或采用变频调速器作为控制装置。

3. 应急照明系统

在变配电间、通信机房、消防泵房、事故风机房、防排烟机房、车站控制室、控制中心的控制室及在发生火灾时仍需坚持工作的房间需要设置备用照明；在站台、站厅公共区、楼梯和扶梯、疏散通道、安全疏散口、长度超过 20m 的内走道、长度超过 10m 的袋形通道、消防楼梯间防烟楼梯间（含前室）、区间隧道、联络通道应设置疏散照明。

📖 案例分析

西安地铁 2 号地下空间消防问题分析

1. 西安地铁 2 号线消防系统的设置

（1）水消防系统：西安地铁 2 号线水消防系统由一个车站以及车站前后半个区间等区域组成，各区域交接处连接 5 个蝶阀。地铁车站各处都设置消火栓箱。车站消火栓一般由市政给水管网直接供水。若只有一条引入水管时，车站必须设置消防水池，消防水池容积 144m³，若有两条引入水管时，需满足车站最不利点水压，最新规范要求水压为 0.26MPa，对西安市地铁而言，满足不了该水压，因此车站设消防加压泵。目前，西安市给水管网靠曲江水厂、南郊水厂、白鹿原水厂3 个水厂按区 24h 供给，地铁线路建在城市管网之上，因此西安市地铁的消防管道一般设为由两条引入管引入。

（2）防火分区的划分：控制火势蔓延的最好办法就是划分防火分区。当发生火灾时，防火分区可以在一定时间内减缓火灾蔓延，更易控制住火灾，有利于展开消防救援工作。西安地铁北大街站内 1 号线与 2 号线公共连接处用背火面温升判定标准耐火极限大于等于 3h 的特级防火卷帘进行防火分隔，将两线公共区划分开。车站内 2 号线共分为 5 个防火分区，1 号线共分为 4 个防火分区，车站地下 2 层东南角的公共设备管理用房区分为 2 个独立的防火分区。

（3）火灾自动报警系统：西安地铁 2 号线火灾自动报警系统（FAS）采用中央级、车站级、就地级三级监控，按全线同一时间内发生 1 次火灾考虑。由中央级 FAS 工作站对全线的消防进行集中监控。在车站、车辆段、停车场设置 FAS 工作站与中央级工作站、车辆维修工作站构成全线网络。各车站、车辆段、主变电站、停车场等建筑物的消防控制室设置 FAS 就地级，能够独立对其所管辖范围进行消防监控管理。

2. 地铁存在的消防问题

（1）西安地铁 2 号线采用自动检票系统，除检票口可以通行外，其他开口均用栅栏门封闭，火灾情况下，人员疏散难度大。

（2）地铁内未设置消防人员专用通道和供消防人员使用的消防无线通信设施，火灾情况下可能会影响救援。

（3）火灾发生后，烟气无法保证迅速排出。

（4）安全管理不全面，员工缺乏对火灾事故应急处置的能力。

（5）地铁部门缺乏处置火灾事故的专业队伍和特殊装备。

（文献来源：中国知网《城市地下空间消防问题的探讨——以西安地铁 2 号线为例》张雯
延安大学西安创新学院）

📖 **任务评价**

任务评价表

学习内容	项目6 消防安全与管理		姓名	
	任务二 常用消防安全设备		学号	
	评价要素		分值	考核得分
（1）能正确说出火灾自动报警系统的定义与作用			20	
（2）能描述常用灭火器的使用方法			20	
（3）能简述消防通信与照明系统的作用			20	
（4）能高质量完成学习汇报			20	
（5）能专注听取同学的汇报			10	
（6）能虚心接受老师或同学的评价			10	
总体得分			100	
教师评语：				

任务三　火灾救援与逃生方法

📖 **任务要求**

火灾事故中，被困人员如果能实施积极自救、互救，那么灾害造成的后果的严重性会大大降低。能否成功从火场逃生取决于被困者的自救知识和自救能力，除了突发爆炸、爆燃等火灾事故外，绝大多数火灾现场中被困人员是可以逃生自救的。掌握一定的消防知识，增强自救意识，提高逃生技能，对每一个人来说都非常必要。

通过学习，能够说出火灾救援的措施，能够描述城市轨道交通车站、列车火灾自救和逃生方法。

📖 **任务实施**

当火灾发生时，面对滚滚浓烟和熊熊烈焰，只要冷静机智运用火场自救与逃生知识就有极大可能拯救自己、拯救他人。城市轨道交通发生火灾时，首先要保证人员安全撤离，火灾救援应着重从突发火灾时的人员疏散和救援队伍的组织两方面考虑。

一、火灾救援和逃生的基本常识

火灾发生后，当被困在火场内、生命受到威胁时，一定不能只是被动等待消防员的救助，这时如果能够利用地形和身边的物体采取积极有效的自救措施，就可以让自己由被动转化为主动，为生存赢得更多机会。

火场的救援
与逃生

火场逃生不能寄希望于急中生智，只有靠平时对消防常识的学习、掌握和储备，危难关头才能应对自如，从容逃离险境。

（一）**火场救援、自救和逃生的基本原则**

（1）树立坚定的逃生信念。要顺利地从火场逃生，首先必须树立坚定的逃生信念和必胜的信心，并使之成为不论在任何艰难困苦的环境下也能坚持的精神支柱。只有树立了牢固的逃生信念，才能保持强烈的逃生意识，增强必胜信念，求得生路。

（2）争时间、抢速度。争分夺秒、迅速撤离是自我逃生的先决条件。从火势和烟气发展规律可知，烟火的蔓延速度很快，而且烟气具有毒性，人在烟雾中停留时间过长，重者造成伤害以致死亡，轻者逃生受到极大妨碍。

（3）逃生路线的选择要心中有数。在城市轨道交通系统中，每个车站、公共场所、办公地点都有标志明显的紧急疏散安全路线，在发生火灾时一定要按照此路线走。最理想的逃生路线应是路程最短、障碍少而又能一次性抵达建筑物外地面的路线，当城市轨道交通系统发生火灾时，应尽量选择最短的路线逃生，切忌盲从和慌乱。

（4）灵活处理逃生、报警和灭火的关系。当城市轨道交通系统的火灾处于初起阶段时，应立即采取报警和疏散老、弱、病、残等积极灭火扑救的措施；尤其是对于身体状况较好的青壮年乘客来说，不能只顾自己逃命，而应协助城市轨道交通系统的工作人员查清起火点和火势大小再做决断，这时一定要抓住火灾初起灭火最容易的最佳时机，积极参与灭火和报警。

（5）避免聚堆、拥挤和踩踏。由于城市轨道交通车站等公共场所地方狭小，很容易出现乘客聚堆、拥挤，甚至相互踩踏的现象，造成逃生通道堵塞和发生不必要的人员伤亡。在逃生过程中，如遇拥挤应进行疏导或选择其他的辅助疏散方法分流，减轻疏散通道的压力；实在无法分流时，城市轨道交通系统的工作人员应采取强硬手段坚决制止，同时要告诫和阻止逆向人群的出现，保持疏散通道畅通。

（6）充分利用城市轨道交通系统提供的各种消防设施进行逃生和自救。城市轨道交通系统车站等公共场所提供的各种消防设施，如防火门、防烟楼梯间、应急电梯、防毒面罩等，都是为逃生和安全疏散创造条件、提供帮助的有效设施，发生火灾时应充分加以利用。地铁逃生示意图如图 6.4 所示。

图 6.4　地铁逃生示意图

（7）发扬团结友爱、舍己救人的精神。火灾中除尽力自救外，条件允许时还应尽己所能救助更多的人撤离火灾危险境地。

（二）火灾逃生的基本方法

在城市轨道交通系统发生火灾后，逃生的基本要求是沉着冷静，充分利用城市轨道交通系统的各种消防设施，并按照城市轨道交通系统指示的逃生路线逃生。

发现火情，行动要快。逃生行动是争分夺秒的行动，正确的逃生办法应是在听到城市轨道交通系统火灾报警声后，不要迟疑，立即按城市轨道交通系统工作人员的指挥或遵循城市轨道交通紧急广播指引的疏散路线和注意事项进行逃生。

当在有烟气流动的空间内，但不能迅速找到防毒面具时，最好使用矿泉水等安全的液体将衣服、毛巾等布织物淋湿后掩住口鼻，以低姿态寻找安全通道逃生。

城市轨道交通车站各层不同程度发生火灾，而必须共用一个安全疏散通道时，应首先让着火楼层的人员先行撤离，次之为着火层以上各层，最后为着火层以下各层。这是因为烟火向上部发展蔓延速度最快，上部首先受到火势威胁。

当确认正常的安全疏散通道已被烟火牢牢封死时，不必惊慌，可利用各种辅助安全设施，如防烟楼梯、紧急疏散通道、紧急电梯、室外楼梯及消防电梯等设施，尽量向地面疏散。

当确认无法逃至外面时，应寻找临时避难场所，等待消防队救护，如进入避难层、避难间、防烟室、防烟楼梯间、未着火的防火分区或防烟分区等处，求得暂时性的自我保护。

应根据火势发展情况和楼内环境的消防设施情况灵活掌握自己的逃生行动。尤其要重视借助排烟系统、通风系统、通信系统、防火分隔设施、安全疏散指示和避难设施等，为逃生创造有利条件。

1. 车站火灾的自救与逃生

① 贯彻"救人第一，救人与灭火同步进行"的原则，积极施救。

② 火灾发生后，车站工作人员应首先做好乘客的疏散、救护工作。

③ 把握起火初期的关键时间，在消防员到来前积极组织灭火自救。

④ 车站工作人员开展灭火自救工作时应注意做好个人防护。

⑤ 消防员到场后，灭火任务应交给消防员。

⑥ 当火势不可控制，可能危及自身生命安全时，车站工作人员应主动撤离。

⑦ 为乘客提供事故广播指引，引导乘客沿疏散标志指示方向逃生。

2. 列车火灾中的逃生

（1）列车在车站内发生火灾时的逃生

乘客应保持镇静，按压车厢内的紧急情况按钮或紧急通话器，通知司机具体情况。在可能的情况下，使用车载灭火器第一时间灭火，必要时可拉下列车车门紧急解锁手柄，向两侧用力推开车门，并向站外方向疏散。

（2）列车在隧道内发生火灾时的逃生

工作人员和乘客均应保持镇静，工作人员应按城市轨道交通火灾应急救援预案的要求，有条不紊地组织乘客有秩序地疏散和逃生。

在没有工作人员的情况下，乘客按压车厢内的紧急情况按钮或紧急通话器，通知司机具体情况。在可能的情况下，使用车载灭火器第一时间灭火。列车将会尽可能驶到车站进行人员疏散，因此，乘客应听从列车广播指挥，不要惊慌失措、不要乱动车厢内其他设备。

在列车无法到达前方车站而又需要紧急疏散的情况下（因隧道内紧急疏散设计不同，各条线路的隧道内疏散方式是不同的），车厢内乘客应该听从列车广播的指挥。按照本线路的隧道内疏散方式疏散。

3. 常用逃生器具的使用

火灾发生时，逃生的器具有许多种，在此只列举在城市轨道交通系统中常用的几种。

① 安全绳。在城市轨道交通系统的高架车站、高层建筑和超高层建筑中应备有安全绳。使用时可把安全绳的一头挂在窗口或阳台里侧的牢固物体上，人可沿安全绳以 1m/s 的速度下降。紧急情况下，也可将室内的窗帘、床单、被罩系在一起作为安全绳索（限于长度难以到达地面，但可

借助绳索转移至下一层，逃离起火层）。

② 防火毯。这种毯子装在与灭火器相似的圆筒里，如遇火灾，取出筒里浸满了水冻胶的毛毯披在身上，可以从熊熊火海中穿行而过，安全脱险，但遇浓烟时还需用毛巾捂住口鼻。

③ 空气呼吸器、毛巾。有条件时要采用空气呼吸器逃离火场。穿过浓烟区时会受到烟呛的危害，如果一时找不到防烟器具，可以用毛巾来保护自己，以防烟气的侵袭。要将毛巾折叠使用，同时要捂住口和鼻，使过滤烟的面积尽量增大。在穿过烟雾时一刻也不能将毛巾从口和鼻上拿开。

4. 火灾中的自我保护

学会逃生中自我保护的基本方法是保证自我逃生的重要组成部分。在逃生中因中毒、撞伤等原因对身体造成伤害，不但贻误逃生行动，还会遗留后患，甚至危及生命。

① 爬行。火场上烟气都具有较高的温度，所以安全通道下方的烟气浓度小于安全通道上方的烟气浓度，贴近地面处最低。疏散中穿过烟气弥漫区域时，以低姿行进为好，如弯腰蹲姿、爬姿等。剧烈的运动可增大肺活量，当采取猛跑方式通过烟雾区时，不但会增大烟等毒性气体的吸入量，而且容易发生由于视线不清所致的碰壁、跌倒等事故。因此，通过烟雾区不宜采用速度过快的方式。

另外，在烟气弥漫、能见度极差的环境中逃生疏散时，应低姿细心搜寻安全疏散指示标志和安全门的闪光标志，按其指引的方向稳妥行进，切忌只顾低头乱跑或盲目地喊叫。

② 当必须通过烟火封锁区段时，应用水将全身淋湿，用衣服裹头，用湿毛巾或手帕掩口鼻或在喷雾水枪掩护下迅速穿过。

③ 自我逃生中乱跑乱窜，大喊大叫，不但会消耗大量体力、吸入更多的烟气，还会妨碍别人正常疏散和诱导发生混乱，尤其是前呼后拥的混乱状态出现时，决不能贸然加入，这是逃生过程中的大忌，也是扩大伤亡的缘由。

📖 **案例分析**

×××地铁火灾事故

2005 年 2 月 18 日上午 9 时 55 分左右，×××市，第 1079 号地铁列车上乘坐的大部分是老人和孩子。他们或翻看手中的书报，或闭目养神，车厢里显得非常安静。

然而，列车刚在市中心的中央路车站停住，3 号车厢里一名男子就从黑色的手提包里取出一个装满易燃物的绿色塑料罐，并拿出打火机试图点燃。车内的几名乘客立即上前阻止，但这名男子却摆脱阻拦，把塑料罐内的易燃物洒到座椅上，并点燃塑料罐抛到座椅上。顿时，整节车厢燃起了大火，并冒出浓烟。3 号车厢起火后，火势转眼之间就燃烧到整列 6 节车厢。更不幸的是，对面的列车也驶进了车站，火势又迅速蔓延到那列列车的 6 节车厢。两列列车起火燃烧起来，车站的电力系统立刻自动断电，站内一片漆黑，600 多名乘客立即陷入极度恐慌。四周火势凶猛，浓烟弥漫，万分震惊的乘客争相逃离这一人间地狱。但由于电源突然中断，许多地铁车厢门根本打不开，加上地铁车窗的玻璃十分坚固，所以不少乘客被活活困在没有自动灭火装置的车厢里，最终被烧死或因浓烟窒息而死。

几分钟之内，浓浓的黑烟从地铁的各个通风口滚滚而出直冲蓝天，不知就里的行人和司机被满街的浓烟惊得目瞪口呆，加上交警立即封锁了主要交通干道为火速赶来的消防车和救护车辟出专用车道，以至于整个×××市的交通陷入一片混乱之中。

事故发生后，×××市派出 3000 多人和 66 辆消防车、数辆救护车进行扑救，但由于地铁车站现场浓烟笼罩和高温，抢救工作遇到极大困难。经过 3 个多小时的战斗，人们才控制住地铁隧道内的火势，抢救出来 140 多名乘客，并紧急送到附近各大医院。

×××国专家和媒体分析，此次事故与 3 个方面的问题有关。

首先是设备方面的隐患，车站和车厢内安全装置不足。×××国的地铁车站内虽然安装了火灾自动报警设备、自动淋水灭火装置、除烟设备和紧急照明灯，但是这些安全装置在对付严重火灾时仍明显不足，尤其是自动淋水灭火装置。由于车厢上方是高压线，为防止触电，车厢内均没有安装这种装置。因此，此次×××市地铁发生大火时，不可能尽早扑救。车站断电后，四周一片漆黑，紧急照明灯和出口引导灯均没有闪亮。此外，车站内的通风设备容量不大，只能保障平时的空气流通，难以排除大量浓烟。车厢内的座椅、地板等虽然采用耐燃材料，一旦燃烧起来仍会散发出大量有毒成分。韩国媒介报道说，火灾的死亡者中有许多是在跑出车厢后找不到出口而被含有毒成分的浓烟窒息而死的。

其次是法律还不健全。×××国专家们特别指出，其国内的《消防法》只注重固定的建筑和设备，而飞机、船舶、火车等移动的大众交通工具在《消防法》中是个死角。韩国媒体报道说，×××市地铁 1997 年开通时采用的有关防火安全的标准，还是 20 世纪 70 年代×××国首次开通地铁时的标准，已经不适合当前的情况。

第三是安全教育流于形式。×××国每年都进行"民防训练"，学习在紧急情况下逃生和保障安全的知识。但这些民防训练"大多流于形式"，人们在慌乱时全然不知使用现有的灭火器材进行灭火。

除了上述原因外，地铁公司平时的麻痹大意、安全意识不强、安全保卫人员不足以及通信联络不完备等，也是造成此次地铁火灾大批人员伤亡的重要因素。

（案例来源：百度文库）

二、火灾救援的实施

火灾救援的实施方法分为以下几个方面。

1. 救援队伍的组织

在城市轨道交通系统发生火灾、专业救援队伍到达前，及时组织城市轨道交通系统内部工作人员组成临时救援队伍，这对火灾、火情控制具有十分重要的作用，如图 6.5 所示。临时救援队伍从结构上可分为驾驶员、车站工作人员等，为提高救援的有效性，在平时要加强对这些人员的应急培训，这对控制火情和人员疏散有很大的作用。在火灾发生时不能单纯等待和依靠专业人员来进行救援与火灾扑灭。

图 6.5　城市轨道交通内部工作人员救援

2. 火灾初起时的救援

实践证明，火灾发生的瞬间立即进行扑救，可以大大减少灾难损失。对于城市轨道交通的火灾，在火灾初起时，着重要坚持以下原则。

（1）救人第一和集中力量原则

以人为本，生命至上，扑救初起火灾应坚持救人第一的原则。在火灾发生后，如果有人受到火势威胁，扑救初起火灾的首要任务就是尽快把被困人员安全地抢救出来。

集中力量是指在发生火灾后，组织扑救初起火灾的有关负责人按照灭火应急预案把灭火力量和灭火器材集中到火场，在最短时间内抢救被困人员和扑灭初起火灾。

（2）先控制、后消灭的原则

先控制、后消灭是指在初起火灾不能立即扑灭时，首先控制火势的蔓延扩大，积极进行全面进攻的准备，在具备了扑救火灾的条件时，展开全面进攻，一举将火扑灭。专职、义务消防员扑救初起火灾时，应根据火灾情况和灭火力量灵活运用。对于能扑灭的火灾，要抓住战机，迅速消灭。若火势较大，发展迅猛，灭火力量相对不足，为防止爆炸、泄漏等危险情况发生和防止火势扩大并为彻底扑灭火灾创造有利条件，须采取先控制的措施。

（3）先重点、后一般的原则

人和物相比，救人是重点；贵重物资和一般物资相比，保护和抢救贵重物资是重点；控制火势蔓延猛烈的方面和其他方面相比，控制火势蔓延猛烈的方面是重点；有爆炸、毒害、倒塌危险的方面和没有这些危险的方面相比，处置这些危险的方面是重点；火场上的下风方向与上风、侧风方向相比，下风方向是重点；可燃物质集中的区域和可燃物质较少的区域相比，可燃物资集中的区域是保护重点；要害部位和其他部位相比，要害部位是保护重点。

3. 安全疏散

安全地进行人员疏散是火灾救援的重要内容，下面分别对车站发生火灾的安全疏散和列车运行中发生火灾的安全疏散进行分析。

（1）车站发生火灾的安全疏散

车站发生火灾时，首先关闭空调水系统和着火层的送风机并开启排烟风机，城市轨道交通工作人员要按照火灾应急预案分头组织乘客向不同的出口疏散，如图 6.6 所示。行调要及时通知相关列车及时越站，继续前进，以减少疏散人员。在着火点附近的列车行进时速度不宜太快，以免引起强烈空气对流，导致火势的扩大蔓延。设备区发生火灾时，在重要的电气设备房间一般配备气体灭火系统，气体灭火后由该房间通风空调系统进行排风。其他管理用房须及时关闭送风机、开启排烟风机。

图 6.6　地铁工作人员引导疏散人群

（2）列车运行中发生火灾的安全疏散

当列车发生火灾时，应视具体情况决定是否停车，何时停车，若不停车则要控制好行车速度。选择在行车时间短、消防条件好、候车乘客少的车站停车。充分利用地铁内部通信设备、广播及时向乘客通报情况，根据起火部位告知乘客疏散方向和要求。

若在隧道内停车，则列车乘务人员应及时打开列车安全门，引导乘客沿铁轨走到安全地带，疏散时切忌慌乱，应远离电缆，防止触电。当列车在运行途中发生火灾，一时无法停车疏散时，在行进过程中要通知前方站台做好救援、疏散、灭火等各项准备，工作人员应先疏散在站台候车的乘客，同时阻止其他乘客再进入站台。

对起火列车而言，当起火点所在的车厢位于整个列车的中部时，应引导乘客向两边车厢疏散；当起火点所在的车厢位于整个列车的后部时，应尽量引导乘客往前面的车厢疏散。在疏散过程中，工作人员应采取有效措施阻止火势扩大蔓延，并最好要保证乘客每人都有防烟防毒面具、滤器罐、逃生头盔、毛巾和口罩等装备。

📖 拓展阅读

列车火灾事故处理

在地下隧道、车站和列车构成的封闭环境中发生火灾，高温伴随着有毒浓烟，加上被困在一个有限空间的恐怖感往往会使乘客惊慌失措和作业人员应变出错，从而加剧火灾的严重后果和救援处理的难度。为最大限度地减少火灾造成的生命，财产损失，列车火灾事故的及时处理应遵循"及时扑救、快速撤离"原则，按照事先制订的火灾事故处理程序、方法与措施进行。

1. 火灾的发现与报告

火灾的发现通常有车站控制室、控制中心的监控设备发现和现场作业人员、乘客发现两种情况。在确认火灾发生后，车站行车值班员、列车司机等有关作业人员必须迅速将火灾发生时间、地点和部位及其他有关情况向控制中心和火警台报告，并由控制中心向公司、公安分局和有关部门报告。

2. 列车火灾发生在车站的处理

车站应立即通过广播向车内乘客和候车乘客发出火灾警报，指明乘客应从何线路撤离，并派车站作业人员组织引导乘客快速撤离，努力把混乱情况控制在最低限度，车站的检票口和安全出口应全部开放。同时，车站应组织力量对火灾进行初期补救和伤员抢救，并将重伤员及时送往医院。

3. 列车火灾发生在区间时的处理

着火列车停在区间隧道中会使乘客撤离和救援处理更困难。因此，着火列车应尽可能运行至前方站，在车站组织乘客撤离和进行扑救灭火。在列车无法继续运行的情况下，列车司机应通过广播要求乘客保持镇静，告知乘客撤离的路线和方法，并组织乘客撤离列车步行至邻近车站或引导乘客从有安全指示灯光显示的紧急出口疏散至安全地点。在组织乘客撤离时，应切断牵引电流，打开隧道内的安全照明灯，通风排烟方向应与乘客撤离方向相反。同时，邻近车站应派作业人员前往事故现场，协助乘客撤离和进行扑救灭火。及时对伤员进行抢救，并将重伤员送往医院。

4. 行车调度指挥

行车调度员应封锁事故发生区间、停运事故发生车站及有关车站。根据火灾情况，指示着火列车继续运行至前方站或就地组织乘客撤离列车。对迫停在区间隧道中的列车布置防护，对线路中其他运行列车采取扣车措施。组织指挥救援列车的开行。加强与电力调度员、环控调度员、车辆段运转值班员和有关车站行车值班员的联系与协调。

（文献来源：知网《城市轨道交通安全保障系统设计》徐志修　长安大学）

📖 **任务评价**

任务评价表

学习内容	项目6　消防安全与管理	姓名	
	任务三　火灾救援与逃生方法	学号	
评价要素		分值	考核得分
（1）能正确说出火场救援、自救和逃生的基本原则		20	
（2）能简述火灾救援的实施方法		20	
（3）能简述火灾救援、自救和逃生的实施方法		20	
（4）能高质量完成学习汇报		20	
（5）能专注听取同学的汇报		10	
（6）能虚心接受老师或同学的评价		10	
总体得分		100	

教师评语：

复 习 思 考

1．按照火灾事故造成的人员伤亡或直接财产损失，火灾可分为（　　　）、（　　　）、（　　　）和一般火灾 4 个等级。

2．要发生燃烧，必须同时具备可燃物、（　　　）和（　　　）的 3 个条件。

3．降低着火物质的温度，使之降到燃点以下而停止燃烧。如将水洒到火源附件的物体上，使其不形成新的火灾区。属于灭火方法中的（　　　）。

　　A．隔离法　　　　　B．窒息法　　　　　C．降温法　　　　　D．抑制法

4．城市轨道交通火灾自动报警系统通常按（　　　）和（　　　）两级设置，两级设备通过通信网络连接。

5．城市轨道交通系统的火灾自动报警系统有自动和手动两种触发方式，并设置有（　　　）。

6．简述城市轨道交通火灾的基本特点。

7．城市轨道交通火灾预防的措施有哪些？

8．简述城市轨道交通消防安全设备及其作用。

9．城市轨道交通车站发生火灾时如何组织人员进行疏散？如何能自救逃生？

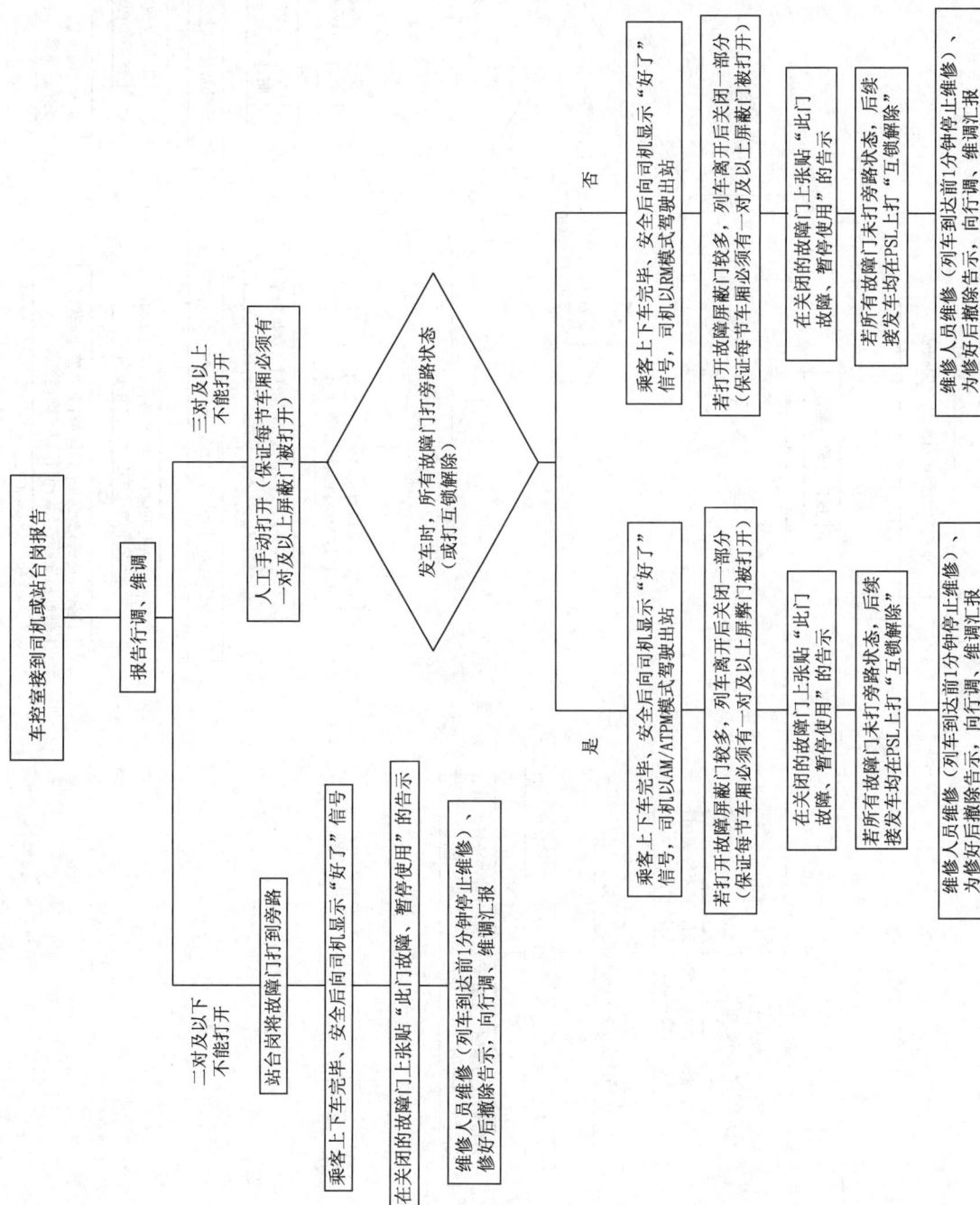

车控室接到司机或站台岗报告

报告行调、维调

二对及以下不能打开

站台岗将故障门打到旁路

乘客上下车完毕、安全后向司机显示"好了"信号

在关闭的故障门上张贴"此门故障、暂停使用"的告示

维修人员维修（列车到达前1分钟停止维修）、向行调、维调汇报，修好后撤除告示

三对及以上不能打开

人工手动打开（保证每节车厢必须有一对及以上屏蔽门被打开）

发车时，所有故障门打旁路状态（或打互锁解除）

是

乘客上下车完毕、安全后向司机显示"好了"信号，司机以AM/ATPM模式驾驶出站

若打开故障屏蔽门较多，列车离开后关闭一部分（保证每节车厢必须有一对及以上屏蔽门被打开）

在关闭的故障门上张贴"此门故障、暂停使用"的告示

若所有故障门未打开旁路状态，后续接发车均在PSL上打"互锁解除"

维修人员维修（列车到达前1分钟停止维修）、向行调、维调汇报，为修好后撤除告示

否

乘客上下车完毕、安全后向司机显示"好了"信号，司机以RM模式驾驶出站

若打开故障屏蔽门较多，列车离开后关闭一部分（保证每节车厢必须有一对及以上屏蔽门被打开）

在关闭的故障门上张贴"此门故障、暂停使用"的告示

若所有故障门未打开旁路状态，后续接发车均在PSL上打"互锁解除"

维修人员维修（列车到达前1分钟停止维修）、向行调、维调汇报、为修好后撤除告示

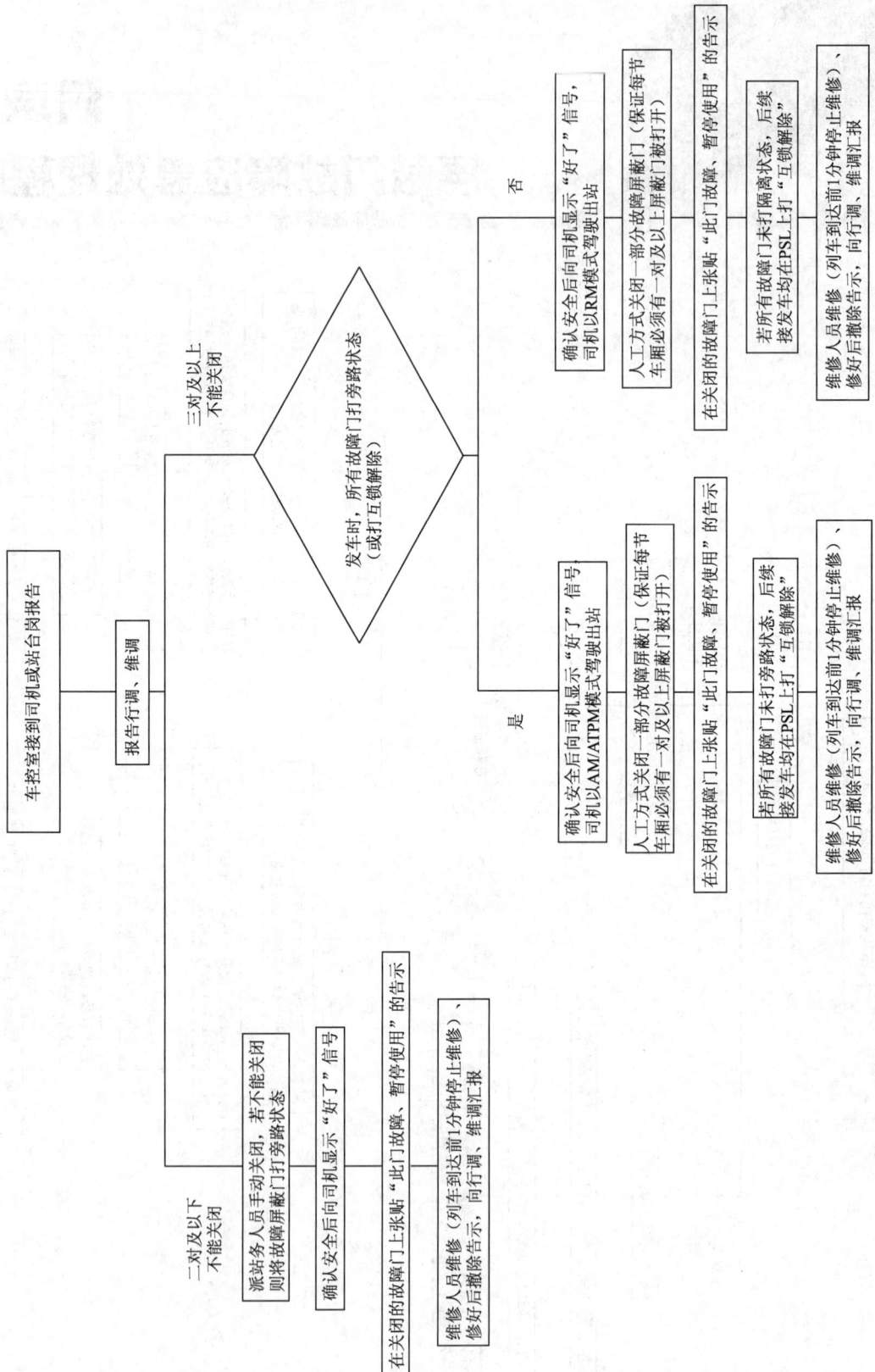

车控室接到司机或站台岗报告 → 报告行调、维调

一对及以下不能关闭：
- 派站务人员手动关闭，若不能关闭则将故障屏蔽门打旁路状态
- 确认安全后向司机显示"好了"信号
- 在关闭的故障门上张贴"此门故障，暂停使用"的告示
- 维修人员维修（列车到达前1分钟停止维修），向行调、维调汇报、修好后撤除告示

三对及以上不能关闭

发车时，所有故障门打旁路状态（或打互锁解除）

是：
- 确认安全后向司机显示"好了"信号，司机以AM/ATPM模式驶出站
- 人工方式关闭一部分故障屏蔽门（保证每节车厢必须有一对及以上屏蔽门被打开）
- 在关闭的故障门上张贴"此门故障，暂停使用"的告示
- 若所有故障门未打旁路状态，后续接发车均在PSL上打"互锁解除"
- 维修人员维修（列车到达前1分钟停止维修），向行调、维调汇报、修好后撤除告示

否：
- 确认安全后向司机显示"好了"信号，司机以RM模式驶出站
- 人工方式关闭一部分故障屏蔽门（保证每节车厢必须有一对及以上屏蔽门被打开）
- 在关闭的故障门上张贴"此门故障，暂停使用"的告示
- 若所有故障门未打隔离状态，后续接发车均在PSL上打"互锁解除"
- 维修人员维修（列车到达前1分钟停止维修），向行调、维调汇报、修好后撤除告示

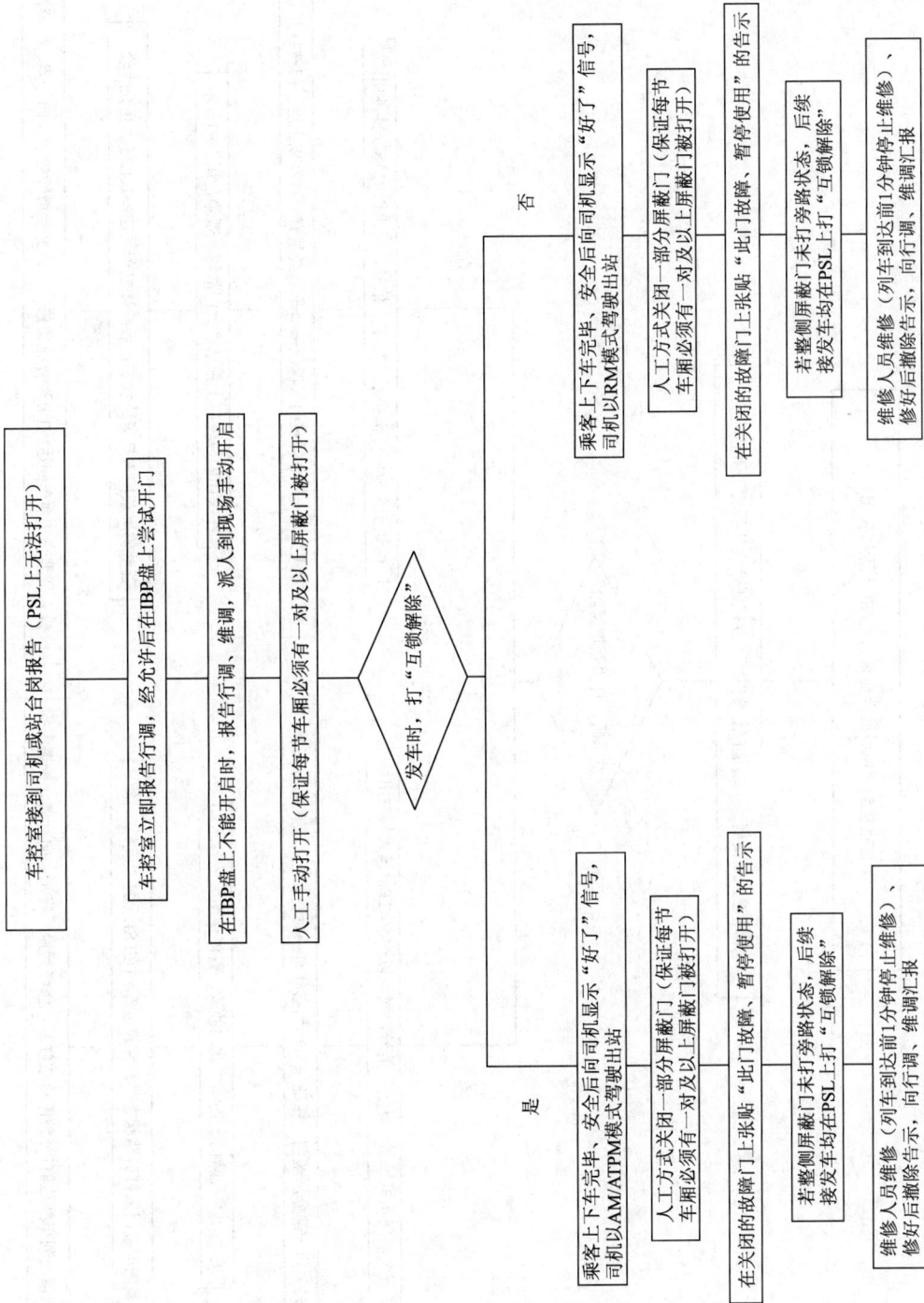

车控室接到司机或站台岗站台报告（PSL上无法打开）

车控室立即报告行调，经允许后在IBP盘上尝试开门

在IBP盘上不能开启时，报告行调、维调、派人到现场手动开启

人工手动打开（保证每节车厢必须有一对及以上屏蔽门被打开）

发车时，打"互锁解除"

是 / 否

乘客上下车完毕，安全后向司机显示"好了"信号，司机以AM/ATPM模式驶出站

人工方式关闭一部分屏蔽门（保证每节车厢必须有一对及以上屏蔽门被打开）

在关闭的故障门上张贴"此门故障，暂停使用"的告示

若整侧屏蔽门未打开旁路状态，后续接发车均在PSL上打"互锁解除"

维修人员维修（列车到达前1分钟停止维修）、向行调、维调汇报，修好后撤除告示

乘客上下车完毕，安全后向司机显示"好了"信号，司机以RM模式驶出站

人工方式关闭一部分屏蔽门（保证每节车厢必须有一对及以上屏蔽门被打开）

在关闭的故障门上张贴"此门故障，暂停使用"的告示

若整侧屏蔽门未打开旁路状态，后续接发车均在PSL上打"互锁解除"

维修人员维修（列车到达前1分钟停止维修）、向行调、维调汇报，修好后撤除告示

| 165 |

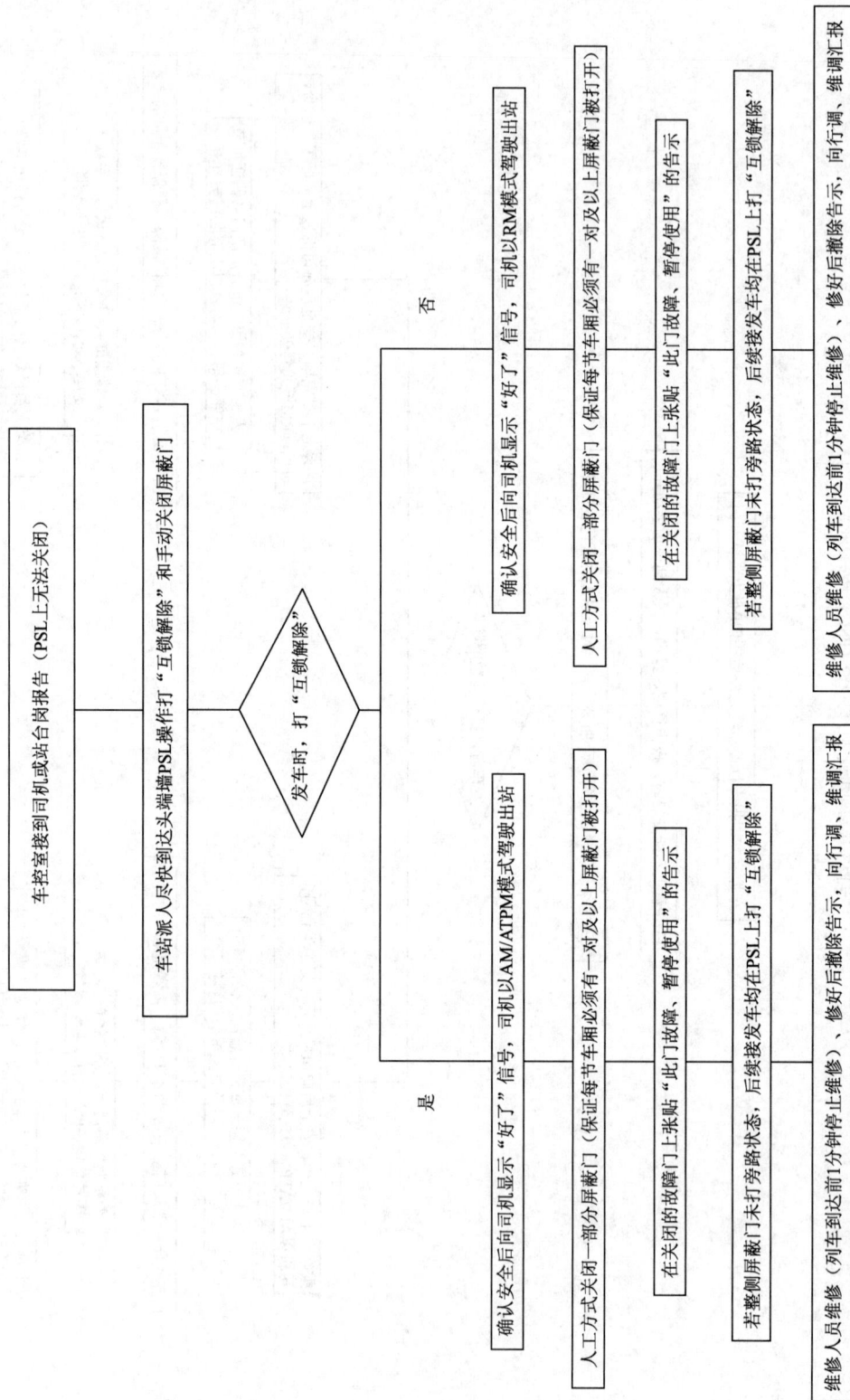

1．运营事故（事件）：在运营事业总部管辖范围内，在运营生产过程中，凡因违反规章制度、违反劳动纪律、技术设备不良及其他原因，造成人员伤亡、设备损坏、经济损失、影响正常运营生产或危及运营生产安全的，均构成运营事故。其他食品安全、收益安全、治安、交通安全等另有规定的，按其规定执行。

2．四不放过原则：是指事故调查分析和处理的基本原则，具体包括事故原因没有查清不放过，事故责任者没有严肃处理不放过，防范措施没有落实不放过，广大员工没有受到教育不放过。

3．直接经济损失：系指事故中直接发生的设施、设备损坏或报废的价值及事故救援、伤亡人员处理费（不含保险赔偿费用）。设备报废时按账面价值减除折旧及残值计算；破损设备按修复费用计算。

4．中断正线行车：系指不论事故发生在区间、车站或车厂，造成运营正线双线之一（上下行线之一）不能通行后续客运列车的，即为中断正线行车。正线行车中断时间由事故发生的时间起至实际恢复列车行车条件的时间止。

5．列车：按地铁规定编组的并有车次号的客车车组、工程车、单机。分为客运列车、其他列车两类。

6．客运列车：系指以运送乘客为目的按规定编组而成的客车车组，包括专列。

7．其他列车：系指除客运列车以外的列车。包括空列车、工程列车、调试列车、救援列车及开行的单机等。

列车与其他调车作业的客车车组、机车、车辆、设施、设备等互相冲撞而发生的事故，按列车事故论。列车以调车方式进行摘挂或转线而发生的事故，按调车事故论。

8．工程列车：系指因运营生产的需要开行的由机车与按规定编组的车辆（包括客车、单元车、单节车、平板车等）连挂而成的列车。

9．调试列车：系指因对运营设备进行调整、试验需开行的列车。

10．救援列车：系指因需处理运营生产中发生的事件，担任救援任务而开行的列车。

11．单机：系指因运营生产的需要开行的带有车次号的机车。

12．机车：系指除客车车组外，凡自身带有动力能独立行驶的车辆。（现阶段包括 600 型内燃机车、380 型内燃机车、210 型轨道车、架线车、磨轨车、网轨检测车等，根据总部增加的设备而增加。）

13．车辆：系指含电客车、机车、平板车、作业车、检测车等在轨道上运行的设备。

14．重伤：按照《劳动部关于重伤范围的意见》及国家标准 GB 6441—1986《企业职工伤亡事故分类》的有关规定。

15．冲突：系指列车、机车、车辆相互间或与设备、设施（车库、站台、脱轨设备、止轮设备等）发生冲撞招致列车、客车车组、机车、车辆、设备、设施等破损。

16．脱轨：系指列车、客车车组、机车、车辆车轮离开钢轨轨面（包括脱轨后又自行复轨）。每辆（台）只要脱轨 1 轮，即按 1 辆（台）计算。

17．整备作业：系指列车、机车、车辆、轨道车等进行检查、试验设备功能、清扫等作业。整备作业过程中发生的行车事故，按调车事故论。

18．列车分离：系指编组列车因未确认车的联结状态或车钩作用不良而发生的车辆分离（包括车钩缓冲装置破损）。

19．占用线：系指停有列车、客车车组、机车、车辆的线路或已封锁的线路。

20．占用区间：系指下列情况之一。

（1）区间已进入列车。

（2）区间已被列车取得占用的许可。

（3）封锁的区间（如安排进行施工作业等）。

（4）区间内有停留或溜入的列车、客车车组、机车、车辆。列车发出后溜入的亦算。

21．向占用区间或区段错发出列车：系指在采用站间电话联系法、电话闭塞法、区段进路行车法等人工组织行车法行车时，向占用区间或区段发出列车。开行救援列车、抢险列车时除外。

22．未准备好进路：有下列情况之一，属于未准备好进路。

（1）进路上停有车辆或危及行车的障碍物。

（2）进路上的道岔未扳、错扳、临时扳动或错误转动。

（3）邻线的列车、客车车组、机车、车辆等越出警冲标。

23．未拿或错拿行车凭证发出列车：系指已办理完行车手续，应凭行车凭证发车的但没交或没拿，或者行车凭证有日期、区间、车次错误的，并且已经发出列车。

24．信号升级显示：系指由于某种信号联锁条件错误或有关人员违章操作，信号机设备发生应停信号显示为开放信号，列车已按此信号显示运行的，虽未造成后果，按本款论。

25．擅自改变列车运行方向行车：系指在没有车载信号保护的情况下，未经行车调度允许，列车没按规定或图定的运行方向或行调指挥的行车方向运行的，并已占用或进入另一区间。

26．在实行站间行车法等人工组织行车时，未办或错办行车手续发出列车：系指在采用站间电话联系法、电话闭塞法、区段进路行车法等人工组织行车法行车时，未办理行车手续发出列车，或办理手续后的区间或区段与列车运行的区间不一致。

27．列车冒进信号。

有下列情况之一的，属于列车冒进信号。

（1）列车前端任何一部分越过固定信号显示的停车信号或规定的手信号显示地点。

（2）停车列车越过信号机或警冲标。

（3）不含因紧急情况扣车、信号突变等，致使列车采取紧急制动后越出信号机的。

28．列车溜逸，或者机车车辆溜逸并进入正线车站或区间。

列车溜逸，系指列车发生溜车，并越出本车原占用的线路、股道或区间。

机车车辆溜逸并进入正线：系指机车或车辆发生溜车，越出本车原占用的线路、股道或区间，并且进入了正线区间或车站。若机车车辆溜逸，但未进入正线区间或车站的，列一般事故。

29. 客运列车错开车门、运行途中开门、车未停稳开门。

错开车门，系指已载客的客运列车停车后未对好站台开启客室车门（指客车至少有一个客室门越出站台头端墙或未到站台尾端墙，在未切除车门的情况下，打开了客室车门）或开启非站台一侧的客室车门。

运行途中开门，系指在已载客的客运列车运行过程中，因车门故障等原因，客室车门打开。

车未停稳开门，系指已载客的客运列车未停稳时，客室车门打开。

客运列车错开车门、运行途中开门、车未停稳开门造成伤害后果的，列险性事故；若未造成伤害后果的，作事件苗头论处。

30. 客运列车夹人开车或将人关在车门与屏蔽门之间开车。

客运列车夹人开车，系指夹住人体任何部位或随身衣物启动列车。

将人关在车门与屏蔽门之间开车，系指有人进入了车门与屏蔽门之间间隙启动列车。

31. 接触网（轨）错送电、漏停电：系指因工作失误造成应该送电的没送电、不应该送电的送电，或者应该停电的没停电，危及作业和人身安全的行为。

32. 运营期间，车站照明全部熄灭：指运营时间内，某座地铁车站的照明（包括正常照明、应急照明）全部熄灭。因地铁外部供电失效造成的照明全部熄灭时不列此项。

33. 接触网断线或断杆：接触线或承力索断线，或者接触网支柱断。

34. 调车：系指除列车在正线运行、车站或车厂到发以外，一切机车、车辆或列车有目的的移动。

35. 挤岔：系指车轮挤上道岔、挤过道岔或挤坏道岔。

36. 应停载客列车未停站通过：系指因有关行车人员违反劳动纪律、违反规章制度致使应停载客列车在站通过。不包括列车调度按照列车运行情况临时调整变更通过的列车。

37. 擅自切除车载安全装置：系指未按规定得到授权，擅自切除客车车组的 ATP 切除开关、车门旁路开关、疏散门旁路开关、气制动旁路开关、停车制动旁路开关等安全设施。

38. 设备、设施超限：设备、设施越过设备限界。

39. 车辆超限，装载货物超限：客车、机车、车辆等任何一部分超出车辆限界，或装载的货物任何一部分超出车辆限界。

40. 侵限：限界是为保证地铁车辆安全行车规定的技术尺寸，任何设备、设施不得超过车辆限界，否则，侵入行车限界。简称：侵限。

41. 未撤除防溜措施动车：系指没有撤除铁鞋、止轮器动车，或没有缓解制动、手闸等动车。

42. 漏乘：系指乘务员在列车开车时，未按规定人数出乘。若有同等职务的人员或能胜任现行职务的高职人员顶替出乘将列车正点开出，不按事故论。

43. 操作不当或客运列车客室、车站设备设施不良造成人员受伤：系指由于操作不当或客运列车客室、车站设备设施不良，造成轻伤或以上，或发生地铁责任承担医疗费用 1000 元及以上的。

44. 耽误列车：系指列车在始发站或停车站，因违章作业、违反劳动劳动纪律造成列车晚开或超过运行图规定的停车时间。

45. 未经允许客运列车搭载乘客进入非运营线路：系指载客列车未经行车调度许可，在未进行清客的情况下擅自驶入未对外运营的线路、车站、车厂线，或因未计划办理进路致使载客进入非运营线路（折返线、存车线、车厂线路等）。

46. 电客车误进供电区：系指电客车升弓或伸出集电靴由无电区进入有电区，或由有电区进入无电区。

47．区段进路行车法：将列车运行进路划分为若干个固定的区段，区段站与区段站之间确认进路空闲，或确认本区段内进路空闲后，在信号集中设备上排列进路，列车按地面信号显示行车。区段可以由单个或多个信号进路组成。

48．电话闭塞法：信号故障时，车站/车厂人工办理故障区段内列车进路、钩锁进路上相关道岔，与邻站/厂之间以电话记录作为同意占用区间的凭证，填写路票交司机，司机凭车站/厂发出的路票行车的一种行车方法。

49．疏散平台：指地铁运营列车在隧道内出现紧急情况时，疏散乘客的专用通道。疏散平台在经过防淹门、人防门和经过辅助线时断开，中间有楼梯上下连接，经过区间泵房门时是连续的，中间没有隔断。

50．IBP 控制盘：综合后备盘（IBP）是一种人机接口装置，设置在每个车站的车站控制室，作为车站主控系统的后备操作设备，在紧急情况下使用的按键式模拟监控盘，以支持车站的关键监视和控制功能。

51．调车作业：指车厂内除列车进出车厂外的一切机车车辆、车列有目的的移动作业。

52．调试作业：指正线、车厂内任何信号、车辆的调试、试验、测试工作（包括故障处理完毕后进行的试验工作），以及投入运营服务前所做的准备工作，调试工作负责部门必须派出技术人员跟车负责监控车辆状态。

53．站台紧急停车按钮（ESB）：设于站台柱墙上和站台监控亭，与站控室内 LCP 控制盘上的紧急及切除停车报警按钮相连通，当发现行车不安全时，可立即按压控制客车紧急停车。

54．屏蔽门：由屏封和门组成，将车站站台与站台轨道间分隔开，使站台成为封闭式，当列车进站开门时，开门上下乘客，列车关门时关门。

55．刚性接触网：将传统断面的接触网导线镶嵌在铝合金汇流排上，再悬挂于轨道上方给列车传输电能的架空线路。

56．柔性接触网：在轨道上方由接触线、承力索、馈线、架空地线组成并向列车传输电能的架空线路。

57．联锁进路行车：按始端、终端进路防护信号机构成的一条进路作为行车控制的分隔实施行车组织。

58．头端墙：按列车运行方向，列车停在车站时头部对应的车站端墙。

59．尾端墙：按列车运行方向，列车停在车站时尾部对应的车站端墙。

60．辅助线：指在正线上与正线连接的渡线、存车线、折返线、联络线及出入厂线。

61．三、二、一车距离：指调车作业时，距离停留车或停车地点的距离。

62．运营时刻表：列车在车站（车厂）出发、到达（或通过）及折返时刻的集合。

63．推进：在列车尾部驾驶室操纵列车运行，或救援列车在被救援客车尾部推进运行。

64．退行：在非正常情况下，列车与原运行方向相反运行为退行，可以推进或牵引运行。

65．反向运行：列车运行进路分为上、下行方向运行，如违反常规运行方向的称反方向运行。

66．过线：指因维修作业或运营所需组织本线列车到邻线运行，如二号线的列车经联络线到一号线运行或组织一号线的列车经联络线到二号线运行。

67．联锁：指信号系统中的信号机、道岔和进路之间建立一定的相互制约关系。如进路防护信号机在开放前检查进路空闲、道岔位置正确及敌对进路未建立等。信号机开放后，道岔不能动，这种相互制约的关系称为联锁。

68．发车（指示）信号：行车有关人员完成一个工作任务，因距离对方较远给对方显示"好了"信号说明任务完成了。或车站行车人员给司机显示发车信号表示车站已具备发车条件，告知司机可以发车了。司机还要根据列车的准备情况是否决定开车，所给的信号均称为（发车）指示信号。工程车在调车作业和在正线上运行时，调车员和车长给司机的信号或行车有关人员发现安全隐患要求司机立即停车的信号等均属命令式的信号，司机必须马上执行。就不能加"指示"两字。

69．完全后备模式：是指 FALLBACK 全后备模式，此时没有中央设备（VCC、SMC 都故障），只能在车站 LSMC 操作指挥行车。此时安全是由各站 STC 负责，计轴作为列车占用和出清的凭证，凭地面信号行车，列车可以使用 RM60、RM25、Cutout 模式。

70．SMC 后备模式：是指 OCC 的 VCC 故障但中央 SMC 正常情况时，在此模式下行调可以在中央 SMC 进行监控，控制权仍在中央，此时安全是由各站 STC 负责，计轴作为列车占用和出清的凭证，凭地面信号行车，列车可以使用 RM60、RM25、Cutout 模式。

71．VCC 后备模式：中央 SMC 故障且 VCC 正常情况时，此模式下 ATP 正常，在此模式下行调可以在中央 GCCOT 上进行监控，在 CCOT 上人工输入命令指挥行车。此时安全是由 VCC 负责，凭车载信号行车，列车可以使用所有驾驶模式。

72．ATC 模式：中央 VCC 工作正常，SMC 工作正常，此时安全是由 VCC 负责，凭车载信号行车，列车可以使用所有驾驶模式。

73．"按调车方式办理"：指列车在行调管辖的线路上运行，列车有目的地由一条线路转到另一条线路时，车站（车厂）不能直接向接车的车站（厂）办理行车闭塞手续的情况下，按调车方式组织列车运行的一种行车组织办法。

[1] 肖黄平，朱晓宁. 交通安全工程[M]. 北京：中国铁道出版社，2004.

[2] 何宗华，汪松滋，何其光. 城市轨道交通车站机电设备运行与维修[M]. 北京：中国建筑工业出版社，2005.

[3] 劳动和社会保障部教材办公室. 城市轨道交通运营安全[M]. 北京：中国劳动社会保障出版社，2008.

[4] 杨岳. 电气安全[M]. 北京:机械工业出版社，2010.

[5] 陈文举，田兴强. 城市轨道交通安全技术[M]. 上海：上海交通大学出版社，2016.

[6] 赵伯旭. 城市轨道交通的运营安全[M]. 北京：中国铁道出版社，2016.

[7] 耿幸福，宁斌. 城市机道交通运营安全[M]. 2版. 北京：人民交通出版社，2012.

[8] 招晓菊. 城市轨道交通运营安全管理[M]. 北京：机械出版社，2018.

[9] 张新宇，王富饶. 城市轨道交通安全管理[M]. 北京：人民交通出版社，2017.

[10] 李利勤，李金瓯. 城市轨道交通运营安全[M]. 北京：人民交通出版社，2018.